글로벌 그린 뉴딜

THE GLOBAL GREEN NEW DEAL:

WHY THE FOSSIL FUEL CIVILIZATION WILL COLLAPSE BY 2028, and THE BOLD ECONOMIC PLAN TO SAVE LIFE ON EARTH

by Jeremy Rifkin

Korean translation edition is published by arrangement with Hodgman Literary Agency through Duran Kim Agency.

이 책의 한국어 판 저작권은 듀란킴 에이전시를 통해
Hodgman Literary Agency와 독점 계약한 (주)민음사에 있습니다.

THE GLOBAL GREEN NEW DEAL

글로벌 그린 뉴딜

2028년 화석연료 문명의 종말,
그리고 지구 생명체를 구하기 위한
대담한 경제 계획

제레미 리프킨

안진환 옮김

민음사

추천사

제러미 리프킨의 『글로벌 그린 뉴딜』은 전 세계의 에너지와 텔레콤, 운송 부문을 스마트 3차 산업혁명으로 전환하기 위한 가장 포괄적이며 압도적인 내러티브를 제시한다. 각국의 지도자들이 공통의 기반을 찾지 못하는 가운데, 리프킨은 탈탄소화를 향한 국가의 행보를 가속화할 수 있는, 당파를 초월한 수단을 제공한다.

— 로버트 월하이트, 내비건트 컨설팅(업계 최대의 에너지 및 지속 가능성 컨설팅 그룹) 전무이사

미국은 저탄소 미래를 위해 경제를 준비시키는 경쟁에서 현재 유럽연합과 중국에 뒤처지고 있다. 리프킨의 새로운 저서는 미국이 글로벌 금융 시스템의 안정성을 갈수록 위협하는 좌초 자산의 '탄소 거품'을 해결하는 데 필요한 결정적인 내러티브를 제시한다. 물론 그의 조언은 미국만을 위한 것이 아니다. 글로벌 기후·에너지 시장 협약(Global Covenant of Mayors for Climate & Energy)에 가입한 전 세계 9200개 도시는 리프킨이 유럽의 선구적인 스마트 도시 및 지역과 함께 진행한 프로젝트에서 많은 것을 배울 수 있을 것이다.

— 마로슈 셰프초비치, 유럽연합 집행위원회 부의장, 글로벌 기후·에너지 시장 협약 공동 의장

리프킨은 대담하고 선견지명이 있으며 혁명적이다. 기후변화가 세계의 공중 보건 및 인도주의에 미치는 급박한 영향은 이미 많은 이들의 우려를 낳으며 가속화되고 있다. 리프킨은 분산형, 오픈 소스, 글로컬, 그린 등의 키워드로 견실하고 달성 가능한 경로를 계획하며 우리를 '새로운 시작'의 문턱으로 안내한다.

— 제임스 오빈스키, 의학박사, 국경 없는 의사회 전 국제 회장

이 책에서 특히 인상적인 점은 인류의 지속 가능한 미래를 정의하는 환경·정치·사회·지리적 현안의 점들을 연결하는 능력이다. 리프킨은 지구온난화 가스 배출을 줄이고 우리를 녹색 시대로 인도하기 위해 세계 각지의 건축물을 20년에 걸쳐 개보수하는, 급진적이고 논리적인 방대한 그린 뉴딜 계획을 마련했다.

— 고든 길, 에이드리언 스미스+고든 길 아키텍처(《아키텍처》 선정 미국 1위 건축 회사) 회장

제러미 리프킨은 일자리가 없는 수많은 사람들과 치료가 필요한 행성을 위한 필수적 생존 조건을 제시한다. 이 시의적절한 책에서 그는 화석연료에서 재생에너지로 전환하고 공공 인프라를 되찾기 위해 취해야 할 긴급한 단계들을 정의한다.

—반다나 시바 박사, 페미니스트 · 생태학자 · 바른생활상(Right Livelihood Award) 수상자

리프킨은 우리가 탄소 제로 경제에 진입하고 있다고 주장한다. 그가 무언가 알고 있을 가능성이 높다. 그는 유럽연합의 장기적인 경제 비전인 "스마트 유럽(Smart Europe)"의 주요 설계자이며 중국의 3차 산업혁명 비전에 주요 고문으로 참여하고 있다. EU 집행위원회는 회원국 전체에 2050년까지 기후 중립적인 유럽을 만들도록 촉구하고 있다. 중국은 베이징이 주도하는 일대일로를 통해 청정 기술의 주도적 우위를 점하고 있다. 리프킨은 기온 상승과 생태계 붕괴, 생물종 멸종의 위협에 직면한 세계 경제의 주요 부문이 이미 화석연료와의 분리를 개시했다고 강조한다. 상당히 급진적인 방향 전환이 이뤄지지 않으면 우리의 화석연료 문명이 지구의 생태계를 유린할 것이 자명해지고 있는 현실이다.

—《포브스》

중국과 유럽연합의 여러 국가에서 기후 관련 법규 제정에 많은 영향을 미친 리프킨은 이 새로운 정치 비전을 주창할 자격이 충분한 인물이다. 그는 『3차 산업혁명』에서 설파한 기후 정책의 당위성을 유지하며 우리가 현재 "그린 디지털 3차 산업혁명"의 시대로 진입하고 있다고 주장한다. 소유권이 접근권으로 대체되는 패러다임 전환이 핵심인 시대이다. 리프킨은 여기서 재생에너지의 부상이 "화석연료 문명의 붕괴"를 야기하는 또 하나의 잠재적 티핑 포인트를 강조한다. 그의 낙관적인 호소는 절체절명의 계획 실행을 위한 정교한 로드맵으로서 23가지 주요 주제와 긴요한 실행 사항을 일목요연하게 서술한다. 적절히 수행되면 필요한 전환이 한 세대 안에 달성될 수 있다.

—《사이언스》

미래학자로서 다수의 베스트셀러를 발표한 리프킨은 경영계의 리더들과 TED 토크 청중들 사이에서 가장 인기가 높은 사상가에 속한다. 따라서 『글로벌 그린 뉴딜』이 전형적인 그린 뉴딜 지지자들과는 다른 입장을 취하고 있다는 사실은 놀라운 일이 아니다. 그는 화석연료가 없는 세상에 공장과 농장, 차량을 갖추는 데 관심이 있고, 그래서 그린 뉴딜은 곧 인프라가 핵심이라고 단언한다.

—《뉴욕타임스 북 리뷰》

리프킨은 전 세계 주요 정부들의 영향력 있는 조언자이자 사회적으로 중요한 현상을 파헤치는 베스트셀러 저술가이다. 그가 이번에는 유럽연합과 중국 전역에 걸쳐 선구적인 변화를 구현한 자신의 광범위한 경험을 바탕으로 지구 회생의 열정적인 비전과 실용적인 내러티브를 전달한다.

—《북리스트》

명을 다한 화석연료 경제를 너무 늦기 전에 재창조해야 할 긴급한 필요성을 일깨우는 역작이다.

—《커커스 리뷰》

이 책의 집필을 제안한 캐럴에게 바칩니다.

당신은 늘 그렇듯이 나보다 또 한발 앞서 나갔다오.

차례

2부 잿더미에서 부상하는 그린 뉴딜

5장 자이언트 깨우기: 목소리를 높이는 연금 기금

6장 경제 변혁: 새로운 사회적 자본주의

7장 사회 동원령: 지구의 생명체를 구하라

서문

현재 우리는 전 세계적인 비상사태에 직면하고 있다. 과학자들은 우리가 화석연료를 태워서 초래한 기후변화가 인간을 비롯한 지구상의 생물종을 여섯 번째 대멸종의 위기로 몰아가고 있다고 말한다. 그럼에도 오늘을 살아가는 사람들 대부분이 이런 임박한 현실을 의식하지 않으며 심지어 대다수는 알지도 못한다. 유엔 산하 과학 위원회인 '기후변화에 관한 정부 간 협의체(IPCC)'는 2018년 10월, 지구온난화가 가속되고 있으며 곧 일련의 기후 이변으로 지구상의 생명체들이 위험에 처할 것이라는 대단히 심각한 경고를 내놓았다. IPCC는 인간의 활동이 지구의 기온을 산업화 이전 수준보다 섭씨 1도만큼 올려놓은 것으로 추산하며 만약 그것이 1.5도라는 한계점을 넘어서면 걷잡을 수 없는 피드백 루프가 형성되고 그에 따른 엄청난 기후 이변들로 지구의 생태계가 되돌릴 수 없는 수준으로 훼손될 것으로 예측했다.[1] 오늘날 우리가 알고 있는 종류의 생활로 돌아갈 길이 없어진다는 얘기다.

하버드 대학의 저명한 생물학자 에드워드 윌슨(Edward O. Wilson)은 이렇게 말한다. "인간의 활동에 의한 생물종의 멸종이 계속 가속화하고 있으며, 그 속도가 금세기 말까지 모든 종의 절반 이상을 제거하기에 충분할 만큼 빠르다." 금세기 말이라면 오늘의 유아들이 노년을 보낼 시기이다.[2] 지구가 마지막으로 이런 규모의 멸종 사건을 경험한 것은 6500만 년 전이었다.[3] IPCC는 그러한 환경의 심연을 피하려면 지구온난화 가스의 배출량을 2010년 수준에서 45퍼센트를 줄여야 한다고 결론지었다. 그리고 그 일을 해내야 하는 시간이 우리에게 고작 12년밖에 남아 있지 않다고 강조했다.[4] 이는 곧 우리의 글로벌 경제와 사회 그리고 삶의 방식을 인간의 역사에서 전례가 없는 방식으로 개혁해야 한다는 것을 뜻한다. 다시 말해 인류는 문명의 방향을 급진적으로 재설정해야 하는데 시간은 극히 촉박한 상황에 처했다는 것이다.

미국의 경우 이런 상황에 대한 본격적인 주의 촉구는 2018년 11월 총선을 기점으로 개시되었다. 보다 젊은 세대의 의원들이 워싱턴과 하원에 진출해 기후변화 문제에 대처하기 위해 미국 경제의 방향을 급진적으로 수정하는 동시에 경제생활의 결실을 보다 공평하게 분배하기 위한 새로운 친환경 사업 및 고용을 창출하는 데 열정적으로 헌신하기 시작했다. 총선 며칠 후에는 선라이즈 무브먼트(Sunrise Movement)의 젊은 시위대가 의회에 진입해 얼마 후 하원 의장이 되는 낸시 펠로시(Nancy Pelosi)와 곧 하원 다수당의 당수가 되는 스테니 호이어(Steny Hoyer) 의원 집무실에서 연좌 농성을 벌였다. 이 시위 대열에는 하원 의원 당선자인 알렉산드리아 오카시오코르테스(Alexandria Ocasio-Cortez)도 합류했다.

오카시오코르테스는 새로 구성될 하원에 미국의 '그린 뉴딜(Green New Deal)' 계획을 전담하는 특별위원회를 설치할 것을 촉구했다. 1년 기한의 한시적 특별위원회를 통해 기후변화에 대응하기 위한 산업 계획을 수립하고 10년 이내에 경제 인프라에서 탄소를 제거할(즉 화석연료를 친환경 연료로 대체할) 방안을 마련하며 새로운 녹색 경제에서 불이익을 당할 수백만의 근로자를 고용할 수 있는 새로운 사업 기회를 창출하자는 것이었다. 그동안 미국의 도시나 주에서 나온 그 어떤 것보다 훨씬 더 대담하고 야심 찬 제안이 아닐 수 없었다.[5] 새로운 의회의 지도부는 이 제안에 대해 모호한 입장을 취하다가 결국 실질적 권한이 거의 없는 기후 위기 특별위원회(Select Committee on the Climate Crisis)를 설치했다.

2019년 2월 7일, 오카시오코르테스 하원 의원과 에드 마키(Ed Markey) 상원 의원은 그린 뉴딜 결의안을 공동 발의했다. 이 결의안에는 103명의 의원이 지지 서명을 했는데, 여기에는 버니 샌더스(Bernie Sanders), 카말라 해리스(Kamala Harris), 코리 부커(Cory Booker), 엘리자베스 워런(Elizabeth Warren), 키어스틴 질리브랜드(Kirsten Gillibrand) 등 민주당의 주요 대선 후보들이 다수 포함되었다.[6] 원외의 민주당 대선 후보군에 속하는 훌리안 카스트로(Julián Castro)와 베토 오루크(Beto O'Rourke) 역시 그린 뉴딜 정책에 대한 지지를 천명했다. 전 부통령 앨 고어(Al Gore)와 또 한 명의 민주당 대선 후보로 꼽히는 사우스벤드 시장 피트 부티지지(Pete Buttigieg)를 위시하여 전국의 주와 지방 정부의 관료 300여 명도 이 대열에 합류했다. 그린 뉴딜이 진보 정치인들과 젊은 유권자들에게 활력을 불어넣고 있으며 2020년 미국 대선에서 핵심 주제로 부상할 것이라는 데 의심의 여지가 없는 상황이다.

미국의 선출직 공무원들은 여론의 상전벽해와 같은 변화를 감지하고 있다. 미국인들은 이제 더는 기후변화 문제를 남의 일로 여기지 않는다. 정치적 성향과 관계없이 전국에 걸쳐 가정과 개인, 직장인, 사업체들 사이에서 기후변화가 생태계에 미치는 악영향 및 악천후로 인해 광범위한 재산 피해와 비즈니스 사이클의 붕괴, 인명 손실이 야기되는 상황에 대한 우려와 두려움이 커지고 있다.

2018년 12월 기후변화 커뮤니케이션에 관한 예일 프로그램과 조지메이슨 대학 기후변화 커뮤니케이션 센터가 공동으로 실시한 여론조사에서 73퍼센트의 응답자가 지구온난화가 진행 중인 것으로 생각한다고 답했다(2015년에 비해 10퍼센트포인트 높아진 수치다.). 또 거의 절반(46퍼센트)은 지구온난화의 영향을 경험한 바 있다고 답했다(2015년에 비해 15퍼센트포인트 증가한 수치다.). 더욱이 미국인의 48퍼센트는 국민들이 "'바로 지금' 지구온난화의 피해를 입고 있다."라고 믿는 것으로 나타났다(2015년에 비해 16퍼센트포인트 늘어난 수치다.). 가장 불안스러운 점은 미국인의 절대다수가 지구온난화로 인해 세계 전역의 빈민층(67퍼센트), 동식물 종(74퍼센트), 미래 세대(75퍼센트)가 해를 입고 있다고 믿는다는 사실이다.[7]

국민 여론의 이러한 전환은 지난 10년 동안 갈수록 빈번해진 재해 수준의 기후변화 사건을 체험하고 목도한 데 기인한다. 기후변화가 그토록 무서운 것은 그로 인해 지구의 수권(水圈)이 파괴되기 때문이다. 수권은 지구상의 생명 유지에 필수적인 부분이다. 지구는 물이 많은 행성이다. 우리의 생태계는 구름을 통해 지구를 도는 물의 순환 주기에 맞춰 영겁에 걸쳐 진화해 왔다. 바로 여기에 문제가 도사리고 있다. 지구온난화에 의해 지구의 기온이 1도 상승할 때마다 공기의 수분 보유 용량은 약 7퍼센트 증가해 구름에 보다 많은 물이 집중되고 보다 극단적인 강수 사건이 발생한다.[8] 겨울의 극심한 한파와 초대형 폭설, 봄의 파괴적인 홍수, 여름의 장기적인 가뭄과 끔찍한 산불, 치명적인 3·4·5등급의 허리케인 등이 모두 물과 관련된 사건이며, 실로 막대한 인명 및 재산 손실과 생태계 파괴가 그런 사건의 결과이다. 마지막 빙하기가 끝난 이후로 1만 1700년 동안 상당히 예측 가능한 물의 순환 주기와 보조를 맞추며 발전해 온 지구의 생물군계는 오늘날 물 순환을 교란하는 고삐 풀린 지수 곡선을 따라잡지 못한 채 실시간으로 붕괴되고 있다.[9]

따라서 2018년 총선 직후에 실시된 미국 유권자 대상 설문 조사에서 기후변화에 대응하기 위한 그린 뉴딜 정책을 출범시키는 것에 대한 질문이 정치 성향에 관계없이 폭넓은 지지를 얻은 것은 놀랄 일이 아니다. 물론 "그린 뉴딜"이라는 이름은 1930년대에 대공황에서 벗어나기 위해 동원한 뉴딜과 유사한 비상 대책이라는 의미로 친환경(탈탄소) 녹색 성장에 방점을 두고 지은 것이다.

그린 뉴딜의 목표는 다음과 같다.

"향후 10년 내에 청정 재생 가능 자원으로 내수 전기의 100퍼센트를 생산한다. 국가의 에너지 그리드 및 건축물, 교통 인프라를 업그레이드한다. 에너지 효율을 증대한다. 녹색 기술의 연구 개발에 투자한다. 새로운 녹색 경제에 걸맞은 직업훈련을 제공한다."

진보적인 민주당원(93퍼센트)과 중도 우파적인 민주당원(90퍼센트)을 포함해 민주당원 92퍼센트가 이 아이디어에 지지를 표했다. 그렇다면 보수당원은? 보수적인 보수당원(57퍼센트)과 중도 좌파적인 보수당원(75퍼센트)을 포함해 보수당원 64퍼센트 역시 그린 뉴딜에 명시된 정책 목표를 지지했다. 그리고 무당파는 80퍼센트가 정책에 대한 지지 의사를 밝혔다.[10]

그린 뉴딜에 대한 민주당원과 공화당원, 그리고 독립적인 유권자들의 광범위한 지지는 미국의 2020년 대선과 그 이후의 선거판에 지대한 영향을 미칠 정치적 분수령을 예고한다. 기후변화는 이제 더는 학계만의 쟁점도, 장기 정책적인 관심사도 아니다. 수백만에 달하는 미국인들이 역사상 전례 없는 무시무시한 미래에 직면한 것으로 느낄 수밖에 없는 두려운 현실인 것이다.

그런 두려움에 떨며 시급히 조치를 취해야 한다고 믿는 유권자들은 미국의 대중만이 아니다. 2019년 1월 스위스 다보스에서 열린 연례 세계 경제 포럼(World Economic Forum)에 참석한 각국의 수장과 《포춘(*Fortune*)》 500대 기업의 CEO, 억만장자 등 글로벌 엘리트들 역시 과학자들의 대단히 심각한 경고를 놓고 열띤 토론을 벌였다. 기후변화가 경제와 기업, 금융계 등에 미치는 영향에 관한 토의 및 대화가 공개회의는 물론이고 사적인 모임까지 지배했다. 다보스 포럼 참가자들에 대한 설문 조사에서 기후 문제는 경제에 가장 큰 타격을 줄 수 있는 상위 다섯 가지 리스크 중 네 개를 차지했다.[11] 《파이낸셜 타임스(*Financial Times*)》의 논설위원 질리언 테트(Gillian Tett)는 "다보스 포럼 참석자들은 극단적인 기상이변이 더욱 흔해지고 있는 상황이 두렵지만 세계는 그에 대응할 효과적인 메커니즘이 없다는 데 동의했다."라고 보도했다.[12]

다보스에서 세계 경제 포럼이 열리던 것과 때를 맞춰 미국에서는 노벨상 수상자 27명과 대통령 경제 자문 위원회 위원장 출신 15명, 연방준비제도이사회(FRB) 의장 출신 4명, 재무부 장관 출신 2명의 인사들이 뜻을 모아 이산화탄소 배출을 줄이고 기업들이 탄소 제로 시대의 새로운 녹색 에너지 및 기술, 인프라로 전환하도록 독려하는 가장 빠르고 쉬운 수단으로 탄소 배출세를 제정할 것을 정부에 긴급히 호소했다. 전 재무부 장관이자 하버드 대학 명예 총장인 래리 서머스(Larry Summers)는 그룹을 대표해 이렇게 말했다. "기후변화 문제의 중대성이 사람들을 집결시키고 이견을 제쳐 놓도록 만들고 있습니다. 거의 모든 것에 동의하는 바가 없던 사람들이 이 문제에 대해서만큼은 한목소리를 내고 있습니다. 놀라운 일이 아닐 수 없습니다."[13]

서명자들은 탄소 배출세 제안이 "시장의 보이지 않는 손을 움직이는 강력한 가격 신호를 내보내 경제 행위자들을 저탄소 미래를 향해 나아가도록 조종하고 경제성장을 촉진할 것"이라고 말했다. 그들은 그 세금의 경우 "배출량 감축 목표를 달성할 때까지 매년 인상할 것"과 "정부의 규모에 대한 논쟁을 피하도록 세수 중립적으로 잡을 것"을 권고했다. "지속적으로 상승하는 탄소 가격이 기술혁신과 대규모 인프라 개발을 촉진하고 저탄소 및 탄소 제로 재화와 용역으로의 전환을 가속화할 것"이라는 게 그들의 논지였다. 그들의 제안서에는 "상승하는 탄소세의 공정성과 정치적 생존 능력을 극대화하기 위한" 추가적인 장치도 포함되었다. 그 세금으로 인해 창출되는 모든 수익은 "전액 균등한 환급으로 국민들에게 직접 돌려줌으로써 가장 취약한 계층을 포함한 미국 가구의 대부분이 상승한 에너지 가격에 지불하는 것보다 많은 '탄소 배당금'을 받아 재정적으로 혜택을 입도록 만들자."라는 내용이었다.[14]

당연히 미국인들만 그린 뉴딜을 목소리 높여 요구하고 있는 게 아니다. 10년 전, 기후변화 문제를 다루기 위한 유사한 운동이 유럽연합(EU)을 휩쓸었다. 그 운동 또한 "그린 뉴딜(Green New Deal)"이라는 이름을 앞세우며 점차 수가 늘고 있던 활동가들에게 영감을 부여했다. 그 이름은 그렇게 EU 회원국의 정당들 사이에 강력한 구호로 자리를 잡았고, 2019년 EU 집행위원회(EC) 의장과 유럽의회(European Parliament) 의원을 선출하는 총선거의 핵심 주제로 부상하면서 오늘날 막강한 영향력을 행사하고 있다.

2019년 3월 15일, 100만 명이 넘는 Z 세대(1990년대 이후 출생 세대) 학생들이 전례 없는 1일 파업으로 교실을 박차고 나와 가두시위에 들어갔다. 선배인 밀레니엄 세대(1980년대 이후 출생 세대)와 어깨를 나란히 한 채 전 세계 128개국에서 벌어진 2000건 이상의 시위 행렬에 동참한 것이다. 그들은 정부가 기후변화에 무관심하다고 항의하며 탄소 이후 그린 시대로 돌입하기 위한 글로벌 변혁을 요구했다.[15]

비록 탄소 제로 사회로의 전환이 주눅 들 정도로 과중한 과업이라는 광범위한 동의가 정치 스펙트럼 전반에 깔려 있기는 하지만, 지구상의 생명을 파멸시킬 수 있는 기온 0.5도 추가 상승을 막고 인류가 지구와 관계를 재설정할 기회를 가질 수 있는 길 역시 분명히 존재한다.

그 가능성을 정리하면 다음과 같다. 태양에너지와 풍력 에너지 그리고 여타의 재생에너지가 빠른 속도로 온라인화하고 있다. 세계 최대의 독립 투자은행 중 하나인 라자드(Lazard)의 2018년 11월 연구에 따르면, 실용적인 규모의 태양광 설비의 균등화 발전 원가(levelized cost of energy, LCOE)가 메가와트시(時)당 36달러로, 풍력의 경우엔 메가와트시(時)당 29달러로 급락한 상태다. 이것은 이제 "가장 효율적인 가스나 석탄 발전소 또는 원자로보다 저렴한 비용으로 전력을 생산할 수 있게 되었다."라는 것을 뜻한다.[16] "LCOE는 전력 생산 자산을 구축한 후 폐쇄 시점까지 운영하는 데 들어가는 평균 총비용을 해당 기간의 에너지 총생산량으로 나누어 산출하는 경제적 평가 지표이다."[17] 앞으로 8년 이내에 화석연료 에너지보다 태양광과 풍력이 훨씬 저렴해지면서 화석연료 업계에 결전을 강요하게 될 것이다.[18]

런던 기반의 에너지 산업 전문 싱크 탱크인 카본 트래커 이니셔티브(Carbon Tracker Initiative)는 태양에너지 및 풍력 에너지를 생산하는 비용의 급격한 하락이 필연적으로 "쇄신에 실패하는 산유 소국들에 치명타를 안기고 기업 부문 전반에 걸쳐 수조 달러 규모의 좌초 자산(stranded asset)을 야기하며 작금의 에너지 전환의 속도를 의식하지 못하는 어리석은 투자자들에게 엄청난 피해를 입힐 것"이라고 보고했다.[19] 여기서 "좌초 자산"이란 수요가 줄어들기 때문에 채굴되지 않고 남게 되는 모든 화석연료뿐 아니라 버려지거나 폐기되거나 포기되는 송유관과 해양 플랫폼, 저장 시설, 에너지 생산 설비, 예비 발전소, 석유화학 공정 시설, 그리고 화석연료 문화와 밀접하게 결합된 모든 산업 등을 의미한다.

또한 지구온난화에 책임이 있는 4대 핵심 부문, 즉 정보 통신 기술(ICT) 및 텔레콤 부문과 전력 및 전기 유틸리티 부문, 운송 및 물류 부문, 건축물 부문이 화석연료 산업과 절연하고 보다 저렴하고 새로운 그린 에너지를 채택하기 시작함에 따라 무대 뒤에서도 엄청난 격동이 일어나고 있다. 결과적으로 화석연료 산업 내에서 "약 100조 달러에 달하는 자산이 좌초될 수 있다."라는 얘기다.[20]

탄소 버블은 이제 역사상 가장 큰 경제 거품이 될 전망이다. 지난 24개월 동안 글로벌 금융계나 보험업계, 글로벌 무역 기구, 각국 정부, 그리고 에너지 산업과 운송 부문, 부동산 분야의 선도적인 컨설팅 기관에서 내놓은 연구·조사 보고서를 보면, 주요 부문이 화석연료와 분리되고 갈수록 저렴해지는 태양광과 풍력 및 여타 재생에너지에 대한 의존도를 높이며 탄소 제로 기술을 수용해 나감에 따라 화석연료 산업 문명의 붕괴가 2023년에서 2030년 사이에 현실화할 것으로 예고한다.[21] 현재 선두적인 산유국인 미국은 태양광 및 풍력 가격의 급락세와 석유 수요의 하락 및 석유 업계의 좌초 자산 축적 사이에서 사면초가의 곤경에 처하게 될 것이다.[22]

한 가지 분명히 할 것은 이 거대한 붕괴가 발생할 수밖에 없는 주요 요인 가운데에는 시장의 영향력도 포함된다는 점이다. 어느 정부든 시장을 따라야 한다. 그렇지 않으면 그에 상응하는 결과에 직면하지 않을 수 없다. 새로운 탄소 제로 3차 산업혁명의 규모 증대를 주도하는 정부는 앞서서 나아가게 될 것이다. 시장의 힘에 보조를 맞추지 못하고 붕괴되는 20세기 화석연료 문화에 연연하는 정부는 휘청거리게 될 것이다.

놀랄 것도 없이 석유산업에서 발을 빼고 재생에너지에 투자하는 전 세계적인 움직임이 급속히 확산되고 있다. 여기서 와일드카드는 40조 달러가 넘는 전 세계의 연금 기금이다. 그 가운데 25조 4000억 달러는 미국 노동인구의 몫이다.[23] 연금 기금은 2017년까지 세계 최대의 자본금이었다. 그런 연금 기금이 화석연료 산업에 계속 투자된다면, 탄소 버블이 터지는 시점에 수백만 미국 노동자들이 입을 재정적 손실은 가히 상상하기 힘든 수준이 될 것이다.

금융계 내의 진지한 토의는 이미 시작되었다. 현재의 경로를 유지하며 수조 달러의 투자액으로 계속 화석연료 산업을 지원할 것인가? 아니면 배를 버리고 미국 및 전 세계의 그린 인프라 구축과 확대에 따라 도래할 새로운 사업과 고용 기회, 그리고 새로운 녹색 에너지에 투자할 것인가? 세계 전역의 연금 기금 기관투자자들 가운데 상당수가 벌써 자본주의 역사상 가장 큰 이탈 및 투자 캠페인이 펼쳐지는 가운데 화석연료에서 돈을 빼 재생에너지로 옮겨 놓기 시작했다. 지금까지 다수의 세계적인 대도시와 노동조합을 포함하여 37개국의 1000여 기관투자자들이 화석연료 산업에서 8조 달러의 기금을 빼내어 우리를 탄소 제로 미래로 이끌 녹색 에너지와 청정 기술, 비즈니스 모델에 재투자하는 노력을 기울였다.[24]

전 세계적인 그린 뉴딜 대중운동과 동시에 부각된 탄소 버블과 화석연료 좌초 자산의 발생 전망은 향후 20년에 걸쳐 탄소 제로에 가까운 생태 시대로 인프라가 전환될 가능성을 열어 주고 있다. 그린 뉴딜 계획에 대한 요구가 빠르게 증가하는 가운데, 제안자들과 지지자들 사이에는 그 임무를 완수할 수 있는 '산업혁명'에 이르는 명확한 길이 아직 없다는 깨달음 역시 일고 있다. 이 책의 목적은 지난 20년 동안 EU에서, 그리고 최근에는 중화인민공화국에서 탄소 제로 3차 산업혁명으로 전환하려는 두 경제체의 그린 뉴딜형 정책의 구현을 도운 나의 경험을 공유하는 것이다. 나는 오늘날 미국을 위시한 선진국에서 확산되고 있는 그린 뉴딜을 위한 풀뿌리 운동이 각국 정부로 하여금 탄소 이후의 녹색 3차 산업혁명 인프라를 구축하고 확대해 기후변화를 완화하는 동시에 공정하고 인도적인 경제 및 사회를 만들도록 촉구하는 데 이 책이 유용하게 쓰이길 희망하고 기대한다.

좀 더 개인적인 차원에서 나는 그린 뉴딜 자체와 20년이라는 짧은 기간에 그런 규모의 경제적 전환을 이룰 가능성에 대해 회의적인 목소리를 내는 사람들에게도 호소하고자 한다. 텔레콤과 전력 유틸리티, 운송 및 물류, 건설 및 부동산, 첨단 제조, 스마트 농경 및 생명과학, 금융 등 내가 함께 일한 전 세계의 업계와 기업들은 모두 그것을 이룰 수 있다는 사실을 알고 있다. 그리고 이미 우리는 전 세계의 여러 지역에서 그러한 성취를 향해 한 걸음씩 나아가고 있다.

그린 뉴딜이 비현실적이라고 주장하는 미국 각지의 선출직 공무원들에게도 EU와 중국 정부는 그런 규모의 변혁이 한 세대에 이루어질 수 있다고 믿고 있다는 사실을 말해 주고 싶다. 그들 역시 현재 장도에 올라 있다. 결국 미국은 이미 뒤처지고 있다는 얘기다. 더는 미룰 수 없다. 이제라도 미국은 안대를 벗고, 새로운 비전에 뜻을 둘 때 미국인들이 할 수 있는 바를 세계에 보여 주어야 한다. 미국과 인류, 동료 생물, 우리 공동의 행성을 위한 그린 뉴딜에 돌입해야 할 때이다. 미국이 EU와 중국에 합류해 세계를 탄소 제로 생태 시대로 이끌어 나가길 나는 희망한다.

미국의 시그니처가 무엇인가? 개국 초기부터 그것은 "할 수 있다."라는 정신과 팔을 걷어붙이고 달려드는 낙관주의였다. 시련과 고난, 도전과 기회로 점철된 200여 년 역사에서 우리는 그것을 얼마나 빈번히 목도했던가. 그런 자세는 분명 미국인의 문화 DNA에 녹아 있다. 오늘날 새로운 세대의 미국인들이 인류 역사상 유례없는 임무를 수행하기 위해 국가 및 세계 무대에 진출하고 있다. 그린 뉴딜은 계속 거침없는 행보를 보이며 특히 40세 이하의 세대에서 폭넓은 대중적 지지를 받을 가능성이 크다. 그들이야말로 앞으로 수십 년간 정치적 통일체에 영향을 행사할 준비가 되어 있고 기꺼이 그러고자 하는 디지털 원주민 코호트(cohort: 특정 기간에 특정 경험을 공유한 사람들의 집합, 즉 동질 집단—옮긴이)이기 때문이다.

1부

대붕괴:
이탈 경쟁과
화석연료
좌초 자산

1

문제는 인프라야, 바보야!

미국과 세계는 그린 뉴딜 경제 비전을 필요로 한다. 그것은 대도시든 소읍이든 시골이든, 어디에서나 설득력이 있고 실행이 가능해야 한다. 또한 빨리 전개해서 20년 정도 이내에 구현할 수 있는 비전이어야 한다. 글로벌 경제를 탈탄소화하고 녹색 전력으로 리엔지니어링하고 지속 가능한 서비스를 갖추는 것까지 완수해야 하는 데드라인이 그 정도다. 우리는 한 걸음 물러나 질문을 던져 보아야 한다. "인류 역사에서 경제 패러다임의 대전환은 어떤 식으로 부상하는가?" 우리가 그것의 발생 방식을 안다면, 세계 각국의 정부들이 그린 뉴딜을 구현할 로드맵을 도출할 수 있기 때문이다.

3차 산업혁명 패러다임

인류 역사에서 주요한 경제적 변혁은 모두 공통분모를 가진다. 경제적 변혁이 발생하려면 기본적으로 세 가지 요소가 갖춰져야 한다. 그 세 가지 요소는 서로 상호작용해 경제 시스템이 하나의 완전체로서 돌아가도록 만든다. 커뮤니케이션 매개체와 동력원, 그리고 운송 메커니즘이 바로 그 세 가지 요소다. 커뮤니케이션이 없으면 경제활동과 사회생활을 관리할 수 없다. 에너지가 없으면 경제활동과 사회생활에 동력을 제공할 수 없다. 운송과 물류가 없으면 경제활동과 사회생활을 가동할 수 없다. 이 세 가지 운영 체계는 함께 경제학자들이 범용 기술 플랫폼(사회 전반적 인프라)이라고 칭하는 것을 구성한다. 새로운 커뮤니케이션과 에너지와 운송 인프라는 또한 사회의 시간적 및 공간적 방향과 비즈니스 모델, 통치 유형, 건조 환경(built environment), 거주지, 내러티브 정체성 등을 변화시킨다.

19세기에는 증기력을 이용한 인쇄와 전신, 풍부한 석탄, 전국 철도망이 서로 맞물리며 사회를 관리하고 사회에 동력과 이동성을 제공하는 범용 기술 플랫폼을 형성함으로써 1차 산업혁명이 발생했다. 20세기에는 중앙 제어식 전력과 전화, 라디오, 텔레비전, 저렴한 석유, 그리고 전국의 도로망을 달리는 내연기관 차량이 상호작용하며 2차 산업혁명의 기반을 창출했다.

현재 우리 사회에서는 3차 산업혁명이 진행 중이다. 디지털화한 커뮤니케이션 인터넷과 태양광 및 풍력 전기를 동력원으로 삼는 디지털화한 재생에너지 인터넷, 그리고 녹색 에너지로 구동되는 전기 및 연료전지 자율 주행 차량으로 구성된 디지털화한 운송 및 물류 인터넷이 상호작용하며 수렴하고 있다. 이들의 상호작용 및 수렴은 상업용, 주거용, 산업용 건축물 및 시설에 설치되는 사물 인터넷(IoT, Internet of Things) 플랫폼을 기반으로 삼으며 21세기의 사회와 경제에 변혁을 알리고 있다.

센서들이 모든 장치와 기기, 기계, 도구 등에 부착되며 글로벌 경제 전반으로 확장되는 디지털 신경망을 통해 모든 '사물'을 모든 인간과 연결하고 있다. 이미 수십억 개의 센서가 자원 흐름과 창고, 도로망, 공장의 생산 라인, 전기 송전망, 사무실, 주택, 상점, 차량 등에 부착되어 지속적으로 제반 상태와 성능을 모니터링하고 커뮤니케이션 인터넷과 재생에너지 인터넷, 운송 및 물류 인터넷에 빅 데이터를 공급하고 있다. 2030년이면 전 세계에 분포된 지능망(intelligent network)에서 수조 개에 달하는 센서가 인간과 자연환경을 연결하게 될 전망이다.[1]

IoT를 통해 모든 사람과 모든 것을 연결하면 엄청난 경제적 이점이 따른다. 확장된 디지털 경제에서 개인과 가정, 기업은 집이나 직장에서 IoT에 연결해 월드와이드웹(WWW)을 통해 흐르는 빅 데이터, 즉 그들의 공급망과 생산 및 서비스, 사회생활의 모든 측면에 영향을 미치는 빅 데이터에 접속할 수 있게 된다. 그런 후 그들은 자체 분석을 통해 빅 데이터를 채굴하고 자체의 알고리즘과 앱을 만들어 총체적인 효율성과 생산성을 높이며 탄소 발자국을 줄일 수 있게 된다. 그리고 나아가 재화와 용역을 생산, 분배, 소비하는 한계비용과 폐품을 재활용하는 한계비용을 낮추며 새로운 탄소 이후 글로벌 경제에서 가정과 사업체를 보다 친환경적이고 보다 효율적이게 만들 수 있게 된다.(한계비용이란 고정비용이 흡수된 후 재화나 용역을 한 단위 더 생산하는 데 들어가는 추가 비용을 말하며, 고정비용은 제외하고 총비용 증가분을 생산량 증가분으로 나눠 산출한다.)

이 녹색 디지털 경제에서 일부 재화와 용역의 한계비용은 제로에 가까워져 자본주의 체제의 근본적인 변화를 강요할 것이다. 우리가 배우는 경제 이론에 따르면 최적의 시장은 기업들이 한계비용으로 재화나 용역을 판매하는 시장이다. 기업은 상품과 서비스의 생산과 유통에 드는 한계비용을 줄일 수 있는 신기술과 여타의 효율성 제고 방안을 도입해 가격을 보다 낮추고 시장점유율을 높여 투자자에게 충분한 수익을 제공하는 것이 바람직하다는 논리다.

하지만 경제학자들은 언젠가는 상품이나 서비스의 생산과 유통을 지나치게 효율화하는 범용 기술 플랫폼이 확립되어 경제활동의 한계비용을 크게 낮추는 동시에 한계이윤을 급격히 감소시켜 자본주의 비즈니스 모델을 약화시킬 가능성은 전혀 고려하지 않았다. 한계비용이 극도로 낮아지면 시장은 비즈니스 메커니즘으로서 너무 느리고 부적절해진다. 이것이 바로 녹색 디지털 3차 산업혁명이 야기하는 현상이다.

시장은 거래의 시작 및 중단으로 구성되는 메커니즘이다. 판매자와 구매자는 어느 순간 모여 특정한 거래 가격에 합의하고 상품이나 서비스를 제공한 후 제각기 갈 길을 간다. 거래와 거래 사이의 휴지 시간은 고정 간접비와 여타 비용이 발생하는 손실기로 이때 판매자는 불확실한 상태에 놓이게 된다. 생산 비용 측면의 손실과는 별도로 판매자가 다시 구매자와 만날 때까지 드는 시간과 비용을 생각해 보라. 광고 및 마케팅 비용, 상품 저장 비용, 물류 및 공급망 전반에 걸친 휴지 시간에도 지불해야 하는 여타의 간접비 등 말이다. 판매자와 구매자 사이의 일회성 거래는 이렇게 느리게 전개되며 많은 비용을 유발한다. 그에 반해 한계비용을 줄이며 이윤을 축소시키는 오늘날의 현상은 어떠한가? 디지털로 강화된 고속 인프라에서 펼쳐지는 이 현상은 전통적인 시장을 거의 쓸모없게 만든다. 3차 산업혁명에서 상품의 '거래'는 연중무휴 서비스의 지속적인 '흐름'에 자리를 내준다.

현재 부상하고 있는 새로운 경제 시스템에서는 소유권이 접근권에 자리를 내주고 시장의 판매자와 구매자가 부분적으로 네트워크에서 공급자와 사용자로 대체된다. 공급자/사용자 네트워크에서 산업 및 부문은 스마트 네트워크에서 중단 없는 재화 및 서비스의 흐름을 관리하기 위해 플랫폼에 통합되는 '전문 역량'으로 대체되며 시스템에서 연중무휴로 이어지는 트래픽 덕분에 적은 이윤에도 충분한 이익을 창출한다.

그러나 일부 상품 및 서비스의 이윤은 '제로'에 가까울 정도로 줄어들어 자본주의적 네트워크에서조차도 더 이상 이익을 실현할 수 없게 된다. 생산 및 유통되는 상품이나 서비스가 거의 무료가 되는 경우가 바로 그에 해당한다. 이런 일은 이미 일어나고 있으며, 그에 따라 공유 경제(Sharing Economy)라는 새로운 현상이 나타나고 있다. 전 세계 수억 명의 사람들이 시간과 장소에 구애받지 않고 자기 나름의 음악이나 유튜브(YouTube) 동영상, 소셜 미디어, 연구 결과를 창출해 공유하고 있지 않은가. 적잖은 사람들이 세계 최고의 대학교 교수들이 가르치는 온라인 대중 공개강좌(MOOC)에 참여하고 있으며 종종 그렇게 대학 학점을 취득하기도 한다. 모두 무상으로 말이다. 그저 스마트폰과 서비스 제공자, 전원 공급 콘센트만 있으면 가능한 일이다.

세계 각지에서 갈수록 많은 사람들이 자체적으로 태양광이나 풍력으로 전기를 생산해 사용하고 남는 전기는 그리드에 되팔고 있다. 역시 제로에 가까운 한계비용으로 말이다. 태양과 바람은 아직 우리에게 청구서를 발부하지는 않는다. 특히 밀레니얼 세대들은 집이나 차량, 의류, 도구, 운동 장비 등을 비롯해 일련의 상품이나 서비스를 공유하는 일에 적극적인 자세를 보인다.

우버(Uber)와 같은 공유 네트워크는 사용자와 운전자를 연결하는 한계비용은 거의 제로에 가깝지만 공급자가 서비스에 대한 일시적 접근권에 과금하는 자본주의적 공급자/사용자 네트워크이다. 다른 공유 네트워크는 회원들이 서로 지식과 상품 및 서비스를 무료로 나누는 비영리 단체나 협동조합이 주를 이룬다. 수백만에 달하는 개인이 세상의 지식을 모아 위키피디아(Wikipedia)에서 모두 무료로 공유하고 있다. 위키피디아는 현재 세계에서 다섯 번째로 트래픽이 많은 비영리 웹 사이트이다.[2]

다양한 가상 재화와 물리적 상품을 공유하는 것은 신흥 순환 경제의 초석으로, 사람들은 이제 자신이 더 이상 사용하지 않는 것을 다른 사람에게 넘기면서 지구의 자원을 훨씬 적게 사용하며 탄소 배출량을 극적으로 줄이는 쪽으로 움직이고 있다. 공유 경제는 그린 뉴딜 시대의 핵심적 특징이다.

현재 공유 경제는 초기 단계를 밟고 있으며 앞으로 여러 방향으로 진화할 것이다. 여기서 확실히 해 둘 것이 있다. 공유 경제는 사람들의 경제생활을 변화시키고 있는, 커뮤니케이션과 에너지, 이동성의 디지털 인프라에 의해 가능해진 새로운 경제 현상이다. 그 점에서 공유 경제는 18세기와 19세기에 태동한 자본주의와 사회주의 이후 세계 무대에 처음 등장한 새로운 경제 시스템이라 할 수 있다.

이미 젊은 디지털 원주민 세대(40세 미만)는 이 새로운 하이브리드 경제 시스템에 안락하게 자리를 잡은 상태다. 그들은 하루의 일정한 시간을 할애해 전 세계의 오픈 소스 공동체에서 거의 무료로 모든 종류의 상품과 서비스를 공유하고 있는데, 그 가운데 상당 부분은 GDP에 잡히지도 않고 표준 경제 회계로 측정되지도 않는다. 또 나머지 시간에는 점점 자본주의적 공급자/사용자 네트워크에 대한 방문을 늘리며 상품 및 서비스에 대한 접근권에 비용을 지불한다. 이 하이브리드 경제 시스템이 앞으로 그린 뉴딜이 부상할 경기장인 셈이다.

그린 뉴딜 스마트 인프라의 구축에는 모든 역량이 동원될 것이다. 텔레콤과 케이블 회사, 인터넷 기업, 전자 산업을 포함한 ICT 부문, 전력 및 전기 유틸리티, 운송 및 물류, 건설 및 부동산 산업, 제조 부문, 소매업 부문, 식품, 농업 및 생명과학 부문, 여행 및 관광 산업 등이 그에 해당한다. 새로운 스마트 지속 가능 인프라는 다시 녹색 경제로의 전환을 특징으로 하는 새로운 비즈니스 모델과 새로운 종류의 대량 고용을 가능하게 할 것이다.

2차 산업혁명에서 3차 산업혁명으로의 전환은 농경 사회에서 산업 사회로 전환한 경우와 비교할 수 없을 정도로 규모가 어마어마할 것이며, 어느 국가에서든 국민 두 세대의 집단적 재능과 기술을 필요로 할 것이다. 이를 위해서는 수백만 명의 사람들을 훈련시켜 일을 맡겨야 할 것이고, 여기에는 이미 근로 현장을 떠난 사람들을 재취업시키는 일도 포함된다.

아울러 파이프라인과 발전소, 저장 시설 등 좌초되는 화석연료 및 원자력 인프라 전체를 해체하고 분해해야 할 것이다. 로봇과 인공지능(AI)으로는 그 일을 할 수 없다. 훨씬 더 민첩하고 숙련된 전문 인력이 필요하기 때문이다.

범용 광대역을 포함하여 통신 네트워크도 업그레이드해야 할 것이다. 이 역시 로봇이 아니라 사람들이 케이블을 깔고 연결해야 할 것이다.

에너지 인프라는 태양광이나 풍력 및 여타 재생에너지를 수용할 수 있도록 변환되어야 할 것이다. 로봇과 AI로는 태양 전지판을 설치하거나 풍력 터빈을 조립할 수 없다. 기존의 중앙 제어식 전력 그리드는 무수히 많은 녹색 마이크로 발전소에서 생산하는 재생 가능 전기의 흐름을 수용하기 위해 분산된 스마트 디지털 재생에너지 인터넷으로 재구성해야 한다. 이것도 반숙련 인력 내지는 숙련된 전문가만 수행할 수 있는 복잡한 작업이다.

오래된 20세기의 전국 전력 송전망은 21세기 고전압 스마트 전력 그리드로 대체해야 할 것이다. 이 전환에도 20년에 걸쳐 거대한 노동력이 집결될 것이다.

운송 및 물류 부문은 재생에너지로 구동되고 지능형 도로나 철로 및 수로 체계를 운행하는 스마트 전기 차와 연료전지 차량으로 구성된 GPS 유도 및 자율 이동성 인터넷으로 전환하고 디지털화해야 할 것이다. 여기서도 저차원적 기술이나 첨단 기술을 갖춘 숙련 근로자들이 과업에 투입될 것이다. 전기 차와 연료전지 차량의 도입에는 미국의 경우 수백만 개의 충전소와 수천 개의 수소 연료 스테이션이 필요해질 것이다. 유비쿼터스 센서를 장착하고 교통 흐름에 대한 실시간 정보를 제공하는 스마트 도로도 설치해야 한다. 여기에도 인력은 필요하게 될 것이다.

건축물은 에너지 효율을 높이는 한편 재생에너지 수확 설비를 갖추어 그 자체가 마이크로 발전소가 되도록 개조해야 할 것이다. 단열재와 새 창문 및 문을 설치하는 작업에 숙련된 노동자들이 투입될 것이다. 간헐적인 재생에너지의 안정된 확보를 위해 모든 인프라 계층에 에너지 저장 설비를 구축해야 한다. 이 역시 방대한 고용을 창출할 것이다.

사실 3차 산업혁명은 일자리를 없애기도 하고 고용의 원천이 되기도 하는 이중성을 가진다. 21세기 중반이 되면 커뮤니케이션 인터넷과 에너지 인터넷, 물류 인터넷으로 구성된 스마트 IoT 인프라가 소수 전문 인력의 관리 감독하에 문명국 경제활동의 상당 부분을 책임질 것이다.

그러나 중단기적으로 보면, 미국 및 세계 여러 국가에서 IoT 인프라의 대규모 구축으로 30년에 걸쳐 임금 및 봉급 노동이 마지막이자 대량으로 급증할 것이다.

중장기적으로는 점점 더 많은 고용이 시장 부문에서 비영리 부문과 사회적 경제 및 공유 경제로 옮겨 갈 것이다. 시장경제에서 상품과 서비스를 생산하는 데 필요한 인력은 줄어들지만, 심오한 사회적 유대와 사회적 자본의 축적은 본질적으로 인간의 활동이라는 분명한 이유로 기계가 시민사회에서 수행하는 역할 역시 감소할 것이다. 기계가 언젠가는 사회적 자본을 창출할 수도 있다는 생각은 가장 열렬한 기술 마니아조차도 품지 않는다.

비영리 부문은 이미 세계의 선진 산업 경제체 다수에서 가장 빠르게 성장하는 고용 분야이다. 자유롭게 자신의 시간을 할애하는 수천만의 자원봉사자와는 별도로 수백만의 인력이 활발하게 고용되고 있다. 2010년경 존스홉킨스 대학교 시민사회 연구 센터에서 42개국을 대상으로 조사한 바에 따르면, 이들 국가의 비영리 부문에 도합 5500만 명의 정규직 근로자가 고용되어 있는 것으로 나타났다. 오늘날 일부 국가에서는 비영리 부문의 고용이 국가 전체 인력의 10퍼센트를 차지한다. 이러한 고용 수치는 갈수록 자동화되는 시장경제에서 고도로 노동 집약적인 사회적 경제로 일자리가 옮겨 감에 따라 향후 수십 년에 걸쳐 꾸준히 증가할 가능성이 크다.

나는 금세기 중반쯤이면(그보다 훨씬 빠르진 않더라도) 전 세계의 피고용인 대다수가 비영리 부문에 종사하며 사회적 경제의 발전에 바쁘게 참여하고 적어도 일부 상품과 서비스는 재래식 시장에서 구매할 것으로 예상한다. 전통적인 자본주의경제는 소규모 전문가 및 기술 인력이 돌보는 지능형 기술로 관리될 것이다.

곧 당면할 과업은 세계 전역의 대규모 3차 산업혁명 인프라 구축에 따라 새로 형성될 새로운 직업 범주와 사업 기회로 쉽게 옮아가기 위해 기존 인력을 재훈련하는 한편 노동시장에 들어올 학생들에게 적절한 기술 교육을 제공하는 일이 될 것이다. 그와 동시에 학생들은 시민사회에서 생겨날 직업 기회에 필요한 새로운 전문 기술도 익혀야 할 것이다. 엄청난 노력이 요구되겠지만, 인류는 과거에도 수차례 유사한 수준의 힘겨운 노력을 쏟은 바 있다. 특히 1890년에서 1940년 사이에 농경에서 산업 생활 방식으로 빠르게 전환한 것이 그런 노력의 성과로 기록된다.

디지털 경제는 또한 모든 사람들의 동등한 접근권을 보장하는 네트워크 중립성을 확보하고 개인 정보를 보호하며 데이터 보안을 보장하고 사이버 범죄와 사이버 테러를 미연에 방지해야 한다는 문제와 관련된 리스크와 도전도 제기한다. 특정 국가가 다른 국가의 소셜 미디어를 해킹하고 허위 정보를 퍼뜨려 선거 결과에 영향을 미치려 한다면 어떻게 막아야 하는가? 거대 인터넷 기업이 시장을 독점하고 사적인 온라인 데이터를 상업적 용도에 쓰도록 제3자에게 판매하는 행태는 또 어떻게 막아야 하는가?

인터넷의 어두운 측면으로 인해 지방이나 주 또는 국가 차원의 규제적인 관리 감독이 필요해질 것이다. 그런 관리 감독은 시스템에 중복적인 다층 필터를 내장해 보완해야 한다. 그래야 스마트 디지털 IoT에 대한 어떠한 훼손이나 분열, 파괴 행위도 지역이나 공동체 수준에서 감지되는 순간 충격을 흡수할 수 있도록 분해나 분권화, 새로운 네트워크로의 재편성 등을 통해 대응할 수 있다.

완전한 디지털 경제와 3차 산업혁명으로의 전환은 20세기에 2차 산업혁명으로 얻은 이득 수준을 훨씬 뛰어넘는 총체적인 효율성 도약을 안겨 줄 것이다. 미국의 경우 1900년에서 1980년 사이에 총에너지 효율은 국가 인프라의 발전과 더불어 2.48퍼센트에서 12.3퍼센트로 꾸준히 증가했다. 여기서 에너지 효율이란 에너지와 물질에서 얻어 낼 수 있는, 잠재적인 물리적 작업에 대한 유용성 비율을 말한다. 총에너지 효율은 1990년대 후반 약 13퍼센트 수준에서 맴돌다가 2010년 무렵 2차 산업혁명 인프라가 완성되면서 14퍼센트로 정점을 찍었다. 미국에 비할 데 없는 생산성과 성장을 안겨 준 총체적 효율성의 상당한 증가에도 불구하고 2차 산업혁명에 사용된 에너지의 86퍼센트가 전송 및 전달 과정에서 낭비된 셈이다.[3] 다른 산업화 국가들도 그와 비슷한 총효율성 곡선을 경험했다.

탄소 기반의 2차 산업혁명 인프라는 설령 업그레이드한다 하더라도 총효율성과 생산성에 어떤 영향이든 미칠 가능성이 별로 없다. 화석연료 에너지는 이미 충분히 발달한 상태이기 때문이다. 내연기관 및 중앙제어식 전력 그리드처럼 화석연료 에너지로 작동하도록 설계되고 운영되는 기술은 더 이상 이용할 잠재력이 거의 남지 않았을 정도로 생산성이 소진된 상태다.

그렇지만 새로운 연구들에 따르면, IoT 플랫폼과 3차 산업혁명으로 전환하면 향후 20년 동안 총에너지 효율을 60퍼센트까지 올려 생산성을 극적으로 향상시키는 일이 가능해진다. 아울러 에너지 효율이 거의 100퍼센트에 달하는 탄소 이후 재생에너지 사회와 고도로 탄력성 있는 순환경제로의 전환도 그려 볼 수 있게 된다.[4]

나는 정기적으로 세계 전역의 도시와 지방, 국가의 수장을 만난다. 그들과 대화를 나눌 때면 나는 그린 뉴딜의 핵심인 탄소 제로 3차 산업혁명 경제에 필요한 스마트 그린 인프라에 대해 설명한 후 기후변화를 완화하고 새로운 비즈니스와 고용 기회를 창출할 수 있는 보다 나은 계획이 있는지 묻는다. 그러면 대개는 침묵만이 흐른다. 그들에게 있는 유일한 대안이 죽어 가는 탄소 기반의 2차 산업혁명 경제에 갇혀 지내는 것뿐이기 때문이다. 2차 산업혁명 경제는 이미 수십 년 전에 총효율의 정점을 찍었으며 현재 세상을 여섯 번째 멸종 위기로 몰아가고 있다. 그렇다면 무엇이 우리를 붙잡고 있는 것인가?

점의 연결

9000개가 넘는 도시 및 지방 정부가 지속 가능한 지역사회를 만들고 기후변화를 해결하기 위해 글로벌 기후·에너지 시장 협약(Global Covenant of Mayors for Climate & Energy)에 참여했다.[5] 이 도시들은 태양광 및 풍력 설비, 전기 자동차 및 수소 연료전지 버스, 친환경 인증(LEED) 건축물, 재활용 프로그램 등 가시성이 큰 녹색 '파일럿 프로젝트'의 도입을 자랑할 수 있다. 그러나 문제는 이런 공동체들이 서로 단절된 사일로(silo)식 이니셔티브들만 내놓고 마는 경우가 많다는 사실이다.

3차 산업혁명의 녹색 인프라가 빠지면 결국 그렇게 서로 따로 노는 노력으로 끝난다. 녹색 인프라는 그런 모든 고립된 프로젝트를 연결해 주는 '신경계'이다. 가장 심오한 수준의 인프라는 일반적인 생각과 달리 상업과 사회생활에 부수적으로 따르는 부속물에 불과한 것이 아니다. 새로운 정치체의 필수 불가결한 '확장체'는 언제나 새로운 인프라이다.

가장 심오한 수준의 인프라는 새로운 커뮤니케이션 기술과 새로운 에너지원, 새로운 방식의 운송 및 물류, 그리고 새로 조성되는 환경을 결합하여 지역사회가 보다 효율적으로 경제활동과 사회생활, 거버넌스를 관리하고 거기에 동력과 이동성을 부여하게 만드는, 기술과 사회의 접합이다. 커뮤니케이션 기술은 경제 유기체를 감독하고 조정하고 관리하는 두뇌이다. 에너지는 정치체를 순환하면서 자연의 선물을 재화와 용역으로 전환하여 경제를 성장시키고 활기차게 만들도록 자양분을 공급하는 혈액이다. 운송 및 물류는 공동체가 시간과 공간 영역에 걸쳐 물리적으로 상호작용하고 상품과 서비스, 사람의 이동을 용이하게 하는 사지의 확장이다. 건축물은 피부인 셈이다. 인간 종이 악천후에서 살아남고 물리적 웰빙을 유지하는 데 필요한 에너지와 여타 물리적 자원을 저장하고 존재를 강화하는 데 필요한 상품과 서비스를 생산하거나 소비하도록 안전한 장소를 제공하며 가정을 꾸리고 사회생활을 영위하도록 모임 장소 역할을 하는 반투성(半透性)의 막과 같기에 하는 말이다. 인프라는 많은 사람들이 마치 확대가족처럼 함께 모여 보다 복잡한 경제적, 사회적, 정치적 관계를 맺도록 만드는 거대한 기술 유기체와 유사하다.

예를 들어 20세기의 2차 산업혁명을 새로운 경제 패러다임의 여러 사안을 관리하기 위한 기술 신경계로 간주해 보자. 미국의 도시는 1900년에서 1929년 대공황 발발 시점 사이에 전기가 깔렸고 시골 지역은 1936년에서 1949년 사이에 그 뒤를 따랐다.[6] 공장의 전기화는 대량생산 제품의 시대를 위한 길을 열었다. 그러한 제품 가운데 중심은 자동차였다. 전기가 없었다면 헨리 포드(Henry Ford)는 저렴한 자동차를 제조해 수백만 명의 미국인에게 제공할 수 없었을 것이다. 자동차의 대량생산에 필수적인 전기 공구를 구비할 수 없었을 테니까 말이다. 휘발유로 구동되는 모델 T 차량의 대량생산은 사회의 시간적, 공간적 방향을 바꾸었다. 수백만의 사람들이 말과 마차를 처분하고 자동차를 구입하기 시작했다. 증가된 연료 수요를 충족시키기 위해 발생기의 석유산업은 탐사와 시추에 박차를 가하며 전국에 걸쳐 송유관을 깔았고 조립라인에서 쏟아져 나오는 수백만 대의 자동차에 동력을 공급하기 위해 수천 개의 주유소를 세웠다. 같은 시기에 미국 전역에 걸쳐 콘크리트 고속도로가 깔리기 시작했고 세계 역사상 최대 규모의 공공 공사 프로젝트인 주간 고속도로 시스템(Interstate Highway System)으로 절정에 이르며 동부 연안에서 서부 연안까지 끊어지지 않고 이어지는 도로 체계가 구축되었다. 주간 고속도로는 도시 지역에서 고속도로 출구 주변에 새로 생긴 교외로 수백만 가구를 대거 이동시키는 원동력이 되었다. 그와 더불어 각 지역 구석구석까지 전화선이 깔렸고, 이어서 라디오와 텔레비전이 도입되면서 사회생활을 재구성하는 한편 석유 경제와 자동차 시대의 광범위한 활동을 관리하고 마케팅하기 위한 커뮤니케이션 그리드를 창출했다.

그때는 그랬지만, 지금은 상황이 다르다. 오늘날 미국은 선진 산업국들 사이에서, 심지어 다수의 개발도상국들 사이에서도 명백한 국외자에 해당한다. 세계 경제 포럼(World Economic Forum)의 2017년 보고서는 국가 인프라의 품질을 평가했는데, 미국은 네덜란드와 일본, 프랑스, 스위스, 한국 등의 뒤를 이어 9위를 차지했다.[7] 매킨지 컨설팅(McKinsey Consulting)의 한 보고서는 미국이 2017년과 2035년 사이에 전체 인프라 투자액을 지금보다 GDP의 0.5퍼센트만큼 올려도 단지 국가의 통상적 인프라 필요에 보조를 맞추는 정도밖에 안 될 것으로 예상했다.[8]

불행하게도, 떠오르는 3차 산업혁명의 새로운 디지털 인프라에 관한 주요 척도와 관련해서 보면 미국은 더욱 상태가 나쁘다. 인터넷 속도가 느린 고정 광대역 인터넷 가입률에서 세계 19위의 열악한 수준이다.[9] 디지털 재생에너지 인터넷과 자율 이동성 인터넷의 형성과 관련해서는 아직 본격적인 경쟁 대열에 합류하지도 않은 상태다.

1차 산업혁명과 2차 산업혁명 시기에는 미국이 세계 정상급의 인프라를 구축하기 위해 그 어느 나라도 따라오지 못할 수준으로 연방 정부와 주, 지방, 경제의 총력을 동원하는 데 헌신했다는 사실을 떠올리면 안타까운 일이 아닐 수 없다. 미국이 21세기 들어 빠르게 자국을 따돌리고 있는 세상에서 경제적 우선순위를 있는 그대로 재평가해야 할 시점을 놓쳤다는 사실이 자명해지고 있다.

3차 산업혁명은 이미 EU와 중화인민공화국 모두에서 확대되고 있다. 브뤼셀과 워싱턴 DC에 있는 나의 사무소는 지난 20년 동안 EU와 3차 산업혁명 인프라의 개념과 전개 문제를 놓고 긴밀히 협력해 왔다. 또한 베이징 사무소는 2013년부터 중국이 13차 5개년 계획에 따라 가동 중인

3차 산업혁명 방식의 로드맵과 전개를 놓고 지도부와 협력 관계를 유지해 왔다.

나는 종종 이런 질문을 받는다. "왜 미국이 EU나 중국에 뒤떨어졌는가?" 이에 답하기 위해 2012년 버락 오바마 대통령의 재선 운동 당시와, 인프라 문제에 대한 미국의 완고한 고집을 포착한 사건으로 돌아가 보고자 한다. 그해 7월 13일 버지니아주 로아노크에서 오바마 대통령은 지지자들 앞에서 연설하면서, 미국이 특정 정책으로 세계 나머지 나라의 등대가 되었던 역사를 반추하기 위해 기존의 선거운동 수사법에서 벗어났다. 대통령은 19세기와 20세기에 민간 기업들의 성공이 "큰 그림 인프라 전환"에 대한 정부의 개입에 얼마나 크게 의존했는지 음미했다.

> 여러분이 성공적인 삶을 누리고 있다면, 그것은 여기에 이르는 과정에서 누군가가 여러분에게 모종의 도움을 주었기 때문입니다. 학창 시절에 훌륭한 선생님을 만났기 때문입니다. 누군가가 여러분이 번창할 수 있도록 허용하는 이 놀라운 미국 시스템을 만들어 놓았기 때문입니다. 누군가가 도로와 다리에 투자했기 때문입니다. 만약 사업체를 운영하고 있는 분이라면 그것이 본인의 힘으로 구축한 게 아니라는 사실을 알아야 합니다. 다른 누군가가 그렇게 할 수 있는 여건을 만들어 놓았던 덕분입니다. 인터넷은 결코 저절로 발명된 게 아닙니다. 정부의 연구 기관이 인터넷을 만들어 놓았기에 기업들이 그것으로 돈을 벌 수 있게 된 것입니다.[10]

오바마 대통령은 계속해서 기업들이 기능하고 번성하도록 돕는 다양한 인프라 프로젝트와 정부 연구에 대한 연방 정부의 자금 지원을 언급했다. 공화당의 대선 후보 미트 롬니(Mitt Romney)는 "본인의 힘으로 구축한 게 아니다."라는 구절을 즉각 물고 늘어지며 오바마 대통령이 미국 경제를 강하게 만드는 소기업의 역할을 폄훼하고 있다고 주장했다. 그러나 오바마 대통령은 단지 연방 정부와 주 정부 그리고 지방정부가 모든 시민이 의존할 뿐 아니라 비즈니스 공동체의 성공과 전반적인 복지에 필수 불가결한 인프라와 공공서비스를 제공하기 위해 기여한 바를 설명하려고 했던 것뿐이었다.

오바마 대통령이 "본인의 힘으로 구축한 게 아니다."라고 말하는 장면은 즉시 소셜 미디어를 타고 바이러스처럼 퍼져 나가며 소기업이 미국의 경제 성공 스토리에서 하는 역할에 대한 국민적 논쟁을 불러일으켰다. 그리고 며칠 지나지 않아 공화당은 "본인의 힘으로 구축했다."라는 반박 문구를 퍼뜨리며 정부가 아닌 소규모 기업들이 미국이 누리는 우위의 주된 요인임을 시사했다. "본인의 힘으로 구축했다."에 대한 공화당 진영의 호응이 얼마나 컸던지 탬파에서 열린 공화당 전당대회에서 공식 주제 중 하나로 채택되기까지 했다.[11]

"본인의 힘으로 구축한 게 아니다."는 전국의 메인스트리트에서 미국 경제에 기여하면서도 제대로 인정을 받지 못한 채 과도한 세금과 과도한 규제에 시달린다고 느끼는 소기업 오너들의 신경을 건드렸다. 의도가 그게 아니었고 틀린 얘기도 결코 아니었지만, 그럼에도 대통령의 그 말은 보다 불안한 현실을 부각시켰다. 즉 큰 정부가 개인의 자유와 자유시장의 작용을 저해하는 방식으로 국민의 삶을 끊임없이 침해하고 있다는 느낌을 많은 미국인들에게 갖게 만든 것이다. 로널드 레이건(Ronald Reagan) 대통령은 1980년 대선에서 "정부를 국민의 등에서 떼어 놓자."라는 슬로건으로 이 주제를 대중화한 바 있었다.[12]

공정하게 말하자면 대부분의 미국인들은 자신들이 일상적으로 의존하는 많은 것들이 지방정부나 주 정부 또는 연방 정부 프로그램과 거기에 들어간 국민들의 세금 덕분임을 알고 있다. 자녀들이 다니는 공립학교와 차량이 달리는 도로, 비행기를 인도하는 항공 관제소, 날씨에 맞춰 활동하도록 돕는 기상청, 환자들을 보살피는 공공 병원, 차량 등록과 안전 운행을 관리하는 도로 교통 공단, 소포와 편지를 배달하는 우편국, 시민의 안전 보호에 주력하는 경찰서와 소방서, 범죄자를 교정하는 교도소, 가정과 일터에 물을 공급하고 오수를 처리하는 상하수도 시스템, 오물과 쓰레기를 처리하고 재활용하는 위생국 등이 모두 그에 해당한다.

여론조사 결과에 따르면 미국인들은 적어도 이론적으로는 인프라의 개선에 연방이나 주, 지방에서 보다 많은 자금을 투여해야 한다고 믿는다.[13] 하지만 어디에 얼마를 써야 하느냐 내지는 인프라의 전개를 정부의 책임에 두어야 하느냐 아니면 시장의 손에 맡겨야 하느냐 등의 구체적인 문제에 대해서는 극명하게 의견을 달리하며 서로 핏대를 세운다.

EU에서는 시민들이 정부와 민간 부문 간의 균형 잡힌 파트너십 유지가 중요하다는 사실을 인식하고 비즈니스 공동체와 대중이 모두 일상적으로 혜택을 입도록 공공 인프라 및 서비스를 제공하는 정부의 역할을 높이 평가한다. 그러한 이유로 유럽의 납세자들은 보편적 의료에서 고속철도 시스템에 이르는 공공서비스로 확보하는 이점에 대한 대가로 보다 많은 세금을 기꺼이 부담할 의향이 있다.

그와 대조적으로, 오늘날 미국은 시선이 닿는 모든 곳에서 도로와 교량, 댐, 공립학교, 병원, 대중교통 등의 공공 인프라가 심각한 곤경과 절망에 처해 있다. 미국 토목공학 협회(American Society of Civil Engineers, ASCE)는 4년마다 철도 운송과 내륙수로, 항만, 학교, 폐수 및 고형 폐기물 처리, 유해 폐기물 처리, 공원, 항공, 에너지 등을 망라해 국가의 인프라 상태에 대한 성적표를 발부한다. 2017년 성적표에서 ASCE는 미국의 공공 인프라에 "D+"라는 당혹스러울 정도로 낮은 점수를 주었다. ASCE 보고서는 공공 인프라의 악화가 미국 경제에 장해물이 되고 있을 뿐 아니라 국민의 건강과 복지 및 안보에 갈수록 큰 위협까지 되고 있다고 지적하며 미국이 필요한 인프라 비용의 절반만 지불하고 있기 때문에 기업체와 근로자, 가정에 피해가 초래되고 있다고 경고했다.[14]

이는 도로가 열악해서 이동 시간이 늘어났고 붕괴되거나 그럴 위험성이 큰 교량이 산재하고 항공기 지연이 빈번하고 전력 그리드가 노후해서 공급에 차질이 생기고 상수 시설이 신뢰할 만하지 못하고 하수 시절이 자주 고장 나고 여타의 공공서비스도 불안하다는 것을 뜻한다. 그로 인해 "기업체들이 재화나 용역을 제조하고 유통하는 데 드는 비용이 높아진 것"은 물론이다. ASCE에 따르면 "그렇게 높아진 비용은 결국 근로자와 가정에 전가된다." ASCE는 국가 인프라가 계속 이렇게 악화되면 2025년까지 미국 GDP에서 3조 9000억 달러의 비용이 발생하고 매출에서는 7조 달러의 손실이 발생할 것이며 일자리는 250만 개가 소실될 것으로 추산했다. 손실의 규모와 개별 가구에 미치는 영향에 대한 의구심을 불식시키기라도 하려는 듯, ASCE는 "인프라 악화로 인한 비용 때문에 가계의 가처분소득과 일자리의 질과 양에 큰 피해가 발생할 것이며…… 2016년부터 2025년까지 각 가구는 매년 가처분소득에서 3400달러를 잃게 될 것"이라고 추정했다.[15]

ASCE는 미국이 평점 B라도 받으려면 향후 10년(2016~2025) 동안 매년 2060억 달러를 추가로 인프라에 투자해야 한다고 결론지었다. 2025년까지 (현재의 수준을 유지하는 경우보다 2조 달러가 늘어나는) 총 4조 5900억 달러를 인프라에 투자해야 한다는 얘기다.[16]

역사는 국가의 활력이 국민의 생산성과 건강, 전반적인 복지를 향상시키는 공공 인프라와 서비스를 확보하기 위해 소득과 부의 일부를 희생하려는 국민의 기꺼운 의향에 의해 측정된다고 말한다. 그러한 헌신이 시들해지는 것은 국가의 쇠퇴와 몰락의 명백한 신호가 된다. "미국을 다시 위대하게(Make America Great Again)"라는 수사적 슬로건은 인구의 상당수가 현재 세대뿐 아니라 다음 세대의 필요를 예상하고 국가 인프라의 재건과 변혁을 지원함으로써 미국의 미래에 헌신할 의사가 더 이상 없는 시점에서는 공허하게 들릴 수밖에 없다.

인프라의 중요성에 대한 전반적인 무시는 "푼돈을 아끼느라 큰돈을 잃는" 어리석은 작태일 따름이다. 단기적으로 이것은 열악한 도로와 위험한 교량, 신뢰할 수 없는 대중교통, 느린 휴대전화 정도를 의미하지만 장기적으로는 3차 산업혁명 인프라에 대한 투자 부족으로 미국인뿐 아니라 전 지구에 보다 존재론적인 위협이 초래될 수 있다는 것을 뜻한다. 만약 우리가 그러한 투자의 결과를 더 잘 이해한다면, 인프라에 세수를 할당하는 일이 보다 수월해질지도 모른다. 메릴랜드 대학이 전미 제조업 협회(National Association of Manufacturers)의 의뢰로 2014년 수행한 종합 연구가 모든 것을 말한다. 이 연구에 따르면 인프라 개선에 투자하는 1달러는 매년 미국의 GDP에 3달러의 이득으로 돌아온다.[17] 금상첨화로, 매킨지(McKinsey)는 단지 GDP의 1퍼센트만 인프라 지출을 늘려도 미국 경제에 150만 개의 일자리가 추가될 것으로 추정하고 있다.[18] "오호, 통재라!"를 제외하고 더 할 말이 있겠는가?

인프라의 주인은?

그린 뉴딜은 젊은 세대, 즉 오늘날 미국의 지배적인 집단인 밀레니엄 세대와 Z 세대가 국가의 방향을 돌려 그 어느 때보다 중요한 어젠다와 함께 앞으로 나아가기 위해 촉구하는 강력한 탄원이다. 모든 미국인의 사회적 전망과 경제적 복지를 향상시키는 것뿐 아니라 기후변화를 완화하고 지구의 생명을 구하는 최전선에 국가와 국민을 두고자 하는 어젠다 말이다. 죽어 가는 화석연료 중심의 2차 산업혁명 인프라에서 스마트 녹색 탄소 제로 3차 산업혁명 인프라로의 전환은 그런 뉴딜의 핵심이다.

인프라 혁명은 항상 공공과 민간의 파트너십이며, 공공 자본과 민간 자본, 사회적 자본의 적절한 혼합으로 모든 수준에서 정부와 산업, 시민사회를 결합하는 건전한 사회적 시장경제를 필요로 한다. 미국에서는 19세기 1차 산업혁명과 20세기 2차 산업혁명 둘 다 국민의 삶을 변화시키는 새로운 인프라의 구축과 확장에서 강력하고 굳건한 공공-민간 파트너십에 의존했다.

미국의 대중은 2차 산업혁명을 수반한 뉴딜을 알고 있을 것이다. 하지만 그들은 미국에서 1차 산업혁명을 수반한 것도 일종의 뉴딜이었음은 잘 모른다. 그렇게 불리진 않았지만 말이다. 1862년과 1890년 연방 정부는 모릴 토지 허여 법안(Morrill Land-Grant Acts)으로 미국 전역에 정부 원조 공립대학을 설립하여 국가의 농업과 산업을 변화시키는 데 필요한 교육과 기술을 제공하기 시작했다. 이후 150여 년이 지나는 동안 수백만 명의 미국인이 그 대학들에 다녔다. 펜실베이니아 주립대와 오하이오 주립대, 조지아 대학교, 텍사스 A&M, 애리조나 대학교, 캘리포니아 대학교 등 전국 각 주의 토지 허여 대학을 나온 사람이라면 연방 정부의 모릴 법안에 감사해야 마땅하다. 국회의사당 건물에서 볼티모어까지 이어진 미국 최초의 전신 설비도 연방 정부가 자금을 지원한 것이다.[19] 연방 정부의 1862년 자영 농지법(Homestead Acts)은 2억 7000만 에이커에 달하는 연방 공유지(미국 총면적의 10퍼센트)를 160만 농가에 무료로 양도했다.[20] 연방 정부의 태평양 철도법(Pacific Railroad Acts)은 철도 회사에 정부 채권 발행과 무상 토지 불하를 승인하여 대륙 횡단 철도 인프라의 구축을 촉진했다.

1930년대 프랭클린 델라노 루스벨트(Franklin Delano Roosevelt) 대통령의 뉴딜 정책은 새로운 금융 개혁뿐 아니라 공공사업단(Public Works Administration, PWA)을 위시한 대규모 연방 프로그램을 포함하여 2차 산업혁명으로의 인프라 전환을 촉진했다.[21] 공공사업 촉진국(Work Projects Administration, WPA)은 수백만 명의 실업자를 고용하여 건축물과 도로 건설, 공유지 관리 등의 공공사업을 수행했다.[22] 루스벨트 정부는 또한 테네시강 유역 개발 공사(Tennessee Valley Authority, TVA)라는 거대한 전력 생산 프로젝트를 추진했다. 아직 전기가 들어가지 않은 시골의 지역사회를 위한 정부 보조의 저렴한 수력전기를 생산하기 위해 대규모 댐을 건설하는 프로젝트였다.[23] 이어서 정부는 외딴 지역에 사는 수백만 명의 국민들에게 전기를 공급하기 위해 각 시골 지역에서 전기 협동조합을 설립하도록 지원했다. 앞서 언급했듯이, 1956년 연방 정부의 전국 주간 고속도로 및 국방 고속도로 법(National Interstate and Defense Highways Act)은 미국 전역을 단일 도로 체계로 연결해 교외 지역의 발전을 촉진시켰다.[24] 연방 정부의 GI 법안은 2차 세계대전과 한국전쟁 이후 약 800만 명의 참전 용사들에게 무료 고등교육을 제공하였다. 2차 산업혁명 인프라의 구축을 완료하고 그에 수반된 새로운 사업 기회를 관리할 수 있는 고급 인력을 양성하기 위해서였다.[25] 1934년에 설립된 연방 주택국(Federal Housing Administration, FHA)은 1차 세계대전 후 고속도로 출구 주변에 조성되기 시작한 교외 주거지에 수백만의 미국인이 주택을 소유할 수 있도록 도왔다.(비록 소수 인종은 종종 FHA의 차별로 인해 모기지를 받는 데 어려움을 겪었지만 말이다.) 그린 뉴딜 역시 성공을 거두려면 이와 유사한 노력이 투여되어야 한다.

1차 및 2차 산업혁명 인프라는 중앙 집중식과 하향식 그리고 독점 방식으로 설계되었으며, 규모의 경제를 창출하고 투자자에게 수익을 안겨 주기 위해 수직으로 통합되어야 할 필요가 있었다. 그 결과, 2차 산업혁명이 끝나 가는 오늘날, 《포춘》 글로벌 500대 기업 대부분이 미국에 본사를 두고 전 세계 GDP의 37퍼센트에 해당하는 30조 달러의 수익을 올리고 있으며, 그러면서도 35억 명에 달하는 전 세계 노동인구 가운데 단지 6770만 명 정도만 고용하고 있다.[26] 이 통계 수치는 산업 시대의 혜택이 어떤 식으로 분배되었는지에 대해 우리가 알 필요가 있는 모든 것을 말해 준다.

19세기와 20세기 두 차례 산업혁명의 과실이 많은 사람들, 특히 서구 세계의 많은 이들에게 유익하지 않았다고 주장하는 것은 아니다. 틀림없이, 선진국 국민 대부분은 산업화 시대 이전을 살았던 선조들보다 훨씬 더 잘살고 있다. 그러나 세계 인구의 거의 절반(46퍼센트)이 빈곤을 정의하는 구분선인 하루 5달러 50센트 미만의 돈으로 살고 있으며 기껏해야 선조보다 조금 더 낫거나 전혀 나을 바 없는 생활을 영위한다는 사실 역시 언급해야 공정하다.[27] 물론 가장 부유한 부류는 대성공을 거두었다. 현재 세계에서 가장 부유한 개인 여덟 명이 보유한 부가 지구상에서 살고 있는 인구의 절반인 35억 명이 가진 부와 같다.[28]

이와 달리 3차 산업혁명 인프라는 네트워크 효과를 달성하기 위해 분산적이고 개방적이며 투명하게 설계된다. 그리고 수평으로 규모가 확대되어 세계 곳곳의 수십억 인구가 각자의 지역이나 지방에서 매우 적은 고정비용이나 제로에 가까운 한계비용으로 온라인과 오프라인 양쪽에서 직접 관계를 맺도록 돕는다. 스마트폰이 있고 인터넷만 연결되면 전 세계 수백만 기업 및 웹 사이트와 빅 데이터에 즉각적으로 접근할 수 있는 세상이기 때문이다.

분산된 탄소 이후 스마트 3차 산업혁명 플랫폼이 가능케 하는 상거래와 교역, 사회생활에 대한 보다 친밀하고 포괄적인 참여는 개인과 기업, 그리고 지역사회가 20세기에 상거래와 교역을 중재하던 글로벌 기업들을 우회해 직접 교류하게 됨에 따라 세계화에서 글로컬리제이션(glocalization)으로의 전환을 수반하고 있다. 글로컬리제이션은 스마트 첨단 중소기업(SME)들의 확산이 전 세계의 순환 네트워크에서 활동하며 수평으로 확장되는 협동조합들로 블록체인화하면서 사회적 기업의 방대한 확장을 촉진할 것이다. 요컨대 3차 산업혁명은 역사상 전례 없는 규모로 상업과 무역의 민주화를 수반하게 된다는 얘기다.

세계화에서 글로컬리제이션으로의 전환은 국가 정부와 지역사회 사이의 관계에 변혁을 일으키고 있다. 경제 운용과 거버넌스 문제에 대한 책임의 소재를 어느 정도는 국가에서 지역으로 뒤바꾸고 있는 것이다. 거버넌스의 이러한 변화는 인류가 경제와 사회생활을 조직하는 방식에 혁명이 일어날 전조라 할 수 있다.

그렇다면 연방 정부나 중앙정부의 역할에는 무엇이 남는가? 연방 정부나 중앙정부 역시 국가의 일부 인프라 구축에서 중추적 역할을 수행하겠지만 주된 역할은 3차 산업혁명 인프라와 탄소 제로 경제로의 전환을 위한 새로운 법규와 규정, 표준, 세금 인센티브 및 여타 재정적 인센티브를 확립하는 일이 될 것이다. 도시나 카운티, 주에서는 각각 그 나름의 맞춤형 목표와 산출물, 그리고 3차 산업혁명 패러다임으로 전환하기 위한 그린 뉴딜 로드맵과 건설 부지, 배치 이니셔티브를 개발하는 과업을 맡게 될 것이다. 그런 다음, 그들은 지역의 경계를 넘어 IoT 플랫폼상에 커뮤니케이션 인터넷과 재생에너지 인터넷, 이동성 인터넷으로 구성된 전국 통합 인프라 네트워크를 창출하고 건축물과 시설 등 건조 환경 전반에 걸쳐 확대하게 될 것이다. 새로운 3차 산업혁명 인프라는 플랫폼에 연결해 가치 사슬과 공급망 전반에 걸친 새로운 잠재적 총효율성을 활용하는 새로운 비즈니스 모델을 동반할 것이다.

국가에서 지역으로 정치권력의 부분적인 이동은 거버넌스의 본질을 바꿀 것이다. 정치는 제각기 지역적으로 움직이겠지만, 글로컬 시대의 경제 발전은 전 세계적으로 연결된 지역들 사이로 점점 더 분산될 것이다. "지역 권한 위임"은 다가오는 글로컬 시대의 슬로건이 될 것이다.

일부 시장 지지자들은 미국 전역의 노후 인프라가 해결되어야 한다는 점을 인정하고 스마트 디지털 3차 산업혁명 인프라의 일부 증축도 지지하지만, 그린 뉴딜에 대해서는 반대하는 입장을 취한다. 그것이 대중과 기업의 일상적 사안에 대한 거대 정부의 침해를 심화할지도 모른다는 우려에서다. 그들은 그 대신에 연방과 주 및 지방 정부가 후한 세금 공제와 보조금으로 민간 부문에 인센티브를 제공하는 방식이 더 낫다고 주장한다. 그렇게 인센티브가 제공되면, 민간 개발자들이 나서서 기존의 2차 산업혁명 인프라의 강화 및 3차 산업혁명 인프라의 구축에 투자할 것이라는 논리다.

국가 인프라의 민영화는 지난 수십 년 동안 속도를 높여 왔지만 지금은 미국이 2차 산업혁명에서 3차 산업혁명으로 옮겨 감에 따라 폭발 직전의 상황에 처했다. 많은 기업들이 미국의 와해되는 인프라에 대한 현재의 논쟁을 이용하여 향후 수십 년에 걸쳐 많은 부분을 일거에 민영화할 수 있는 기회를 창출하길 희망하고 있다.

하지만 모든 국민이 생존하고 번영하기 위해 의존하는 모든 공공 인프라를 민영화한다는 망상은 상황을 오도하는 것일 뿐 아니라 정치적으로도 현명하지 않은 것처럼 보인다. 모든 시민의 일상생활을 대중이 거의 또는 전혀 통제할 수 없는 불확실한 상업적 이해관계자들의 손에 맡기고 모든 사람의 일상을 유지하는 서비스에 접근하고 지휘할 능력을 줄이는 것은 민주적 거버넌스와 관리 감독의 무조건 포기나 다름없다. 그러나 불행히도 이는 이미 미국뿐 아니라 (정도는 약하지만) 다른 국가들에서도 일어나고 있는 현상이다.

더욱 불길한 것은 3차 산업혁명을 구성하는 전체 스마트 디지털 인프라를 민영화할 전망까지 나오고 있다는 점이다. 물론 인류를 글로벌 신경망에 연결하여 모든 사람이 전 세계적으로 연결된 다양한 비유적 가족의 일원으로서 원할 경우 제로에 가까운 한계비용으로 다른 모든 사람에게 접근할 수 있는 기회를 갖는 것은 매력적인 일이다. 특히 지구를 그들의 확장된 집과 경기장으로 생각하는 젊은 세대들에게는 더욱 그러하다. 하지만 스마트 디지털 3차 산업혁명 인프라가 지역사회에 대한 책임 의식이 거의 없거나 전혀 없는 글로벌 기업들의 사적인 손에 독점적으로 들어가고 그들에게 모든 시민의 삶을 감시하고 그들이 수집한 데이터를 제3자에게 마케팅이나 광고에 활용하도록 판매할 수 있는 라이선스가 주어진다면 어떻게 되겠는가? 또 그런 기업들이 그런 데이터를 정당이나 로비스트들에게 그들 나름의 어젠다를 추진하는 데 쓰도록 넘긴다면 어떻게 되겠는가?

나는 구글을 좋아한다. 구글을 마법의 상자로 생각할 정도다. 검색할 게 있을 때마다 구글에 문의한다. 그러나 만약 구글이 유일한 검색엔진이라 전 세계의 모든 사람들이 조사하거나 문의할 사항이 있을 때마다 구글에 의존하게 된다면 어떻게 될까? 페이스북은 실로 대단한 서비스이다. 페이스북은 전 세계적으로 23억 2000만 명의 사람들을 모아 역사상 최대 규모의 가상 코호트를 창출했다.[29] 하지만 만약 페이스북이 우리가 전 세계적 규모로 '만날' 수 있는 유일한 광장이 된다면 우리는 모두 제각기 페이스북의 접근 기준과 연중무휴 감시, 알고리즘 거버넌스에 종속되게 된다. 아마존도 마찬가지이다. 아마존의 글로벌 물류 네트워크는 실로 인상적이다. 그러나 만약 아마존이 물품을 서로에게 보낼 수 있는 유일한 수단이 된다면, 우리 모두는 일상적인 움직임에 대한 그들의 지속적인 감시와 지시에 종속될 것이다. 이 새로운 시나리오가 실현될 가능성은? 더 멀리 볼 것도 없다.

구글 지배와 그 대안

2017년 10월 캐나다의 쥐스탱 트뤼도(Justin Trudeau) 총리는 토론토에서 세간의 이목을 끄는 기자회견을 열었다. 그 자리에는 당시 구글의 모회사 알파벳(Alphabet Inc.)의 회장이었던 에릭 슈미트(Eric Schmidt)와 온타리오주 수상 캐슬린 윈(Kathleen Wynne), 토론토 시장 존 토리(John Tory)가 동석했다. 그들은 함께 알파벳 소유의 도시 설계 및 개발 회사인 사이드워크 랩스(Sidewalk Labs)와 토론토시가 손을 잡고 토론토 호반에 주상 복합 단지를 개발하는 공공-민간 파트너십을 발표했다.[30]

이 계획은 완벽한 IoT 신경망으로 통하는 최첨단 센서로 가득 찬, 캐나다 최초의 디지털로 연결된 스마트 도시 구역을 건설하는 것이다. 상거래와 사회생활, 거버넌스의 효율성과 편의성을 높이는 것을 목표로 유비쿼터스 센서들이 가정과 상점, 거리에서 발생하는 활동을 감시하며 데이터를 수집하는 방식이다. 이 프로토타입 구역이 성공을 거두면 다음 단계는 바깥쪽으로 확대하여 궁극적으로 토론토 도시권 전체 인프라를 시범 스마트 도시로 전환하는 것이다. 주목할 점은 이 스마트 도시 실험이 인터넷 거대 기업에 도시 전체에 대한 알고리즘 거버넌스를 시범적으로 실행할 수 있는 최초의 기회를 제공한다는 사실이다.

2007년 인류는 인구 분포 측면에서 하나의 이정표에 도달했다. 절대다수가 1000만 명 이상의 인구를 가진 거대도시 및 도시권역에 거주하게 된 것이다.[31] 다시 말해서 그해에 인류는 '호모 우르바누스(*Homo urbanus*)', 즉 '도시형 인간'이 되었다. 거기서 10여 년을 뛰어넘어 오늘을 들여다보자. 수십억에 달하는 사람들이 인구밀도가 높은 대도시권역에 거주하며 구글 검색엔진과 구글 맵(Google Maps), 웨이즈(Waze) 등을 통해 위치를 확인하고 네비게이션을 이용하고 있으며 유튜브 동영상이나 여타의 수많은 구글 데이터 기반 서비스를 일상적으로 접하고 있다. 구글의 다음 개척 분야는 자사 센서 네트워크의 눈 아래 두는 방식으로 도시를 하나하나 민영화하는 것이다.

사이드워크 랩스와 토론토 간의 새로운 파트너십을 발표하는 기자회견 자리에서 슈미트는 캐나다 정부에 감사의 말을 전하며 자신의 회사의 오랜 꿈이 실현되었다고 말했다. "누군가가 우리에게 도시를 제공하고 책임을 맡겨 주길 갈망하던" 꿈이었다.[32]

1년 후, 150개 이상의 국가에서 지적재산을 거래하는 리서치 인 모션(Research In Motion)의 전 회장 겸 공동 CEO인 짐 발실리(Jim Balsillie)는 《글로브 앤 메일(*Global and Mail*)》에 기고한 글에서 슈미트를 그렇게 흥분시켰던 민영 스마트 도시를 창출하는 그 첫 번째 시도의 중요성을 이렇게 요약했다. "'스마트 도시'는 거대 기술 기업들의 새로운 전장이다. 그런 도시들이 그 기업들의 시가총액에 추가할 수 있는 다음번 수조 달러를 보유한 추가적인 무형 자산의 가장 유망한 온상이기 때문이다. '스마트 도시'의 진정한 상업적 가치는 그 도시들이 IP 및 데이터에 의존하기 때문에 도시에 설치된 방대한 규모의 센서들을 기능적으로 더 가치 있게 만들며 그것들이 사적인 이익집단의 통제 아래에서 새롭고 거대한 이익풀(profit pool)이 된다는 데에 있다."[33]

공식 발표 이후 1년 동안 사이드워크 랩스가 토론토의 축복을 원한다는 사실이 분명해졌다. 하지만 그 회사가 호반 스마트 구역의 건설 및 관리에 시에서 적극적으로 참여하고 감독하는 것은 좋아하지 않는다는 사실도 구체화되었다.

한편 사이드워크 랩스와 부지 개발 사업단인 워터프론트 토론토(Waterfront Toronto) 사이의 협상은 비밀리에 진행되어 왔다. 발실리가 지적한 것처럼 워터프론트 토론토는 "공적 자금으로 설립되지만 IP나 데이터 또는 기본적인 디지털 권리에 대한 전문 지식을 갖추지 못한 비선출직 구성원들이 맡는 법인인데…… 그들에게 기업의 계약 규정과 알고리즘적 제어, 도시 민영화의 영향력 등을 다루는 책임이 맡겨졌다."[34] 2018년 말, 사이드워크 랩스의 스마트 도시 프로젝트에 대한 전망은 적어도 분위기 면에서는 어두워 보였다. 정부 관료들과 일반 대중 사이에 의심이 쌓이기 시작하면서 1년 전 첫 발표를 둘러싸고 울렸던 요란한 팡파르는 사그라들었다.

캐나다 트뤼도 총리와 토론토시의 홍보 쿠데타로 시작된 과업은 워터프론트 토론토를 조롱거리로 대두시키며 대중의 악몽으로 전락했다. "빅 브라더"(알파벳)에 대한 두려움이 토론토 호반의 해당 구역을 뒤덮으며 스마트 기술을 시민의 일상에 관한 데이터를 수집할 목적의 연중무휴 24시간 감시 클라우드로 탈바꿈시키는 가운데 구글이 고무한 스마트 미래 도시의 비전은 갈 길을 잃고 있다. 사이드워크 랩스가 그런 데이터를 제3자에게 상업적 용도로 판매하는 등 악용할 수 있다는 가능성이 시민들의 마음을 어둡게 만든 것은 물론이다.

2018년 7월 워터프론트 토론토의 CEO로서 사이드워크 랩스를 처음부터 지지했던 윌 플레이식(Will Fleissig)이 갑자기 사임했다. 그리고 얼마 지나지 않아 지역의 저명한 부동산 개발 업자인 줄리 디 로렌조(Julie Di Lorenzo)가 워터프론트 토론토 이사회 이사직을 사퇴하며 알파벳이라는 파트너가 불편하다고 말했다. 그녀는 스마트 개발지의 미래 거주자가 데이터를 공유하는 데 동의하지 않을 경우 어떻게 되는지에 대해 의문을 제기했다. "그러면 그들을 분리해서 '당신은 여기에 살 수 없다.'라고 말하면 될까요?"[35]

테크 리셋 캐나다(Tech Reset Canada)의 공동 창업자이자 기술 정책 고문인 비안카 와일리(Bianca Wylie)는 토론토 시민들 다수의 정서를 이렇게 표현했다. "우리는 이런 사안이 민간 기업이 아니라 시민들에게 해명할 책임이 있는 조직에 의해 결정되어야 한다고 믿는다." 그녀는 주민과 사업체, 지역사회에 유용한 "이치에 맞는 감시"를 통합하는 스마트 인프라에 반대하는 것이 아니라 "분명하고 명백하게 공적인 인프라를 원하는 것"이라고 말했다.[36] 2018년 10월 온타리오주의 정보 및 프라이버시 보호 위원회 출신의 임원인 앤 카부키안(Ann Cavoukian)도 해당 벤처에서 손을 뗐다. 그녀의 사임이 특히 의미가 컸던 것은 그녀가 그 개발 사업의 "프라이버시 보호 적용 설계" 프로토콜을 확립하는 작업을 돕도록 사이드워크 랩스 측에서 선임해 합류시킨 인물이었기 때문이다. 그녀는 제3자가 "출처를 확인할 수 있는 데이터"에 대한 접근권을 향유하게 될 가능성이 농후하다는 사실을 확인하고 사임했다. 사퇴의 변에서 카부키안은 이렇게 말했다. "저는 우리가 감시의 스마트 도시와는 대조적인 프라이버시의 스마트 도시를 창출하게 되는 것으로 상상했습니다."[37]

문제는 사이드워크 랩스의 전문성에 있는 게 아니다. 이 회사는 디지털로 연결되고 효율적이며 환경적으로 지속 가능한 스마트 도시를 구축할 수 있는 최고의 역량을 자랑한다. 무조건 환영할 일이다. 결국 결함이 있는 것은 비즈니스 모델이다. 어떤 공공-민간 파트너십이든 개발자의 상업적 이해관계가 주로 수지맞는 수익의 흐름을 확보하는 데 치중되고, 그러면서 시간이 지남에 따라 인프라는 모두가 의지하는 공공의 재화와 용역이며 따라서 모든 시민의 의지를 반영하는 지방정부가 그것을 맡아서 다루는 것이 최상이라는 개념을 종종 훼손하기 마련이기 때문이다.(6장에서 민간 기업이 정부를 위해 인프라에 자금을 대고 그것을 구축하고 관리하며 적절한 수입원을 확보할 수 있게 만드는 공공-민간 비즈니스 모델을 살펴볼 것이다. 예컨대 에너지 서비스 기업으로 지방정부에서 배치와 관리의 본질에 대한 통제를 유지하고 시민들이 공공서비스의 혜택을 누리는 모델이다.)

트뤼도와 사이드워크 랩스의 기자회견 직후, 나는 오타와에서 연방 정부의 각료들과 만나 연방 정부의 건축물들을 스마트 디지털 탄소 제로 IoT 건조 환경으로 전환하는 문제를 논의했다. 그런 일련의 미팅에서 한번은 어느 차관이 토론토 발표에 대한 나의 의견을 물었다. 나는 놀라지 않았다고 답했다. 우리의 글로벌 팀이 스마트 3차 산업혁명 인프라를 확장하기 위해 협력한 7개 지역 모두에서 사람들의 공적 목소리가 분명히 드러났기에 그랬다. 시민들은 스마트 구역을 배치하는 과업에 기업이 도움을 제공하는 것을 환영하고 심지어 플랫폼의 확대와 관리에 기업이 관여하는 것도 받아들였지만 감독 및 의사 결정 권한은 관리 당국과 대중에게 남아 있어야 한다고 믿었다. 또한 3차 산업혁명 디지털 인프라는 대중의 오픈 소스 공유물로 관리되고 접근되어야 마땅하다는 합의(consensus)가 있었다. 아울러 모든 경우에 감독과 규제는 모든 시민이 언제라도 스마트 서비스에 참여나 불참을 선택할 수 있는 명백한 권리를 누리도록 보장해야 했다.

녹색 스마트 도시 또는 지역으로 전환하는 과정에서 모든 단계에 대중의 참여를 보장하는 방법은 구상에서 배치의 진행에 이르기까지 모든 개발 단계에 '심층적인 대중 참여' 및 관여를 필수적으로 포함시키는 것이다. 이것이 바로 구글 토론토 스마트 도시의 와해와 관련된 핵심 사안이다.

EU에서 우리 팀이 경험한 바가 그에 도움이 될 것이다. 우리는 현재 유럽 내 3개 녹색 시범 지역에서 종합적인 3차 산업혁명 로드맵을 개발해 관할구역을 인프라 프로젝트를 전개할 20년 기한의 건설 현장으로 전환하고 있다. 다른 4개 지역에서 진행했던 이전 작업으로 우리는 이들 지역을 참여시키기 위해 우리가 이용하던 전통적인 모델이 과업에 부적절하다는 확신을 갖게 되었다. 의사 결정 프로세스와 거버넌스가 분산적이고 개방적이며 수평적으로 확장되는 인프라와 마찰을 빚지 않고 조화를 이루도록 추진해야 한다는 사실을 깨달은 것이다.

이러한 등대 지역 중 첫 번째인 오드프랑스(이전의 노르파드칼레)가 우리의 컨설팅 컨소시엄인 TIR(3차 산업혁명) 컨설팅 그룹(TIR Consulting Group LLC.)에 녹색 탄소 제로 3차 산업혁명 배치 계획을 개발하자고 요청했을 때, 우리는 처음에는 거부했다. 오드프랑스는 프랑스의 사양길을 걷는 공업지대이자 예전의 석탄 채굴 지역으로, 본토 인구의 9퍼센트 이상을 보유하고 있다. 나는 지자체장에게 지방정부가 "최고 의사 결정권자"의 전통적인 역할을 포기하는 대신 더 수평적으로 분산된 공유 거버넌스의 "촉진자"가 되어야 한다고 권고했다. 그런 공유 거버넌스는 수백 명의 전문가들이 참여하는 1차 위원회와, 공공 부문과 비즈니스 부문, 시민사회, 학계의 수천 명이 참여하는 비공식 2차 네트워크가 "피어 어셈블리(peer assembly: 참여자가 동일한 자격을 갖는 동배(同輩) 의회 — 옮긴이)"를 구성해 보다 분산적이고 수평적으로 확대되는 인프라를 반영하며 함께 일하는 방식으로 실행하면 된다.

우리는 단지 포커스 그룹과 이해 당사자 그룹으로부터 아이디어와 제안, 승인을 얻어 내는 것에 대해 이야기하는 것이 아니라는 점을 명백히 하길 원했다. 보다 정확히 말하면 우리는 향후 20년 동안 어느 시점에 어떤 정당이 통치를 하게 되든 인프라 전환의 장기적 성공을 보장하는 연속성과 연대를 유지하기 위해 건설 현장에서 작업을 계속 진행시킬 모든 세대 집단을 아우르는 피어 어셈블리에 대해 이야기하고 있었다. 오드프랑스는 이 급진적으로 새로운 통치 방식에 동의했고, 우리는 협력을 개시했다.

그 얼마 후 28개 회원국에 걸친 350개 지역을 대표하는 EU 지역 위원회로부터 유럽 기업가 정신 지역 상을 받게 되는 오드프랑스는 현재 TIR 전개 6년차에 접어들어 수천 개의 일자리를 창출한 1000개 이상의 프로젝트를 운용하고 있다.[38] 그렇게 경제적 및 정치적 권한 위임에 대한 새로운 피어 어셈블리 접근 방식의 전형이 된 것이다.

우리의 다른 두 시범 지역에서도 유사한 피어 어셈블리가 구성되었다. 유럽의 석유화학 복합 단지인 로테르담 및 헤이그 대도시권역의 23개 도시와, EU의 금융 중심지이자 정치 수도인 룩셈부르크가 바로 그 두 지역이다.

이러한 피어 어셈블리 통치 모델을 이용하면 시민의 반발이 거의 없는 상태로 건설 현장을 개발하기 위한 응집력 있는 접근 방식을 기한 내내 유지하면서 지역이 인프라 배치를 보다 신속하게 전개할 수 있다. 전 세계의 다른 지방이나 지역에서 제한된 시간 범위를 가진 매우 특정한 프로젝트로 좁게 한정된 소규모 피어 어셈블리를 실험한 바 있지만, 앞에서 언급한 세 개의 시범 지역은 우리가 아는 한 현재 유일하게 대규모로 피어 어셈블리가 실행되는 곳이라 할 수 있다.

앙겔라 메르켈(Angela Merkel)은 독일 총리가 되었을 때 취임 첫 달에 나를 베를린으로 초대했다. 자국에 새로운 사업 기회를 장려하고 새로운 고용을 창출하는 방법에 관한 문제를 해결하기 위해서였다. 나는 분산적이고 개방적이며 수평으로 확대되는 3차 산업혁명 인프라의 구성 방식을 소개하고 어떻게 그 설계가 지방이나 지역에서 가장 잘 채택되고 배치되는 특징을 갖는지 설명했다. 물론 그러면 지방이나 지역에서 그것을 그 나름의 고유한 상황에 따라 맞춤화해 다른 지역과 디지털로 연결할 것이라는 설명도 덧붙였다. 메르켈 총리는 그 분산적이고 수평으로 확장되는 3차 산업혁명 인프라가 독일에 매우 적합한 방식으로 생각된다고 말했다. 나는 그렇게 생각하는 이유를 물었다. 총리는 답했다. "제러미, 독일 역사에 대해 좀 더 알면 이해될 겁니다. 우리나라는 지역들의 연맹이며, 그 지역들은 경제문제와 거버넌스를 관리함에 있어 상당한 독립성을 행사합니다. 3차 산업혁명 거버넌스 모델은 경제 관련 의사 결정 과정과 정부 감독이 지방 및 지역 차원에서 이루어지도록 보장한다는 측면에서 독일에 매우 적합합니다."

이와 유사하게, 미국 전역의 지방자치체와 카운티, 주 또한 맞춤형 3차 산업혁명 인프라의 규모 확대에서 피어 어셈블리 모델을 채택하기에 아주 적합하다. 독일과 마찬가지로 미국도 정치권력과 경제 발전의 대부분을 전통적으로 주와 시, 카운티 수준의 통치 관할권에 맡기는 연방 공화국으로 간주된다. 연방 정부는 공유 국가 내러티브를 대표하고 지지하며 국민 정체성을 제공하고 국가의 안보를 보장하고 지방 및 주가 전체적으로 동일선상에 놓이도록 돕는 법률과 법령, 규제, 법규, 인센티브를 창출하는 역할을 수행한다.

연방 정부가 그린 뉴딜 변혁의 틀을 잡는 데 중요한 역할을 하겠지만, 녹색 인프라 혁명의 전개에서 많은 노력을 요하는 일의 상당 부분은 주와 지방자치체 및 카운티에 맡겨질 것이다. 수평적으로 분포되는 신흥 글로컬 시대에는 마땅히 그래야 하기 때문이다.

2

파워의 민주화: 태양과 바람은 공짜다

우리는 이 역사의 변곡점에서 과연 어느 지점에 서 있는가? 우리가 2세기 이상 동안 건설하고 향유해 온 화석연료 문명에 대해 끔찍한 대가를 지불하고 있으며 그것이 이제 우리를 일련의 기후변화 사태와 가늠하기도 쉽지 않은 새로운 현실로 우리를 이끌고 있다는 인식이 확대되고 있다.

인류는 다른 종류의 대각성을 경험하고 있다. 우리는 자신을 하나의 생물종으로 보기 시작했고 자연의 리듬과 패턴이 이질적으로 변하고 있는 지구상에서 우리의 공통된 운명을 숙고하기 시작했다.

젊은 세대는 주위에 펼쳐지는 어둠에 대한 정통한 인식과, 우리를 전 지구적 위기로 내모는 무기력을 깨뜨리고자 하는 결연한 의지로 무장한 채 앞으로 나서고 있다. 그들은 분노와 충만한 동기로 결의를 다지며 우리가 이런저런 것을 할 수 없다는 말에 귀를 기울이려 하지 않는다. 그들은 현실주의 자체가 그토록 비현실적으로 보이고 우리 앞에 놓인 임무에 적합지 않은 것으로 보이는 상황에서 진정 무엇이 현실적이며 무엇이 그렇지 않은지를 고심한다.

하지만 우리는 완전히 어둠에 갇힌 것도, 기회가 아예 없는 상태도 아니다. 앞으로 나아갈 수 있는 길이 있기에 하는 말이다. EU와 중국 그리고 캘리포니아, 뉴욕, 텍사스, 워싱턴, 뉴멕시코, 하와이 주 등 미국의 몇몇 지역에서 길이 마련되고 있다. 그 길이 우리를 죽음으로 내모는 2차 산업혁명에서 벗어나 생명을 약속하는 3차 산업혁명으로 들어가도록 새로운 여정을 열어 줄 것이다.

EU의 정치 활동가들은 어떻게 그린 뉴딜을 출범시켰는가

미국 전역에 울려 퍼지는 그린 뉴딜에 대한 열정은 내 귀에 음악처럼 들린다. 나를 2007년으로 다시 데려가는 달콤한 후렴구이다. 미국에서는 이제야 알렉산드리아 오카시오코르테스와 선라이즈 무브먼트가 "뺨을 때리는" 긴급한 현실 점검으로 국민의 관심을 사로잡기 시작했지만, 유럽에서는 이미 10여 년 전에 그런 긴급성과 긴박감이 EU 전역을 휘감았다.

EU는 활발하게 움직였다. 2007년 유럽은 미국을 앞질러 탈탄소 사회를 위한 '아이디어 공장'이자 배치 엔진이 되었다. 그해 EU는 20-20-20 공식을 완성하며 환경보호 시대를 야기할 대붕괴에 대비하도록 회원국들을 결속시켰다. 이 새로운 프로토콜은 모든 EU 회원국에 2020년까지 에너지 효율을 20퍼센트 높이고 지구온난화 가스 배출을 (1990년 수준을 기준으로) 20퍼센트 낮추며 재생에너지 생산을 20퍼센트 늘릴 것을 요구했다. 그렇게 EU는 기후변화에 대처하고 수억 명 시민의 경제를 변혁하기 위한 공식적이고 법적 구속력 있는 책무를 확립한 최초의 주요 정치체가 되었다.[1] 나는 여기서 경로를 바꾼 이 사건의 역사로 되돌아가 그 후 어떤 일들이 일어났는지 살펴보고자 한다.

20-20-20 명령은 일종의 강력한 강장제로서 유럽 대륙을 탄소 제로 사회로 변혁하는 데 필요한 틀을 제공했다. 지구온난화와 관련된 그 새로운 지령문의 잉크가 채 마르기도 전에 그린 뉴딜 운동의 첫 새싹이 움텄다.

오랜 기후 운동가였던 아홉 명의 인물이 영국에서 모임을 갖고 그린 뉴딜 그룹(Green New Deal Group)을 출범시켰다.[2] 이 그룹은 에너지와 금융, 언론, 환경 과학 등 광범위한 분야의 열정적인 전문가들로 구성되었다. 기후변화에 직면한 세계에서 경제 패러다임을 다시 생각하는 데 필요한 학제 간 공동체인 셈이다.

2008년 그린 뉴딜 그룹은 「그린 뉴딜: 신용위기와 기후변화, 고유가의 3중고 해결을 위한 합동 정책(*A Green New Deal: Joined-Up Policies to Solve the Triple Crunch of the Credit Crisis, Climate Change and High Oil Price*)」이라는 제목으로 48쪽 분량의 선언문을 발표했다.[3] 이 선언문의 계획 부분은 새로 지정된 20-20-20 공식에 따라 그해에 채택된 중심 주제를 요약하고 탄소 제로 3차 산업혁명을 위한 패러다임의 전환을 이룰 주요 구성 요소를 개괄했다.

물론 유럽에 기반을 둔 그룹이 미국 역사상 가장 큰 공공사업 프로젝트였던 루스벨트 대통령의 뉴딜 정책에 매료되어 유럽 경제를 녹색 시대로 전환하는 구상의 영감을 찾은 것은 다소 아이러니한 일이다. 그러나 바로 그 때문에 그린 뉴딜이 세간의 관심을 끌 수 있었던 것이다.

그러고 고작 1년 후인 2009년 독일 녹색당의 공식 재단인 하인리히 뵐 재단(Heinrich Böll Foundation)은 「대서양 연안의 그린 뉴딜을 향하여: 기후 및 경제 위기에 대한 대처 방안(*Toward a Transatlantic Green New Deal: Tackling the Climate and Economic Crises*)」이라는 제목의 성명서를 발표했다. 버락 오바마의 미국 대통령 당선에 고무되고 미국과 EU가 "세계경제의 큰 부분"을 차지한다는 사실을 인정한 유럽인들은 그린 뉴딜이 미국과 유럽으로 하여금 탄소 이후 시대로의 이행을 진척시키기 위한 강력한 파트너십을 맺도록 이끄는 시의적절한 내러티브 역할을 하기를 바랐다.[4] 그해 11월, 하인리히 뵐 재단은 베를린에서 콘퍼런스를 개최하여 그린 뉴딜이 몇 주 후에 열리는 코펜하겐 기후 정상회담에서 최우선적인 내러티브이자 게임 플랜으로 자리 잡게 만드는 방안을 논의했다.[5]

같은 해 유럽 녹색당은 그린 뉴딜이라는 주제를 당의 정치 강령으로 채택하고 「유럽을 위한 그린 뉴딜: 위기 극복을 위한 녹색 현대화(*A Green New Deal for Europe: Towards Green Modernisation in the Face of Crisis*)」라는 제목의 세부 계획을 발표했다.[6] 유럽 녹색당은 이 보고서를 2009년 EU 선거를 위한 정책 문서로 채택해 선거 전략으로도 활용했다. EU에서 가장 유명한 녹색당 리더인 클로드 튀르메(Claude Turmes)와 다니엘 콘벤디트(Daniel Cohn-Bendit)가 앞장서서 이를 옹호하고 홍보한 것은 물론이다.(두 사람은 그 오래 전부터 나와 밀접하게 협력해 온 동료다.)

유엔 환경 계획(United Nations Environment Programme, UNEP)도 그해 에드워드 바비어(Edward Barbier)가 쓴 「경제 회복에 대한 재고: 글로벌 그린 뉴딜(*Rethinking the Economic Recovery: A Global Green New Deal*)」이라는 학술 보고서를 들고 경쟁에 뛰어들었다.[7] 이 보고서는 그 새로운 내러티브가 유엔 산하 여러 기관과 부서를 거쳐 세계 여러 나라로 빠르게 확산되도록 만들며 새로운 플레이어들이 그린 뉴딜 내러티브에 동참하도록 이끌었다.

한국도 2009년, 저탄소 프로젝트를 추진하고 주로 건설과 철도, 연료 절약형 차량, 건축물 개조, 에너지 효율 증대 등의 부문에서 96만 개의 일자리를 창출하기 위해 4년에 걸쳐 360억 달러를 투자하는 독자적인 그린 뉴딜 이니셔티브를 들고 대열에 합류했다.[8]

2011년, 나는 유명한 스페인 건축가 엔릭 루이스헬리(Enric Ruiz-Geli)와 함께 『그린 뉴딜: 지정학에서 생물권 정치로(*A Green New Deal: From Geopolitics to Biosphere Politics*)』라는 제목의 책을 공동 저술했다. 작금의 기후 변화 세계에서 건축과 건조 환경의 친환경화에 초점을 맞춘 내용이다.[9]

몇 년 후, 유럽 연방주의 운동 본부(European Federalist Movement)는 「유럽을 위한 뉴딜: 지속 가능 개발 및 고용을 위한 유럽의 특별 계획 추진 캠페인(*New Deal 4 Europe: Campaign for a European Special Plan for Sustainable Development and Employment*)」이라는 제목의 청원서로 그린 뉴딜을 진일보시켰다. 그리고 그것을 이용해 탄소 제로 녹색 경제로의 이행에 대한 지원을 끌어낼 목적의 2015 전 유럽 시민 이니셔티브를 출범시켰다.[10] 그렇게 그린 뉴딜 내러티브는 시간이 갈수록 추진력을 얻으며 2019년 유럽 선거에서 중추적인 주제로 부상했다.

한편 미국에서는 "그린 뉴딜"이 2016년 미국 녹색당과 질 스타인(Jill Stein) 대통령 후보의 별명이 되었다.[11]

좌파적 현안에 대한 연구 조사와 여론조사를 제공하는 싱크 탱크 데이터 포 프로그레스(Data for Progress)는 2018년 「그린 뉴딜: 환경의 지속가능성과 경제의 안정성을 위한 진보적 비전(*A Green New Deal: A Progressive Vision for Environmental Sustainability and Economic Stability*)」이라는 제목의 광범위한 자체 보고서를 발표하며 그린 뉴딜의 업데이트에 기여했다.[12] 2018년 가을, 신생 선라이즈 무브먼트와 하원 의원 알렉산드리아 오카시오코르테스는 각기 나름의 선언문을 들고 그린 뉴딜의 추진 대열에 합류했다.[13]

요약하자면, 지난 10여 년에 걸쳐 그린 뉴딜 운동의 기반이 마련되었다는 것이다. 이 운동은 이제 EU와 미국 양쪽 모두에서 강력하고 새로운 밀레니엄 세대와 Z 세대가 주도하는 정치혁명의 부상에 힘입어 결실을 맺으려 하고 있다.

앞서 언급한 바와 같이, 그린 뉴딜 이행의 핵심에는 2차 산업혁명 인프라를 구성하는 네 개의 부문(ICT/텔레콤, 에너지 및 전기, 내연기관 이동성 및 물류, 주거와 상업·산업·기관 관련 건조물)이 존재한다. 지난 10년 동안 이 네 가지 인프라 부문은 모두 화석연료 문명과 손을 끊고 생태 사회의 핵심 특징인 녹색 에너지와 청정 기술, 지속 가능한 효율성, 그리고 그에 수반되는 순환 및 회복의 과정과 재결합하기 시작했다. 그와 더불어 세계 곳곳에서 화석연료 자산을 좌초시키기 시작한 것도 물론이다. 2015년 시티그룹(Citygroup)은 파리 기후 정상회담이 세계의 주요 국가들로부터 지구 온난화를 섭씨 2도로 제한한다는 구속력 있는 협약을 이끌어 내는 데 성공하는 경우 100조 달러에 달하는 화석연료 좌초 자산이 발생할 것이라 예측함으로써 전 세계의 에너지 산업과 경제계에 충격파를 던졌다.[14]

화석연료 좌초 자산이 100조 달러에 이를 것이라는 언급은 전 세계 비즈니스 공동체의 관심을 끌지 않을 수 없었다. 다시 말하지만, 좌초 자산은 예상 수명 주기가 정상적으로 종료되기 전에, 즉 때 이른 시점에 감가상각되는 자산을 말한다. 좌초 자산은 일상적인 시장 운영에서 필연적으로 발생하는 일부이다. 그러나 때로는 자산 전체가 예기치 않게 갑자기 좌초될 수도 있다. 이것은 일반적으로 혁신적인 새로운 부류의 기술과 그에 수반되는 인프라 플랫폼이 갑자기 시장에 들어와 조지프 슘페터(Joseph Schumpeter)가 "창조적 파괴"라고 일컬은 바를 유발하며 기존 자산의 가치를 빠르게 감가상각하거나 제거하는 동시에 그것을 대차대조표의 차변에서 대변으로 옮겨 놓는 경우에 발생한다. 이러한 유형의 파괴는 대개 커뮤니케이션 기술과 에너지원, 운송 방식, 거주 유형에서의 거대한 패러다임 전환(예컨대 우편 통신에서 전화로, 또는 말과 마차에서 자동차로의 전환 등)을 특징으로 한다.

좌초 자산은 일반적으로 회계사들만 관심을 갖는 문제이다. 하지만 최근 이 용어가 적어도 금융계나 기업 중역실에서는 갑자기 공론의 대상으로 불거지고 있다. 20세기 화석연료 문명의 죽어 가는 에너지와 기술, 인프라가 21세기 스마트 3차 산업혁명의 녹색 에너지 및 디지털 기술과 서사적인 전투를 벌이는 가운데 막대한 좌초 자산의 발생이 목도되고 있기 때문이다.

산업 및 공급망 전체에서 좌초 자산의 궤적과 영향을 조사하는 초기 선구적 작업의 상당 부분은 옥스퍼드 대학교의 학제 간 허브인 기업 및 환경 스미스 스쿨(Smith School of Enterprise and Environment)에서 수행되었다. 특히 옥스퍼드 지속 가능 금융 프로그램(Oxford Sustainable Finance Programme)을 총괄하는 벤 칼데콧(Ben Caldecott)의 연구 조사가 많은 기여를 했다.

시티그룹이 100조 달러라는 폭탄을 떨어뜨리자마자 영국 은행(Bank of England)의 총재인 마크 카니(Mark Carney)는 런던 로이즈(Lloyd's of London: 세계 최대의 국제 보험업자 협회 — 옮긴이)가 주최한 만찬회 연설에서 업계 리더들에게 기후변화 협약으로 인해 투자자들이 "잠재적으로 거대한" 손실을 입을 가능성이 생겼다고 말했다. 세계의 주요 국가들이 정한 목표가 실행될 경우 방대한 매장량의 석유 및 가스가 "문자 그대로 태울 수 없는" 상태가 됨으로써 화석연료 문명 전반에 걸쳐 많은 자산을 좌초시킬 것이라는 설명이었다. 카니는 "기후변화가 재정적 안정성을 결정짓는 중요한 문제가 되는 순간 이미 때는 너무 늦은 상황이 될지도 모른다."라고 경고했다.[15]

3년 후인 2018년, 화석연료 좌초 자산 문제는 더 이상 여러 국가들의 기후변화 협약 목표에 묶이지 않게 되었다. 이 무렵 그 목표가 자발적인 무엇으로 변모한 데다가 그 이행을 거부하는 국가들도 등장했기 때문이다. 하지만 오히려 이제 보다 심각한 질문이 태양광 및 풍력 기술과 녹색 발전 및 저장의 비용 하락을 중심으로 대중의 담론에서 대두되었다. 그로 인해 2차 산업혁명의 4대 부문이 불과 수년 전만 해도 상상할 수 없었던 속도와 규모로 화석연료 인프라에서 분리되며 잠재적으로 수조 달러에 이르는 화석연료 좌초 자산을 남기고 있는 문제에 세간의 관심이 쏠리기 시작한 것이다. 이제 그런 식으로 전개되고 있는 파괴에 눈을 돌려 볼 단계이다.

ICT와 커뮤니케이션 인터넷

우리는 세계경제의 어느 부문이 에너지를 가장 많이 사용하고 지구온난화 가스를 가장 많이 방출하는지 생각할 때 일반적으로 전기와 건축물, 난방, 운송을 떠올리며, 그리고 어쩌면 조금 더 생각하고 자신 없이 농업을 거기에 포함시킬 수도 있다. 텔레콤과 인터넷, 데이터 센터를 포함하는 ICT 부문을 떠올리는 경우는 거의 없다. 실제로 에너지 사용과 전 세계 온실가스 배출량을 모니터링하는 연구원들조차도 연구의 부족이 입증하는 바와 같이 ICT 관련 산업에 좀처럼 관심을 기울이지 않는다. 적어도 아주 최근까지는 그랬다.

오늘날 ICT 기기, 특히 스마트폰 및 태블릿의 기하급수적인 증가와 사용, 네트워크 장비의 도입 증대와 데이터 센터의 확산은 물론이고 IoT에 연결된 수십억 개의 센서로 인해 생성되고 저장되고 전송되는 데이터의 순전한 양이 급증하고 있으며 그와 더불어 데이터 처리에 사용되는 전력량도 급증하고 있다.

지구온난화 가스 배출 발자국을 평가한 2018년의 한 연구는 다음과 같은 결론을 내렸다. "억제하지 않으면 ICT의 GHGE(온실가스 배출) 관련 기여도는 2007년의 1퍼센트 내지 1.6퍼센트 수준에서 2040년이면 전 세계 GHGE의 14퍼센트라는 2016년 수준을 초과할 정도로 증가할 수 있다. 이는 현재 전체 운송 부문이 기여하는 상대적 수준의 절반에 해당한다."[16]

이 예측에는 모든 전자장치를 제조하는 데 사용되는 에너지와 그로부터 배출되는 탄소량은 포함되어 있지도 않다(당연히 포함되어야 하는데도). 또한 여기에는 꾸준히 이윤 폭을 늘리기 위해 2년마다 새로운 세대의 기기(특히 스마트폰과 태블릿)를 출시해야 하는 업계에서 그것들이 얼마나 짧은 수명 주기를 갖는지도 고려되지 않았다. 그러한 기기를 제조하는 데 사용되는 에너지가 장치의 수명 주기 연간 탄소 발자국의 85~95퍼센트를 차지한다.[17] ICT 공급망에 한 걸음 더 들어가 살펴보면, 희토류를 추출하고 처리하여 장치에 삽입하는 데 사용되는 에너지와 배출되는 탄소량도, 그리고 문자 그대로 수십억 개의 기기를 폐기하는 데 들어가는 처리 비용도 거기에 포함되지 않았음을 알 수 있다.

이렇게 스마트폰과 태블릿이 에너지 사용에서 큰 역할을 하며 급격한 성장곡선에 올라 있지만, 가장 많은 에너지와 가장 많은 전기를 사용하고 가장 많은 온실가스를 배출하는 것은 ICT 인프라이다. 그것이 ICT 탄소 발자국의 70퍼센트를 차지한다. 그중에서도 2020년이면 전 세계 전력의 거의 4퍼센트와 전체 ICT 발자국의 45퍼센트를 차지할 것으로 추정되는 데이터 센터의 확산이 가장 큰 문제다.[18] 그린 뉴딜 어젠다는 반드시 ICT 부문의 탈탄소화에 세심한 주의를 기울여야 한다. 전 세계에서 생산되는 전력에서 갈수록 더 많은 비율을 사용하는 부문이기 때문이다.

ICT 부문에서 화석연료를 분리하고 녹색 에너지에 재투자하는 과업에는 역시 애플과 구글, 페이스북 등 세계 최대의 인터넷 기업들이 앞장서고 있다. 2018년 4월 애플은 세계 곳곳에 산재한 자사의 모든 데이터센터가 이제 재생에너지로 가동된다고 발표했다. 또한 전 세계 주요 제조 파트너 중 23개 사가 모든 애플 제품의 생산에 들어가는 동력을 100퍼센트 친환경 에너지로 바꾸는 데 동의했다는 내용도 덧붙였다. 애플의 CEO 팀 쿡(Tim Cook)은 이 새로운 이정표를 강조하며 이렇게 말했다. "우리는 제품의 재료와 재활용 방법, 우리의 제반 시설, 공급업체와의 협력 등에서 가능한 것의 경계를 계속 넓히며 새롭고 창의적이며 전향적인 재생에너지 원천을 확립해 나갈 것입니다. 거기에 미래가 달려 있음을 잘 알기 때문입니다."[19] 구글은 2017년 자사의 데이터 센터에 100퍼센트 재생에너지 사용을 달성했으며 현재 재생에너지 인프라에 총 35억 달러를 투자하는 방식으로 20개의 재생에너지 프로젝트를 운영하고 있다.[20] 2017년 7월, 페이스북은 향후 건립하는 모든 새로운 데이터 센터를 100퍼센트 재생에너지로 가동할 것이라고 발표했다.[21]

이렇게 인터넷 거대 기업들이 화석연료 문명과의 분리를 주도하는 가운데, 여타의 주요 ICT 및 텔레콤 기업들 또한 빠른 속도로 대열에 합류하고 있다. 수치만 봐도 벌써 의미 있는 진척이 이뤄지고 있음을 알 수 있다. 마이크로소프트(Microsoft)와 SAP는 2014년 이래 100퍼센트 재생에너지로 가동되고 있다.[22] AT&T와 인텔(Intel), 시스코(Cisco) 역시 회사의 비즈니스 운영에 재생에너지를 빠르게 통합하고 있다.[23]

현재 태양과 바람은 석탄보다 싸고 석유나 천연가스와는 비슷한 수준이다. 그리고 앞으로 수년 내에 태양광 및 풍력 에너지를 생산하는 한계비용이 제로에 가까워지며 훨씬 더 저렴해질 것이다. 이런 점을 감안할 때 화석연료와 결별하고 재생에너지에 재투자하는 일에 우선적으로 재원을 배정하는 것이야말로 사업적으로 영리한 결정이라 할 수 있다. 이 방정식에 데이터 센터와 여타 민감한 운영 시설을 보호해야 할 필요성을 추가해 보라. 기후변화와 사이버 테러리즘으로 그 가능성이 증가하고 있는, 전력 그리드 및 전선의 붕괴나 파괴까지 염두에 두어야 한다는 뜻이다. 이들 기업은 재생에너지로 전환해 전력 그리드에서 떨어져 나와야 데이터 센터와 여타 운영 시설의 안전을 보장받을 수 있을 것이다.

재생에너지 인터넷

대부분의 정부 지도자와 상당수의 비즈니스 공동체, 그리고 대다수의 대중이 모르는 사이에 태양광 및 풍력 에너지 생산 비용은 컴퓨터 산업이 이전에 경험한 것과 다르지 않은 가파른 기하급수적 곡선을 그리며 감소해 왔다. 최초의 전자 컴퓨터인 에니악(ENIAC)은 1945년 펜실베이니아 대학교에서 발명했다.[24] 전해진 얘기에 따르면, 당시 IBM 회장이던 토머스 왓슨(Thomas Watson)은 전 세계의 컴퓨터 수요가 잠재적으로 엄청나게 비싼 그 비용 때문에 다섯 대를 넘어서지 않을 것으로 예측했다. 그 당시 아무도 예측할 수 없었던 것은 1970년대에 인텔(Intel)에서 전개될 내용이었다. 인텔의 엔지니어들은 집적회로당 구성 요소의 수를 2년마다 두 배로 늘리는 데, 즉 집적회로에 들어가는 컴퓨터 칩의 수를 기하급수적으로 증가시키는 데 성공했다. 오늘날 40억 명이 넘는 사람들이 그렇게 발전한 저렴한 스마트 기기 덕분에 인터넷에 연결할 수 있다.[25]

이와 유사하게, 1977년 태양 전지판에 사용되는 실리콘 광전지의 와트당 고정비용은 76달러였지만, 오늘날 그 비용이 50센트 이하로 떨어진 상태다.[26] 현재 전력 및 유틸리티 회사들은 킬로와트시당 2.42센트라는 저렴한 비용으로 태양광 발전을 위한 장기 구매 계약을 조용히 체결하고 있다.[27] 국제 재생에너지 기구(International Renewable Energy Agency, IRENA)에서 발표한 2019년 보고서에 따르면, 육상 풍력 에너지는 킬로와트시당 3~4센트의 낮은 비용으로 생산되고 있다.[28] 새로운 녹색 에너지의 생성 비용이 기하급수적으로 하락하는 추세는 끝이 안 보이는 상황이다.[29]

이러한 에너지 원천의 무한한 잠재력을 고려하면 제로에 가까운 한계 비용으로 생산되는 태양광 및 풍력 에너지가 사회에 어떤 영향을 미칠지는 더욱 분명해진다. 태양은 88분당 470엑사줄(1엑사줄은 1018줄에 해당한다. —옮긴이)의 에너지를 지구로 방출하는데, 이는 세계의 모든 인구가 1년 동안 사용하는 에너지의 양과 같다. 만약 우리가 지구에 도달하는 태양에너지의 1퍼센트의 10분의 1이라도 포획할 수 있다면, 현재 글로벌 경제 전역에서 사용하는 에너지의 여섯 배를 얻는 셈이 된다.[30] 태양 복사열과 마찬가지로 바람 역시 강도와 빈도는 다양하지만 지구상 어디에나 존재한다. 전 세계 풍력 발전량에 대한 스탠퍼드 대학의 연구에 따르면, 전 세계 가용 풍력의 20퍼센트만 수확해도 현재 글로벌 경제를 운용하는 데 들어가는 것보다 일곱 배나 더 많은 전력을 생산할 수 있다.[31]

스탠퍼드 대학과 캘리포니아 주립 대학 버클리 캠퍼스의 연구원들이 2017년 수행해 《줄(*Joule*)》에 발표한 상세한 연구에 따르면, 미국은 현재 필요한 에너지의 거의 100퍼센트를 재생에너지로 공급할 수 있는 역량을 갖추고 있다. 필요한 에너지의 57.28퍼센트는 태양광으로, 38.41퍼센트는 풍력으로, 나머지 4퍼센트는 수력과 조력, 지열로 조달하면 된다는 것이다.[32]

미국에는 3000개가 넘는 전기 공급 업자가 있다. 2000개의 공공 소유 유틸리티(POU)와 187개의 투자자 소유 유틸리티(IOU), 876개의 협동조합 전력 유틸리티, 아홉 개의 연방 전력 기구, 그리고 수백 개의 민간 전력 회사들이 1억 5100만 고객에게 서비스를 제공하고 있다.[33]

EU와 중국에서는 전력 부문이 화석연료 산업에서 분리되기 시작했지만 미국에서는 아직 걸음마 단계라는 사실은 더 이상 비밀이 아니다. 재생에너지 인터넷은 다섯 개의 기본 기둥으로 구성되는데, 시스템을 효율적으로 운영하려면 모두 동시에 단계적으로 진행시켜야 한다.

먼저 건축물을 보다 에너지 효율적으로 만들고 태양에너지 기술을 적용할 수 있도록 재단장하거나 개조해야 한다. 태양에너지 기술로 건축물에서 생산되는 전기는 현장에서 즉시 사용하는 것이 기본이고 남는 부분은 전력 그리드에 돌려주거나 판매할 수 있다. 둘째, 화석연료와 원자력을 태양광 및 풍력 에너지와 여타 재생에너지 원천으로 대체하기 위한 야심 찬 목표를 설정해야 한다. 그리고 그 목표를 달성하기 위해, 건축물과 부동산 부지를 마이크로 발전 시설로 전환하도록 얼리어답터들에게 동기를 부여할 수 있는 인센티브를 도입해야 한다. 셋째, 녹색 전기의 간헐적 흐름을 보완하고 피크 부하와 기본 부하의 안정화를 관리하기 위해 배터리와 수소 연료전지, 물 펌프 등을 포함하는 저장 기술을 지역의 발전 현장과 전력 그리드에 반드시 포함해야 한다. 넷째, 전력 그리드를 현재의 서보(servo) 기계식 작동에서 (지역의 발전 시설에서 그리드로 들어오는 다중 원천의 녹색 전기를 관리할 수 있는) 디지털 연결식으로 전환하기 위해 첨단 계량 장치와 기타 디지털 기술을 모든 건축물에 갖추어야 한다. 분산형 스마트 전력 인프라는 이전의 수동적인 전력 소비자를 자신의 녹색 전력에 대한 적극적인 관리자로 전환시킨다. 다섯째, 전기 차량이 새로운 에너지 인터넷으로부터 전력을 확보할 수 있도록 주차 공간이나 부지 곳곳에 충전소가 설치되어야 한다. 에너지 인터넷에 연결되는 수백만 대의 전기 차량은 전력의 최고 수요 시에 전력을 그리드로 돌려보낼 수 있는 저장 시스템을 제공할 것이며, 차량 소유자는 그렇게 전기를 네트워크에 제공하는 데 대해 보상을 받게 될 것이다.

전국적인 국가 스마트 그리드의 건설은 에너지 인터넷의 중추 노릇을 할 것이다. 미국 전력 연구소(Electric Power Research Institute, EPRI)는 국가 스마트 그리드의 구성에 대해 다음과 같이 포괄적으로 정의한 바 있다.

> 오늘날의 전력 체계는…… 주로 고전압 네트워크나 그리드에 연결된 대규모 중앙 발전소에서 가정과 사업체, 산업에 서비스를 제공하는 각 지역의 배전 시스템으로 전기를 보내는 방식으로 구성되어 있다. 오늘날의 전력 체계에서 전기는 기계식 제어를 통해 주로 한 방향으로 흐른다. …… 스마트 그리드는 여전히 대형 중앙 발전소의 지원에 의존하지만 상당히 많은 수의 전기에너지 저장 설비와 재생에너지 생산 시설을 포함한다. 대규모 전력 체계 수준에서도 그렇고 도처에 분산된 수준에서도 그렇다. 또한 스마트 그리드는 그러한 분산된 원천뿐 아니라 전기 차량과 에너지 관리에 대한 직접적인 소비자 참여, 효율적인 통신기기 등을 수용하도록 설정된, 크게 강화된 센서 및 제어 기능을 보유한다. 이 스마트 그리드는 사이버 보안 시스템도 갖추어 수백만 노드에 연결된 극도로 복잡한 시스템의 장기적인 운영을 보장한다.[34]

지난 2011년, EPRI는 국가 스마트 그리드와 그에 수반되는 저장 기술을 구축하는 데 20년 동안 4760억 달러 이상의 비용이 들겠지만 해당 그리드가 전체 경제에 안겨 주는 혜택이 1조 3000억 달러에서 2조 달러 사이가 될 것으로 예상했다. EPRI는 또한 국가 스마트 그리드의 구축으로 탄소 배출량을 "2005년에 비해 58퍼센트 줄일 수 있게 될" 것으로 추

정했다.[35]

하지만 이 연구는 전력 부문이 화석연료에서 재생에너지로 전환되고 전기 유틸리티와 운송, 건축 부문이 화석연료에서 분리되어 재생에너지 원천과 결합하던 초기 단계에 이루어진 것이다. 또한 2011년이라면, 전기 자동차가 유아 단계에 있었고 IoT는 대체로 여전히 개념 상태에 머무르던 시점이었다. 당시 부상하던 스마트 디지털 인프라에서 모든 사물을 모든 사람과 연결한다는 그 개념은 아직 사회 전반에 퍼지지도 않은 상태였다는 얘기다. 2011년에는 전국의 주거용, 상업용, 산업용, 기관용 건축물 전반에 걸쳐 석유 및 가스 난방을 전기 난방으로 전환하는 문제에 대해서도 논의가 거의 없었다.

EPRI가 전망한 새로운 발전은 경제생활과 사회생활을 가동시키는 데 필요한 전력을 급격히 증가시키며, 결국 재생에너지는 물론이고 문자 그대로 전국 각지의 그리드에서 들고나는 전기를 관리하는 과정이 갈수록 복잡해지게 된다. 이러한 변화가 발생하는 속도에 보조를 맞추려면 적어도 골격이라도 갖춘 에너지 인터넷이 EPRI 연구가 추정한 20년이 아닌 10년 안에 구축되어야 한다. 그렇지 않으면 해당 시스템이 다음 10년 동안에 사용량의 급증으로 인한 전력 수요를 다룰 수 없게 되기 때문이다. 이런 식의 실패는 그린 뉴딜로의 이행을 방해하거나 심지어 파괴할 수도 있다. 상황이 만약 그렇게 전개된다면, 미국은 지구 온도의 1.5도 상승을 피하기 위해 확고히 정한, 기후변화에 관한 정부 간 협의체(IPCC)의 데드라인을 맞추는 데 필요한 탈탄소화 목표에 도달할 수 없게 될 것이다.

게다가 국가 그리드에 대한 수요가 증가하고 그에 따라 모든 구성 요소와 서비스를 통합하는 과정의 복잡성도 증가하면, 국가 스마트 그리드 시스템을 온라인화하고 전국에 걸쳐 원활하게 돌아가도록 만드는 데 들어가는 비용 역시 증가한다.

예컨대 에너지와 전력 분야 전문의 선도적인 에너지 및 컨설팅 회사인 브래틀 그룹(Brattle Group)이 2019년 1월에 발표한 새로운 연구 결과는 스마트 국가 전력 그리드에서 단지 "전송 인프라"의 구축 및 확장에만도 2031년과 2050년 사이에 연간 400억 달러를 상회하는 비용이 들어갈 것으로 추산했다. 미국 국립 재생에너지 연구소(National Renewable Energy Laboratory, NREL)의 2016년 연구에 따르면, 미국의 모든 "적절한" 건축물에 태양광 패널을 설치하더라도 이 분산 에너지는 현재 전국 전력 수요의 40퍼센트 정도만 제공할 것이다.[36] 이는 충분한 태양광과 바람을 얻을 수 있는 미국 서쪽 절반의 인구가 적은 농촌 지역에 유틸리티 규모의 태양광 및 풍력 발전 시설을 갖춰 동쪽 절반 대도시 지역의 분산된 태양광 및 풍력을 보완하기 위해 녹색 전기를 보낼 수 있도록 온라인화할 필요가 있음을 의미한다. 이 모든 것은 고전압 전국 송전 시스템을 구축할 것을 요구한다. 전송 인프라에 대한 이러한 투자는 브래틀 그룹이 적시한 바와 같이 "그리드가 견고하고 유연하며 높은 수준의 신뢰성을 유지하고 에너지 위협에 대해 탄력성을 갖도록 보장하기 위해" 필수적이다.[37]

다른 연구들 역시 확대해야 하는 국가 스마트 그리드 인프라의 여러 부분에 대해 다양한 추정치를 내놓고 있다. 이 시점의 이 모든 연구 결과는 국가 전력 그리드가 화석연료 기반 중앙 집중식 시스템에서 수백만 개의 태양광 및 풍력 발전 시설과 고도로 디지털화한 전국 스마트 전력 그리드가 상호작용하는 방식의 분산 시스템으로 이동하는 속도를 고려할 때 어쨌든 추측 시나리오일 뿐이다. 따라서 연방과 주, 지방 수준에서 모든 이해관계자들이 모여 국가 전력 인프라의 다양한 구성 요소에 대한 구축 및 확대의 우선순위는 물론이고 그에 들어가는 시간별 비용, 향후 20년 동안 그것들을 전국적인 운용 시스템에 통합하는 방식을 세밀하게 조정하는 프로세스를 개시할 필요가 있다.

재생에너지 인터넷의 운영 플랫폼을 구성하는 다섯 기둥의 단계별 도입 및 통합은 전력 그리드를 중앙 집중식에서 분산형 시스템으로, 화석연료 및 원자력 발전에서 재생에너지로 변혁한다. 새로운 시스템에서는 모든 사업체와 지역공동체, 주택 소유자들이 잠재적인 전력 생산자가 되어 쓰고 남는 전기는 국가 및 대륙 전역으로 퍼져 나가기 시작한 스마트 에너지 인터넷을 통해 다른 사람들과 공유하게 된다. 미국의 그린 뉴딜은 유럽인들이 배운 교훈에 주의를 기울여 시작 단계에서부터 재생에너지 인터넷의 다섯 기둥 모두를 원활한 전체로 통합해야 한다. 그렇지 않으면 3차 산업혁명 패러다임의 성공적인 배치를 저해하는 차질이 빚어질 위험이 있기 때문이다.

독일에서는 연방 정부가 전국의 사업체와 지역공동체, 개인으로 하여금 태양 전지판이나 풍력 터빈을 설치하도록 독려하기 위해 발전 차액 지원 제도를 도입했다. 이 제도에 따라 녹색 전기를 그리드에 판매하는 주체는 시장가격보다 높은 프리미엄 가격을 받을 수 있다. 이 인센티브는 효과가 있었다. 많은 중소기업들과 지역의 협회, 농민들이 전기 협동조합을 조직하고 은행 대출을 이용해 시설을 갖추었으며, 현재 태양광 및 풍력 에너지를 생산하여 국가 전력 그리드에 다시 판매하고 있다. 2018년 독일의 모든 재생에너지는 전력 생산 총에너지원에서 35.2퍼센트를 차지했다. 모든 전력의 거의 25퍼센트가 태양광 및 풍력 에너지였고, 그 가운데 상당 부분은 소규모 전력 협동조합에서 생산했다.[38]

에온(E.ON)과 RWE, 엔베베(EnBW), 바텐팔(Vattenfall) 등 한때 강력했던 독일의 전기 유틸리티들은 현재 21세기 새로운 녹색 전기의 5퍼센트만 생산하며 녹색 전기 "발전" 게임에서 밀려나고 있다.[39] 이 공익사업체들은 석탄과 석유 및 천연가스와 같은 중앙 집중식 에너지원, 즉 추출하고 운송해 그리드상의 전력으로 변환하는 데 많은 양의 자본 투여를 필요로 하는 에너지원으로 전력을 생산하는 데 이상적이었다. 막대한 자본의 요구는 필연적으로 규모의 경제를 창출하고 투자자에게 수익을 돌려주기 위해 대규모 사업단을 조직해 수직적으로 통합하는 운영 방식을 야기했다.

하지만 새로운 녹색 에너지는 중앙 집중식이 아닌 분산 방식을 요구한다. 태양은 모든 곳에서 빛나고 바람은 모든 곳에서 분다. 즉 건물 옥상이나 지형을 따라 수백만 개의 마이크로 발전소를 설치하면 어디에서나 수확할 수 있는 것이다. 화석연료에서 녹색 에너지로의 전환은 비유적으로든 문자 그대로든 "파워를 국민들에게" 돌려주는 것과 같다. 수억 명의 사람들이 일하고 살고 있는 곳에서 자신이 쓰는 에너지와 전기의 생산자가 되기 때문이다. 이것은 전 세계의 지역사회에서 파워의 거대한 민주화가 개시된다는 것을 뜻한다.

비평가들은 오래전부터 재생에너지에 대한 독일의 사랑이 보다 어두운 이야기를 숨기고 있다고 주장해 왔다. 실제로 태양광과 풍력 에너지원이 독일의 총전력 생산에서 거의 25퍼센트를 차지하고 있으며 현재는 그에 들어가는 비용이 석탄보다 저렴하지만, 독일은 여전히 에너지 수요의 3분의 1 이상을 석탄에 의존하는 나라다.[40] 왜 독일은 여전히 석탄을 사용하고 있을까? 그것은 지역 경제와 고용을 유지하기 위해 석탄 채굴에 의존하는 지역에 대한 구제 방안을 마련해야 하는 정치와 관련이 깊다. 이 문제를 해결하기 위해 2019년 1월 독일 정부의 관련 위원회는 향후 20년 내에 석탄으로 생성되는 에너지를 완전히 제거한다는 목표하에 그러한 녹색 시대로 이행하는 채탄 지역의 경제를 지원하기 위해 400억 유로의 보상금을 출연하는 야심 찬 계획에 착수할 것이라고 발표했다.[41] 여전히 석탄에 의존하는 전 세계의 다른 국가들은 독일의 실험을 지켜보며 자신들 역시 석탄 생산 지역이 자립할 수 있도록 지원하는 가운데 가급적 조속히 석탄을 단계적으로 제거해야 한다는 사실을 깨닫고 있다.

163개 국가 및 지역의 331개 제휴 단체에 속한 2억 700만 명의 노동자를 대표하는 국제노동조합연맹(International Trade Union Confederation, ITUC)은 화석연료 문명에서 이탈이 가속화하는 와중에 좌초하는 노동자와 좌초하는 공동체의 곤경을 해결해야 할 필요성에 대해 국제사회의 관심을 모으기 위해 노력하고 있다. ITUC는 신흥 녹색 에너지 경제의 새로운 친환경 사업 기회와 대량 고용을 수용하는 과정에서 좌초되는 노동자와 불이익을 입는 공동체를 지원하기 위해 '공정 이행 센터(Just Transition Centre)'를 설립했다.

ITUC의 사무총장 샤란 버로(Sharan Burrow)는 "우리가 직면하고 있는 각 부문과 경제의 변화는 역사상 그 어느 때보다도 큰 규모와 빠른 시간 프레임 속에서 전개되고 있다."라고 경고했다.[42] 다행히도 통계 수치를 보면 화석연료 문화에서 재생에너지 사회로 전환되는 초기 단계에서조차도 친환경 반숙련직 및 숙련직과 전문직 일자리는 많은 지역과 공동체에서 전통적인 에너지 부문의 고용을 초과하는 것으로 나온다. 하지만 버로는 중앙정부 및 지방정부가 "교육과 재교육, 재훈련에 투자하기 위해 모든 국가에서 취약한 공동체를 위한 공정 이행 기금을 마련하고 설립해야 한다."라고 강조하고 있다. "근로자와 그 가족을 위한 사회적 보호의 확대나 확장, 지역사회와 지역 경제를 다각화하기 위한 보조금이나 대출, 초기 투입 자본 프로그램 등"이 그러한 기금에 해당한다.[43]

태양광 및 풍력 에너지 수확 기술의 비용 하락으로 인한 에너지의 민주화는 전기 협동조합의 조기 채택과 더불어 화석연료 분야의 인력을 붕괴시키고 있을 뿐 아니라 발전 및 전기 유틸리티 산업을 뒤흔들며 그들의 비즈니스 모델을 파괴하고 있다. 전 세계의 거대 전력·전기 유틸리티 회사 중 다수가 화석연료 산업에서 빠르게 분리되어 수백만의 협동조합에서 생산되는 녹색 에너지를 관리하는 한편 고객을 위한 에너지 서비스의 새로운 비즈니스 모델을 수립하고 있다.

새로운 에너지 관행에서는 전력 회사들이 각 고객의 가치 사슬 전반에 걸쳐 전력 소비에 관한 빅 데이터를 채굴하고 그에 대한 분석을 이용하여 고객이 총에너지 효율성과 생산성을 높이고 탄소 발자국과 한계비용을 줄이도록 돕는 알고리즘과 애플리케이션을 창출할 것이다. 고객은 그 대가로 총효율성 및 생산성의 증가로 얻는 이득을 전력 회사들과 공유할 것이다. 전력 회사는 에너지 사용을 보다 효율적으로 관리하고 전기 판매를 늘리기보다는 줄임으로써 더 많은 이익을 얻게 될 것이다.

2006년 엔베베의 CEO 우츠 클라센(Utz Claassen)은 독일로 나를 초대해 회사를 화석연료 및 원자력에서 재생에너지와 그에 수반하는 3차 산업혁명의 에너지 서비스로 전환하는 전략의 도출을 도와 달라며 자사 중역들과 개별적인 두 차례의 미팅을 주선했다.[44] 클라센은 그렇게 발 빠르게 변화를 수용했고, 2012년 500명에 달하는 간부 직원들과의 집단 회의 자리에서 엔베베가 독일의 전력 및 전기 유틸리티 회사들을 탄소 이후 분산형 재생에너지 서비스의 새로운 시대로 인도할 것이라고 알렸다. 엔베베는 같은 해에 화석연료 및 원자력에서 벗어나 재생에너지와 관련 서비스에 보다 집중하겠다는 계획을 발표했다.[45]

2008년 나는 에온으로부터도 유사한 초대를 받았다. 신흥 녹색 사회에서 에너지 서비스를 관리하기 위한 새로운 비즈니스 모델에 관해 에온의 회장인 요하네스 테이센(Johannes Teyssen) 박사와 공개 토론회를 가져 달라는 주문이었다. 8년 후 에온은 회사를 두 개로 분리해 한 곳은 기존의 화석연료 및 원자력 에너지 분야의 비즈니스를 유지하고 다른 한

곳은 독일의 전력 및 전기 유틸리티 분야에서 패러다임의 전환을 강요하며 일고 있는 파괴적인 변화에 적응하기 위해 재생에너지 서비스에 중점을 두는 전략을 취했다.[46]

독일의 다른 두 주요 전력 및 전기 유틸리티인 바텐팔과 RWE 역시 우리가 유럽에 소개한 새로운 비즈니스 모델에 기반을 둔 유사한 전환 전략을 발표했다.[47] 불과 10년 전만 해도 유럽 전력 산업계에서 거인으로 군림했던 독일의 전력 회사들은 오래되고 낡은 에너지 체제와 화석연료 좌초 자산의 인프라가 더 이상 실행 가능한 비즈니스 모델이 아님을 깨닫고 경로를 수정했다.

또한 독일의 전력 회사들은 예외적인 사례가 아니었다. 중국 역시 이미 재생에너지 분야에 진출해 현재 태양광 및 풍력 수확 기술의 제조 및 설치 부문에서 세계를 선도하고 있다. 2017년 중국은 재생에너지에 대한 전 세계 총투자의 45퍼센트 이상을 차지했다.[48]

2012년 12월, 중국의 관영 신화통신은 리커창 국무원 부총리가 (나의 전작인) 『3차 산업혁명(*The Third Industrial Revolution*)』을 읽고 국가 발전 개혁 위원회와 국무원 산하 개발 연구 센터에 책을 돌리며 거기서 설파하는 주제와 아이디어를 철저히 연구하도록 지시했다고 보도했다.[49] 당시 중국의 주요 산업 허브인 광둥의 공산당 서기 왕양과 정치국의 한 위원도 얼마 지나지 않아 그 책을 공개적으로 선전하며 2013년에서 2018년에 걸쳐 중국의 내러티브를 옮겨 놓았다.(현재 왕양은 중국 정치국 7인 상임위원회에서 서열 4위에 올라 있다.) 나는 2013년 9월과 2014년 10월, 2015년 10월, 2016년 3월, 이렇게 네 차례 중국을 공식 방문하며 왕양을 비롯해 국가 발전 개혁 위원회와 국무원 개발 연구 센터, 산업 정보 기술부, 중국 과학 아카데미의 고위 관료들과 미팅을 갖고 중국의 3차 산업혁명 이행 방안을 논했다. 첫 두 번의 방문에서 리커창 부총리는 중국이 녹색 3차 산업혁명을 전개하는 과정에 앞장서겠다는 정부의 결정을 표명했다.

2013년 12월, 내가 처음 방문한 지 3개월 만에 중국 정부는 수백만의 주택 및 아파트 소유자와 수천의 기업이 주거용과 상업용, 산업용 건축물 안팎에서 자체적으로 태양광 및 풍력을 이용해 녹색 전기를 생산해 전국적인 전력 그리드상에서 잉여분을 서로 공유할 수 있도록 중국 전역에 디지털 에너지 인터넷을 배치하겠다는 대규모 재정 투입 계획을 발표했다. 중국 전력 기업 연합회(China State Grid Corporation)의 리우젠야 회장은 「스마트 그리드의 3차 산업혁명 촉진(*Smart Grid Hosting and Promoting the Third Industrial Revolution*)」이라는 제목의 기사를 기고하면서 정부 발표에 보조를 맞췄다. 그 글에서 리우젠야는 전력 그리드를 디지털화하고 그것을 에너지 인터넷으로 전환하려는 중국의 야심 찬 계획을 설명했다. 수평으로 규모가 확대되는 그 협력적인 P2P 분산형 에너지 인프라는 중국의 경제생활을 변화시키고 새롭고 거대한 경제 혁명을 주도하는 견인차가 될 것이다. 에너지 인터넷을 새로운 경제 시대의 "대륙 간 중추 네트워크"로 도입하기로 한 결정에 대한 리우젠야의 발표는 중국 역사에서 실로 결정적인 순간을 의미한다. 리우젠야 회장은 이렇게 말했다. "만약 우리가 3차 산업혁명의 역사적 기회를 확실하게 부여잡을 수 있다면 그것이 미래의 세계 경쟁에서 우리의 위치를 결정해 줄 것이다."[50]

2014년 11월, 중국의 국가 주석 시진핑은 2030년까지 1차 에너지 소비에서 비화석연료 에너지(주로 태양광과 풍력)의 사용을 20퍼센트로 늘리겠다는 정부 공약을 발표함으로써 세계 공동체를 놀라게 했다.[51] 블룸버그 뉴 에너지 파이낸스(Bloomberg New Energy Finance, BNEF)에서 매년 발표하는 세계 전력 부문에 대한 장기 경제 분석에 따르면, 중국은 2050년까지 재생에너지로 62퍼센트의 전력을 공급하게 될 것이다.[52] 이는 중국 경제에 공급되는 대부분의 에너지가 거의 제로에 가까운 한계비용으로 생산되고 중국과 EU가 세계에서 가장 생산적이고 경쟁력 높은 상업 공간이 된다는 것을 뜻한다.

중국은 태양광 및 풍력 에너지 전환의 1세대에서는 EU의 주도에 따랐지만 녹색 에너지 도입의 2세대에서는 앞선 도약으로 세계 제1의 태양광 박막 생산국이 되었다. 하너지(Hanergy)의 창업자이자 CEO로서 중국 그린 에너지계의 예지력 있는 선구자로 평가받는 리허쥔은 2015년 전기 『중국의 새로운 에너지 혁명(*China's New Energy Revolution*)』에서 『3차 산업혁명』을 읽고 "그 강력한 조정 방안과 통찰력에 깊이 감명 받았으며" 특히 태양 에너지가 "미래의 분산 및 독립 생산에 보다 적합하다."라는 견해가 인상적이었다고 밝혔다.[53]

2013년 9월, 당시 중국의 산업 통상 연합(All-China Federation of Industry and Commerce)의 부회장이던 리허쥔은 나를 베이징에 초대해 재생에너지의 비전과 이론, 실제적 적용 방안과 중국이 차세대 거대 에너지 혁명에서 맡아야 할 역할에 대해 논하는 자리를 마련했다. 중국의 주요 정책 지도자와 사상 지도자, 기업가 등 20명이 참석한 그 회의는 생태 시대의 녹색 비즈니스 기회를 확립하려는 중국 지도부의 새로운 노력에 대한 지지를 북돋는 중요한 행사였다.[54]

테이프를 앞으로 돌려 2018년의 상황을 살펴보자. 하너지는 박막 태양광 발전 기술에서 세계를 선도하고 있다. 박막 모듈이 장착된 하너지의 새로운 "태양광 전기 배송 차량"이 도로를 달리고 있는데 하루에 100킬로미터를 이동할 수 있다.[55] 29.1퍼센트의 전환율로 태양광 효율성에서 세계 기록을 보유한 이 회사는 또한 박막을 이용해 무인 항공기를 비롯해 배낭과 우산 등 기타 다양한 품목에 동력 공급 기술을 적용함으로써 개인이 어디에서나 태양광 에너지로 여러 가지 다양한 작업에 전기를 쓸 수 있도록 돕고 있다.[56]

중국의 재생에너지 부문은 이미 380만 명의 인력을 고용하고 있다.[57] 태양광 및 풍력 수확 기술의 제조와 설치 및 서비스, 그리고 화석연료 및 원자력에 기반을 둔 서보 기계식 시스템에서 디지털 재생에너지 인터넷으로의 국가 전력 그리드 전환은 향후 30년 동안 수백만 개의 일자리를 추가로 창출할 것이다.

미국의 전력 및 전기 유틸리티는 이제 막 유럽과 중국을 따라잡기 시작했다. 텍사스주 샌안토니오는 미국에서 일곱 번째로 인구가 많은 도시이며, 그곳의 공공 전기 유틸리티인 CPS 에너지는 미국에서 가장 큰 시립 에너지 및 전기 공익사업체이자 시 세입의 주요한 기여자이기도 하다.[58] 2009년 CPS 에너지와 샌안토니오시는 우리의 TIR 팀을 초대하여 해당 대도시권역을 미국 최초의 제로 배출 3차 산업혁명 인프라로 전환하기 위한 마스터플랜을 공동으로 도출했다. 이 협업 팀에는 세계 전역에서 온 ICT, 재생에너지 산업, 글로벌 운송 및 물류, 건축, 건설, 도시계획, 경제 모델링, 환경 설계 부문의 전문가 25명이 포함되었다.[59] CPS의 회장 오로라 가이스(Aurora Geis)가 팀을 이끌었고 당시 지속 가능성 책임자이자 현재 CPS의 COO인 크리스 유그스터(Chris Eugster)가 일상적인 업무를 총괄했다.

로드맵 도출 과정은 몇 달에 걸쳐 진행되었다. 당시 샌안토니오는 에너지 미래에 대한 두 가지 접근 방식 사이에서 갈팡질팡하고 있었다. CPS는 1979년 스리마일섬에서 원자로의 노심 용융 사고가 발생한 이후 두 기의 새로운 원자력발전소 건설을 외부에 의뢰한 최초의 미국 전력회사였으며 우리가 현장에 도착하기 전 해당 건설의 계획 단계에 들어가 있었다.[60] 그와 동시에 CPS는 또한 주 전역에 걸쳐서 광범위한 태양광 및 풍력 에너지 발전에 들어가는, 마찬가지로 대담한 미래 경로를 염두에 두고 이 새로운 에너지 분야에도 진출하기 시작한 상태였다.

시민들 사이에서는 이미 근처에 원자력발전소 두 기를 짓는 것에 대한 반대 여론이 일고 있었다. 또한 새로운 원자력발전소가 다른 원자력발전소 설비를 괴롭혔던 것과 같은 종류의 비용 초과를 유발하여 CPS 및 샌안토니오시의 재정을 위태롭게 할지도 모른다는 우려가 있었다. CPS는 비용 초과의 잠재적 리스크에 대한 연구를 의뢰했으며, 해당 보고서는 건설 계약이 체결될 때의 예상보다 비용이 50퍼센트 더 높아질 것으로 예측했다.

당시 우리의 컨설팅 그룹은 CPS에 녹색 에너지 옵션을 부여잡을 것을 촉구했다. 우리는 텍사스의 풍력 잠재력만으로도 제로에 가까운 한계비용으로 풍력 에너지를 생산해 주 전체가 제로 배출 녹색 에너지의 미래로 옮겨 갈 수 있다고 주장했다.

사실 2차 산업혁명 시대에 텍사스가 얻은 명성은 미국에서, 그리고 한때는 세계에서 가장 큰 석유 생산지라는 위상과 관련이 깊었다. 우리는 태양광 및 풍력 에너지로의 대담한 이동이 텍사스를 3차 산업혁명의 전개 과정에서 미국의 재생에너지를 선도하는 지역으로 재포지셔닝해 줄 것이라고 설명했다. 그렇게 내부 논의가 진행되던 동안 CPS는 원자력 발전소의 건립을 감독하는 일본 기업 도시바가 원래 합의된 가격보다 40억 달러의 비용이 초과될 것으로 예상했다는 사실을, 그리하여 총비용을 120억 달러로 올려놓았다는 사실을 알게 되었다.[61]

위기가 뒤따라 일대 혼란을 일으켰지만, 먼지가 가라앉은 후 샌안토니오시와 CPS는 상당한 재정적 손실을 감수하며 핵 거래에서 빠져나와 풍력을 향한 문을 활짝 열어젖혔다. 그리고 그것은 훌륭한 사업적 결정으로 판명되었다. 현재 원자력 설비의 건설 및 운영에 들어가는 균등화발전원가(LCOE)는 메가와트시당 112달러이며, 앞서 언급한 바와 같이 풍력 에너지 생성의 LCOE는 메가와트시당 29달러, 태양광의 그것은 40달러이다.[62] 그럼에도 모든 전력 및 전기 유틸리티가 이 메시지에 주의를 기울인 것은 아니다. 지난 30년 사이에 미국에서 건설 중인 유일한 새로운 원자력발전소는 조지아 파워(Georgia Power)의 보그틀(Vogtle) 발전소이다. 원래 44억 달러로 계약된 이 원자력발전소는 현재 일정보다 5년이 늦어진 데다가 270억 달러 프로젝트로 부푼 상태다. 어떤 기준으로 보든 엄청난 비용 초과가 아닐 수 없다.[63] 일부 선출직 공무원들이 여전히 새로운 원자력발전소의 건설을 옹호하는 이 행태를 어떻게 이해해야 좋을지 모르겠다.

한편 지난 8년 동안 CPS 에너지는 텍사스 전역을 돌며 목장 부지에 풍력 발전소를 설치하는 계약을 목장주들과 체결해 왔다. 오늘날 텍사스주 곳곳의 목장주들은 소가 어슬렁거리는 풍력 농장을 유치한 덕에 짭짤한 부수입을 올리고 있다.

텍사스는 현재 미국을 대표하는 풍력 발전 주이며 전 세계에서 5개국을 제외한 모든 국가보다 많은 설치 용적을 자랑한다. 2017년 풍력은 텍사스주 전체 전력의 약 15퍼센트를 차지하며 EU의 녹색 에너지 발전과 동등한 수준을 기록했다.[64] 2016년 3월 31일, CPS 에너지는 샌안토니오의 "일상적인 에너지 수요의 45퍼센트를…… 일곱 개의 계약 농장에서 생성된 풍력 에너지로 충당하고 있다."라고 보고했다.[65]

여기서 우리가 배워야 할 교훈은 텍사스가 리스크를 감수하고 풍력을 "론 스타 스테이트(Lone Star State: 텍사스주의 별명)"의 새로운 브랜드로 삼겠다는 결단을 내림으로써 이 모든 것을 10년도 안 되는 기간에 달성했다는 사실이다. 캘리포니아와 마찬가지로 텍사스는 기대치를 높이고 여타의 48개 주에 그들도 동일한 녹색 경기장에서 게임을 시작할 수 있다는 사실을 입증하며 향후 20년에 걸쳐 미국을 태양광과 풍력(그리고 그에 수반되는 에너지 효율성)으로 구성된 거의 100퍼센트 재생에너지 체제로 전환할 수 있다는 가능성을 보여주었다.

앤 프라마지오레(Anne Pramaggiore)는 돌격을 지휘하는 또 한 명의 주요한 미국인이다. 프라마지오레는 과거 수년 동안 시카고에 전력을 공급하는 거대 전력 유틸리티 커먼웰스 에디슨(Commonwealth Edison)의 사장 겸 CEO였으며, 현재는 산하에 컴에드(ComEd)를 포함해 여섯 개의 자회사를 둔 미국 최대의 천연가스 및 전기 배급 회사 엑셀론 유틸리티(Exelon Utilities)의 CEO로 재직 중이다. 2016년 프라마지오레는 텍사스주 오스틴에서 열린 에너지 사상 정상회의(Energy Thought Summit)에서 기조연설을 했다. 그 자리에서 그녀는 2년 전 자신의 회사에서 일단의 전력 부문 이해관계자들을 소집해 전력 그리드를 보다 스마트하게 만드는 방법을 놓고 브레인스토밍 시간을 가졌다고 밝혔다. 그녀는 선도적인 에너지 관리 회사와 컨설팅 전문가들이 귀중한 제안과 통찰을 제공했지만 통일된 개념이 부족하다고 느꼈는데, 『3차 산업혁명』을 읽고 그런 부족한 느낌이 해소되었다고 말했다.[66] 이후 프라마지오레는 우리가 EU와 손잡고 녹색 에너지 생성 및 관리를 위한 재생에너지 인터넷 인프라와 그러한 패러다임 변화에 수반되는 새로운 공급자/사용자 에너지 서비스 비즈니스 모델을 도입하기 위해 지난 20년 동안 기울인 노력을 연구하며 우리의 접근 방식을 미국의 전력 네트워크에 적용하는 방안에 대해 고민했다.

프레젠테이션에서 프라마지오레는 다음과 같이 말했다. "그것은 마치 한 모서리에 모든 빨간색 조각이 있고 다른 모서리에 모든 파란색 조각이 있어 그것들을 서로 조합하면 된다는 것은 아는데 제대로 맞춰지지는 않는 직소 퍼즐을 가지고 있는 것과 같았습니다. 그런데 우리가 플랫폼 경제학을 읽기 시작하자 조각들이 갑자기 맞춰지기 시작한 겁니다. 이제 비로소 납득이 되기 시작한 것입니다."[67] 프라마지오레는 그렇게 재생에너지의 생산 및 유통에 적용되는 디지털 플랫폼의 역량을 이해하고 사회를 탄소 제로 미래로 옮겨 놓기 위해 적용해야 할 새로운 파괴적인 비즈니스 모델에 정통한, 새로운 세대의 미국 전력 유틸리티 책임자 가운데 최초의 인물이 되었다.

시장에서 태양광 및 풍력 에너지의 맹공격이 본격화하면 화석연료 부문과 그에 수반된 전력 부문은 얼마나 큰 파괴에 직면하겠는가? 국제 재생에너지 기구(IRENA)는 의장국 자격으로 2017년 G20 정상회의를 준비하던 독일로부터 화석연료와 재생에너지 생산 및 소비의 향후 전망에 대한 분석 보고서를 작성해 달라는 의뢰를 받았다. 그 보고서는 화석연료 중심의 문명에서 재생에너지 기반 사회로의 전환이 가속화하면서 야기되는 좌초 자산의 잠재적 비용에 대한 시나리오를 포함했다.

IRENA는 재생에너지의 채택과 에너지 효율성 전개의 속도에 관한 두 가지 타임라인 시나리오를 구상해 각 타임라인이 업스트림 에너지(원천 에너지)와 발전, 건축물 및 산업 등 "오늘날 직접적인 에너지 관련 글로벌 이산화탄소 배출량의 약 4분의 3에 책임이 있는 3대 부문"에 걸쳐 좌초 자산의 규모에 어떤 영향을 미치는지 평가했다. 리맵(REMap)이라 이름 붙인 첫 번째 시나리오는 "2015년부터 2050년까지 재생에너지의 배치를 가속화하면 산업화 이전 수준에서 섭씨 2도 이내로 전 세계의 기온 변화를 유지할 가능성이 3분의 2가 되는 배출 감소를 이룰 수 있을 것"으로 내다봤다. "정책 조치 지연"이라는 이름의 두 번째 시나리오는 2030년까지 인위적인 조치를 취하지 않다가 그 이후에 "전 세계 에너지 시스템이 2050년까지 동일한 배출 예산을 유지하도록" 재생에너지 배치를 가속화하는 경우를 담고 있다.[68]

"정책 조치 지연" 시나리오에서 업스트림 에너지에 관한 부분을 보면, 화석연료 에너지에 대한 현재의 자본 지출 수준을 2030년까지 유지할 경우 화석연료 좌초 자산은 약 총 7조 달러에 달하게 된다. 그 반면에 조기 전환을 가속화하는 "리맵" 시나리오에서는 화석연료 좌초 자산이 3조 달러의 손실로 나타난다. 이러한 좌초 자산은 오늘날의 석유 업스트림 생산에 대한 추정 가치의 45~85퍼센트에 해당한다.[69]

지연 시나리오에서 발전 부문은 화석연료 관련 좌초 자산이 총 1.9조 달러가 되며, 조기 전환 시나리오에서는 그것이 0.9조 달러가 된다.[70]

수조 달러의 손실에 대한 전망은 거대 문명의 흥망성쇠 과정에서는 과거의 자산이 필연적으로 미래의 부채가 되어 아직 세상에 나오지도 않은 세대에 청구서를 부과한다는 사실을 냉정하게 상기시킨다. 역사를 살펴보면 새로운 커뮤니케이션과 에너지, 이동성의 기술혁명이 수면 위로 부상하지 않았는데도 문명의 붕괴가 일어난 적도 있다. 다행히도 이번에는 강력하고 새로운 녹색 인프라 혁명이 기존 인프라를 옆으로 제치며 지구에서 보다 온화하고 지속 가능하게 살 수 있는 기회를 열어 주고 있다.

3

탄소 제로 생활:
자율 주행 차량과 IoT 빌딩, 스마트 생태 농경

자동차가 2차 산업혁명의 지주였음은 재차 강조할 가치가 있다. 20세기 내내 세계 GDP의 상당 부분은 수억 대의 내연 자동차와 수백만 대의 버스 및 트럭, 그리고 그 생산과 판매에 관여한 모든 산업과 부문은 물론이고 '자동차 시대'와 새로운 도시 및 교외의 생성과 확대로 혜택을 입은 모든 산업과 사업체로 설명할 수 있다. 여기에는 물론 부동산 산업과 쇼핑몰, 패스트푸드 체인, 여행 및 관광 업계, 테마파크와 기술 단지 등도 포함된다. 거의 모든 산업과 부문이 영향을 받았다고 해도 과언이 아니다.

한계비용 제로에 가까워지는 운송 수단

막대한 양의 화석연료를 태우며 지구온난화 가스 배출의 주요 원인이 되는 운송 및 물류 산업 또한 화석연료 산업에서 분리되어 태양과 바람을 에너지원으로 삼는 전기 및 연료전지 차량의 생산으로 이동하고 있다. 독일과 중국, 인도, 프랑스, 네덜란드, 아일랜드 등을 포함한 18개국은 이미 앞으로 수십 년에 걸쳐 화석연료로 구동되는 신규 차량의 판매 및 등록을 단계적으로 줄여 나가겠다고 선언한 상태다.[1]

자동차 회사들이 전기 및 연료전지 차량의 생산으로 옮겨 감에 따라 운송에 사용되던 석유의 상당 부분은 그냥 땅속에 남게 될 것이다. 뱅크 오브 아메리카(Bank of America, BoA)는 2030년이면 전기 자동차가 판매되는 모든 자동차의 40퍼센트를 차지할 것으로 예상한다. 미국의 3대 신용평가 기관 중 하나인 피치 레이팅스(Fitch Ratings)가 실시한 연구에 따르면, 전 세계의 전기 자동차는 2040년까지 13억 대에 이를 전망이다. 이를 고려하여 BoA는 "2020년대 초에 전기 자동차가 석유 수요 성장의 마지막 주요 보루를 침식하기 시작하고 2030년이면 전 세계 석유 수요가 정점에 도달할 것"이라고 결론지었다.[2]

세계의 많은 주요 도시들은 자동차 산업이 화석연료로 구동되는 내연 차량에서 녹색 재생 전력으로 구동되는 전기 차량으로 빠르게 전환할 것이라는 현재의 전망을 이미 고려하고 있다. 2019년 4월, 로스앤젤레스의 시장 에릭 가세티(Eric Garcetti)는 운송의 미래를 제로 배출 경제로 전환하는 도시계획의 핵심으로 삼는 광범위한 그린 뉴딜 마스터플랜을 공표했다. 가세티는 2025년까지 로스앤젤레스시의 모든 차량 중 25퍼센트, 2035년까지는 80퍼센트를 전기 차량으로 전환할 것이라고 선언했다.[3] 자동차 문화로 유명한 도시에서 나온 전망이라 특히 인상적이라 할 수 있다.

석유 업계의 거대 기업들 역시 이 모든 것이 그들의 산업에 어떤 의미를 부여하는지 잘 알고 있다. 로열 더치 셸(Royal Dutch Shell)의 CEO 벤 반 보이르덴(Ben van Beurden)은 2017년 7월, 전기 자동차가 20세기 내연기관을 대체하기 시작하면서 2020년대 말이면 세계의 석유 수요가 정점을 찍을 것이라고 말했다. 블룸버그(Bloomberg) TV와 한 인터뷰에서 반 보이르덴은 자신도 트렌드에 합류해 다음번 승용차는 전기 차로 살 것이라고 덧붙였다.[4]

로열 더치 셸의 CEO가 그저 농이나 치고 있는 것일까? 다른 글로벌 석유 기업 몇몇은 여전히 꺾이지 않으려 애쓰는 모양새다. 코노코필립스(ConocoPhillips)의 수석 경제학자 헬렌 커리(Helen Currie)는 자사에서 향후 예상되는 전기 자동차 수요와 석유산업의 미래 전망에 영향을 미칠 수 있는 여타 요인에 관한 시나리오를 검토하며 "수요의 정점을 찾고자 애썼지만" 그럴 수 없었다고 말했다. 적어도 "앞으로 20년 내지 30년 내에는 그런 정점에 도달하지 않을 것"이라는 얘기였다. 그녀는 이렇게 덧붙였다. "우리는 석유 수요의 정점 논리가 그럴듯하다는 점은 기꺼이 인정하지만 해당 수요가 상당히 강력하고 강건해 보이는 경향 역시 무시할 수 없다."[5] 과연 다른 사람들의 판단도 그러할까?

많은 것이 운송 부문에 혁명을 일으키고 있는 세 가지 요인에 크게 좌우된다. 휘발유 차량에서 녹색 에너지로 구동되는 전기 및 연료전지 차량으로의 이행, 차량 공유 서비스로의 전환, 자율 주행 차량의 도입 등이 그 세 가지다. 이러한 변화 각각은 그 자체만으로도 혁신적이며 기존 운송 부문을 파괴하기에 충분하다. 그것들이 서로 힘을 합쳐 전 세계에 걸쳐 이동성과 물류의 완전한 격변을 일으키며 일련의 좌초 자산을 남기고 있으며, 그 규모는 완전히 알기 어려운 상태이다.

커뮤니케이션 인터넷과 재생에너지 인터넷의 맞물림으로 자율 이동성 및 물류 인터넷의 구축과 확장도 가능해진다. 이 세 가지 인터넷의 수렴은 3차 산업혁명 경제에서 상품과 서비스를 관리하고 구동하고 운송하기 위한 IoT 플랫폼의 핵심을 이룬다.

자율 이동성 및 물류 인터넷은 네 개의 기본 기둥으로 구성되는데, 에너지 인터넷의 경우와 마찬가지로 시스템이 효율적으로 작동하기 위해서는 동시에 단계적으로 갖춰져야 한다. 첫째, 충전소는 육상 전역에 고루 설치되어 자동차, 버스, 트럭 등의 전기 자동차가 전력을 공급받거나 그리드에 전력을 다시 반납할 수 있어야 한다. 둘째, 공장과 창고, 유통업체, 소매업체, 최종 사용자 등이 그들의 가치 사슬에 영향을 미치는 물류 흐름에 관한 최신 데이터를 얻을 수 있도록 물류 네트워크에 속한 모든 기기 및 장치에 센서를 내장해야 한다. 셋째, 스마트 디지털로 강화한 컨테이너화를 통해 공급망 전체의 모든 물리적 상품의 보관 및 운송을 표준화해야 한다. 그래야 월드와이드웹 전반에 걸쳐 정보가 쉽고 효율적으로 전달되는 것과 같은 방식으로 물류 시스템 전반에 걸쳐 어느 통로로든 물리적 상품이 효율적으로 전달될 수 있다. 넷째, 물류 경로에 산재한 창고 운영 업체는 협력 네트워크의 구축을 통해 모든 자산을 공유 물류 공간으로 옮기고 상품의 선적을 최적화하며 수평적 규모의 경제를 활용해야 한다. 예컨대 수천 개의 창고 및 유통센터가 블록체인 방식의 협동조합을 설립해 사용되지 않는 공간을 공유하면 운송업체들이 서로 특정 목적지에 더 많은 화물을 운송하는 업체가 실어 가도록 해당 화물을 어느 창고에든 가져다 놓을 수 있다. 그럼으로써 모든 운송업체가 항상 트레일러를 완전히 적재하고 화물을 가장 효율적인 경로를 따라 최종 목적지에 배송하게 하는 것이다.

IoT 플랫폼은 픽업 및 배송 일정, 기상 조건, 교통 흐름에 대한 실시간 물류 데이터는 물론이고 경로상의 창고들의 수용력에 대한 최신 정보도 제공할 것이다. 또한 발송의 자동화로 빅 데이터 분석에 의해 물류 경로를 따라 종합적인 효율성을 최적화하기 위한 알고리즘과 애플리케이션이 창출될 것이며, 그럼으로써 모든 선적의 한계비용이 감소하는 가운데 생산성은 높아지고 탄소 발자국은 줄어들 것이다.

2028년경이면 적어도 도로와 철로, 수로를 이용하는 탁송 화물 중 일부는 전혀 탄소를 배출하지 않고 한계비용이 제로에 가까운 재생에너지로 구동되고 정교한 분석과 알고리즘으로 운영되는 무인 전기 및 연료전지 운송 수단이 맡게 될 것이다. 한계비용이 제로에 가까운 재생에너지로 구동되는 무인 전기 및 연료전지 운송 체계는 스마트 자동화 이동성 및 물류 인터넷을 토대로 총효율과 생산성을 가속화하고 화물 선적 노동의 한계비용을 거의 제로에 가깝게 줄일 것이다.

이동성 및 물류의 기술혁신은 이미 운송 회사라는 의미의 본질을 바꾸고 있다. 2016년, 나는 뒤셀도르프로 가서 다임러사(Daimler Trucks & Buses)의 사장인 볼프강 베른하르트(Wolfgang Bernhard)를 만났다. 전 세계 언론에 다임러의 새로운 이동성 및 물류 비즈니스 모델을 소개하는 그를 돕기 위해서였다.[6]

내가 먼저 몇 분을 할애해 이동성 및 물류 인터넷의 작동 원리를 설명한 후, 베른하르트는 그 자리에 모인 기자들에게 다임러가 그들의 새로운 디지털 솔루션 및 서비스 사업단에 5억 유로를 투자해 기업들이 물류 공급망을 보다 잘 관리하도록 최첨단 스마트 물류 서비스를 제공할 것이라고 발표했다. 발표 당시, 다임러는 이미 자사의 상용 차량 36만 5000대에 센서를 장착하여 기상 조건과 교통 패턴에 관한 빅 데이터를 모니터링하고 수집할 뿐 아니라 창고 공간의 실시간 가용성도 확인하도록 돕고 있었다. 베른하르트는 이렇게 말했다. "물류의 효율을 극대화하기 위해서는 실시간 데이터가 필수적이며 우리 트럭은 그러한 데이터를 제공합니다. …… 고객들은 이를 통해 성과를 높이고 비즈니스를 보다 안전하며 환경 친화적으로 운영할 수 있습니다."[7]

베른하르트는 이어서 실내조명을 낮추고 헬리콥터의 실시간 비디오 피드를 연결해 기자들의 탄성을 자아냈다. 헬리콥터가 독일의 고속도로 상공을 선회하며 도로 위를 줄지어 달리고 있는 다임러의 장거리 트럭 세 대를 모니터링해 보내오는 비디오였다. 비디오가 트럭의 운전석 쪽으로 줌인해 들어가자 베른하르트는 운전사와 대화를 나누기 시작했다. 그는 세 운전사 모두에게 핸들에서 손을 떼고 가속페달에서 발을 떼도록 주문했다. 그러자 트럭은 자동조종 모드로 들어가 기차와 같은 대형을 이루며 달렸고, 그렇게 확대된 차량들은 모바일 빅 데이터 센터의 역할을 수행하며 고속도로 경로 전반에 걸쳐 관련된 물류 데이터를 실시간으로 수집했다. 트럭 운전사들은 이어서 물류 분석가로 이중 역할을 수행하며 센서의 피드를 모니터링하고 웹을 통해 물류 파트너에게 빅 데이터를 공급했다. 1년 후, 다임러는 자사의 일류 엔지니어들을 베를린으로 소집했고, 우리는 거기서 그들과 함께 이동성 및 물류 비즈니스를 위한 엔지니어링 모델을 더욱 개선하는 시간을 가졌다.

포드 자동차 회사(Ford Motor Company) 역시 포드 스마트 모빌리티(Ford Smart Mobility)를 출범시키며 이동성 및 물류 비즈니스를 도입하고 있다. 포드는 시범 도시들과 파트너십을 맺고 도시계획 입안자 및 시민 단체와 함께 개인 차량 이외의 수단으로 사람과 상품을 이동시키는 새로운 방법을 개발하고 있다. 목표는 전 범위의 운송 파트너들과 협력하여 포드의 자율 주행 자동차와 대중교통, 자전거 및 스쿠터 공유 서비스, 보행자 통로를 서로 매끄럽게 연계시키는 이동성 서비스를 개발하고, 그것을 통해 혼잡과 탄소 배출을 줄이는 방식으로 승객과 화물을 손쉽게 이동시키며 최종 목적지까지 다양한 운송 수단이 원활하게 이용되도록 만드는 것이다.[8]

나는 2017년 1월 디트로이트에서 열린 북미 오토 쇼(Auto Show) 개막

일에 당시 포드의 CEO였던 마크 필즈(Mark Fields)와 같이 무대에 올라 포드의 그 새로운 비즈니스 모델을 소개했다. 포드는 이어서 우리 사무실이 바이스 미디어(Vice Media)와 공동 제작한 영화 「3차 산업혁명: 급진적이고 새로운 공유 경제(*The Third Industrial Revolution: A Radical New Sharing Economy*)」의 트라이베카 영화제(Tribeca Film Festival) 시사회를 후원했으며, 뒤이은 마이애미, 샌프란시스코, 로스앤젤레스 시사회도 후원했다.

자율 이동성 및 물류 인터넷의 구축은 우리가 승객 운송을 바라보는 방식 자체를 변화시킨다. 오늘날의 젊은이들은 현재 막 조성되기 시작한 이동성 및 물류 인터넷상에서 모바일 커뮤니케이션 기술과 GPS 안내를 이용해 차량 공유 서비스 참여자들과 교류하고 있다. 이제 적어도 도시 지역의 젊은이들은 '차량 소유권' 보다는 '이동성 접근권'을 선호하는 추세다. 스마트 자동화 이동성 시대를 살아갈 미래 세대는 차량의 소유에 결코 매달리지 않을 것이다. 그렇게 차량 공유가 일반화되면 어떠한 결과가 나오겠는가? 공유되는 차량 한 대당 다섯 배 내지 열다섯 배의 비율로 차량 생산이 줄어들 것이다.[9] 제너럴 모터스(General Motors, GM)의 전 연구 개발 및 기획 부문 부사장인 래리 번스(Larry Burns)는 미국 미시간주의 중소 도시인 앤아버에서 이동성의 패턴을 연구하고 차량 공유 서비스가 보다 적은 비용으로 동일하거나 더 나은 이동성을 제공함으로써 현재 도로를 달리는 차량의 80퍼센트를 제거할 수 있다는 결론에 도달했다.[10]

오늘날 전 세계의 혼잡한 도시 지역에서는 12억 대에 달하는 자동차와 버스, 트럭이 굴러다니고 있다.[11] 석유를 에너지원으로 삼는 내연 차량의 대량 생산으로 지난 100년 동안 지구의 천연자원은 대량으로 소모되었다. 번스의 연구가 시사하는 바와 같이, 다음 세대 전반에 걸쳐 차량 공유 서비스가 채택됨에 따라 어느 지역에서든 현재 도로를 달리는 차량의 80퍼센트가 제거될 가능성이 크다.[12] 도로에 남게 되는 2억 4000만 대는 전기 및 연료전지 차량이 될 것이며 한계비용이 제로에 가까운 재생에너지로 구동될 것이다. 그리고 그러한 공유 차량은 자동화 스마트 도로 시스템에서 무인으로 움직일 것이다.

차량 소유권에서 스마트 도로 시스템의 무인 차량을 이용하는 이동성 접근권으로의 장기적인 전환은 운송 산업의 비즈니스 모델을 변화시킬 것이다. 세계 전역의 대형 자동차 제조업체들은 향후 30년 동안 생산 차량의 수를 줄이는 한편, 글로벌 자동화 이동성 및 물류 인터넷의 통합 관리자로 탈바꿈해 이동성 서비스를 제공할 것이다.

20세기의 내연기관이 전기 차로 대체되기 시작하면서 2020년대 말이면 세계의 석유 수요가 정점을 찍을 것이라던 로열 더치 셸의 CEO 벤 반 보이르덴의 도발적인 예측으로 다시 돌아가 보자. 세계의 에너지 부문과 운송 부문에서 주요한 역할을 수행하고 있는 다른 플레이어들은 이를 어떻게 보고 있는가?

2018년 스톡홀름 환경 연구소(Stockholm Environment Institute)에서 유럽 운송 부문의 좌초 자산 리스크를 추정해 발표한 보고서는 미국과 전 세계에서 일어날 일을 상기시키며, 따라서 주목할 가치가 있다. 이 연구는 거두절미하고 본론으로 들어가 유럽 대륙에서 운송 혁명이 전개됨에 따라 자동차 부문에만도 2430억 유로(2770억 달러) 규모의 좌초 자산 리스크가 발생할 것으로 추산했다. 2017년 기준 유럽 자동차 산업의 전체 기업가치가 6040억 유로(6890억 달러)였다는 점에 주목할 필요가 있다.[13]

전기 자동차의 판매가 급격히 증가한 이유 중 하나는 2010년에 킬로와트시당 1000달러이던 리튬 배터리의 가격이 단 7년 만인 2017년 말에는 79퍼센트나 빠진 킬로와트시당 209달러로 급락했다는 것이다. 전기 차량 배터리의 평균 에너지 밀도 또한 매년 5~7퍼센트의 비율로 향상

되고 있다.[14]

각국 정부는 자동차에 대해 보다 엄격한 연비 표준을 정립하고 있는데, 이는 다시 자동차의 전기 동력화를 강요하는 동시에 전기 차량 구매의 인센티브를 확대하는 요인이 되고 있다. 중국은 이 당근과 채찍 접근 방식을 성공적으로 사용하여 2017년 기준 중국의 단지 6개 도시에서 전 세계 전기 자동차 판매량의 21퍼센트를 소비하는 성과를 이루어 냈다. 이 부분에서도 유럽은 중국과 정면으로 경합을 벌이고 있다. 다임러와 폭스바겐(Volkswagen), 볼보(Volvo)는 모두 향후 10년 동안 EU 회원국들의 유사한 당근과 채찍 접근 방식에 보조를 맞추며 자신들의 '함대'를 전기 차량으로 전환하겠다는 야심 찬 배치 계획을 발표했다.[15]

2018년 기준으로 전기 차량의 판매량은 전 세계 자동차 판매량의 2퍼센트에 불과하다. 하지만 블룸버그 뉴 에너지 파이낸스(BNEF)는 전 세계의 전기 자동차 판매량이 2017년의 110만 대에서 2030년이면 3000만 대로 급증할 것으로 예상하고 있다. 물론 이는 전기 차의 가격표가 내연 자동차의 제조 비용보다 낮아지는 데 기인한다. 중국은 이 경주의 선두를 달리며 2025년이면 전 세계 전기 자동차 판매량의 50퍼센트를, 2030년에는 (다른 나라들의 전기 차 전환에도 탄력이 붙음에 따라) 39퍼센트를 차지할 것으로 예상된다.[16]

BNEF에 따르면 전기 자동차가 "보조금 없이" 내연 자동차와 경쟁하는 "티핑 포인트"는 2024년이 될 것이다. 그 보고서는 2025년이면 전기 자동차가 중국 내 모든 승용차 판매량의 19퍼센트를 차지할 것이고, 그 수치가 EU에서는 14퍼센트, 미국에서는 11퍼센트가 될 것으로 예상한다. 2025년은 말 그대로 모든 것이 바뀌는 해이다. 내연차량(가솔린 또는 디젤)의 연간 판매량은 2020년대 중반부터 (2010년에서 2015년 사이에 유럽의 전력 부문이 밟은 것과 유사한 붕괴 경로를 따라) 감소하기 시작할 것이다. 이는 내연기관의 종반전 개시와 녹색 전기로 구동되는 전기 차량의 서광을 알리는 신호가 될 것이다.[17] BNEF는 2028년이면 전기 자동차 판매량이 전 세계 자동차 판매량의 20퍼센트를 차지할 것으로 예상한다.[18] 그 시점에 우리는 화석연료 문명의 붕괴가 시작되는 상황을 목도할 가능성이 크다. 현재 전 세계적으로 매일 9600만 배럴의 석유가 소비되고 있으며, 그 가운데 약 62.5퍼센트가 운송에 사용된다는 사실에 주목할 필요가 있다.[19] 숫자는 모든 것을 말해 준다.

친환경 전기 차량으로의 전환은 그 자체로 가솔린 구동 자동차의 출현 이래로 세계경제를 뒤흔들 가장 큰 변혁적인 사건이지만, 그에 수반되는 자동차 공유 서비스와 무인 자율 차량으로의 전환 역시 사회에서 이동성과 물류를 조직하는 방식을 바꾸는 데 그와 견줄 만한 영향을 미칠 것이다.

변화의 속도는 방심한 산업과 사회를 놀래고 있다. 최고의 교통 연구 조사 및 예측 기관인 리싱크엑스(RethinkX)의 2017년 연구에 따르면, 오늘날의 자동차 공유 서비스는 2020년대에 승객 공유 서비스와 전기 차량 조직으로 빠르게 전환될 것이다.[20] 그와 더불어 자동차 이용의 효율성도 상당히 증진될 것이다. 예를 들어, 개인 소유 차량이 총시간의 평균 5퍼센트 정도만 운행이 되고 좌석 다섯 개당 1.5석만 점유되는 유럽에 대해 생각해 보자. 이 연구는 자율 주행 전기 자동차의 공유 이동성이 차량 이용률을 열 배 증가시키고 자동차의 수명도 2030년까지 50만 마일(약 80만 킬로미터)로 늘릴 것이며 잠재적으로는 100만 마일(약 160만 킬로미터)로 연장할 것이라고 예상한다. 해당 연구의 결론에 따르면 이동성 서비스는 기존 대안보다 운송 비용을 훨씬 낮춰 줄 터인데, 구체적으로 "2021년이면 새 차를 구입하는 것보다 마일당 4~10배 저렴하고 기존 차량을 운영하는 것보다 2~4배 저렴한" 수준이 될 것이다.[21]

보다 놀라운 발견은 (한계비용 제로에 가까운 노동력으로 운영되고 한계비용 제로에 가까운 태양광 및 풍력 전기로 구동되는) 자율 주행 차량을 통한 공급자/사용자 방식의 운송이 이동성을 제공하는 비용을 급락시키는 동시에, 공급자로 하여금 차량 승객들에게 장거리 항공 비행기에서 제공하는 것과 유사한 방식으로 인터넷을 통해 다양한 유형의 오락과 상품을 제공함으로써 승객의 이동 시간을 상품화하도록 만들 수 있다는 사실이다. 리싱크엑스는 "광고와 데이터 수익, 오락물 및 상품 판매 등의 다른 수입원 덕분에 무료 운송의 길이 열리게 될 것"이라고 결론지었다.[22]

공유 차량 각각은 사적으로 소유된 차량보다 평균 열 배 이상 더 많이 사용되므로 도로를 달리는 차량도 그만큼 더 적어질 것이며 교통 정체 지역에서 소모되는 시간도 그만큼 줄어들 것이다. 미국에서만도 교통 혼잡으로 인해 2017년 한 해에만 3050억 달러에 달하는 경제적 손실이 발생했다.[23]

같은 연구에서는 또한 2030년이면 사람이 운전하는 개인 소유의 내연기관 차량이 도로를 달리는 모든 차량에서 40퍼센트만을 차지하고 운송되는 모든 승객 이동 거리의 5퍼센트만을 차지할 것임을 발견했다. 놀랄 것도 없이, 이러한 탁월한 효율성 증진은 2030년까지 미국 가구 전체의 연간 수입에 총 1조 달러 상당의 경제적 이득을 안겨 줄 것이다. 보고서를 작성한 연구원들에 따르면 "운전 시간의 회수로 인한 생산성 향상은 미국의 GDP에 추가로 1조 달러를 증가시켜 줄 것"이다.[24]

2030년까지 승용차와 트럭의 생산량이 70퍼센트 줄어들면서 운송 및 물류 부문 전체가 붕괴의 길을 걸을 것이고, 그에 따라 해당 업계에서 결코 본 적이 없는 규모의 좌초 자산이 발생할 것이다. 다른 한편으로, 이 연구는 또한 "평균적인 미국 가구가 운송 비용을 연간 5600달러 이상 절약할 수 있게 되며 이는 임금이 10퍼센트 인상된 것과 같은 효과를 낼

것"이라고 말한다. 미국의 가구에서 이용할 수 있는 돈이 1조 달러 정도 늘어난다는 의미다.[25]

리싱크엑스 보고서의 모든 전망이 예측된 시간 내에 구체화될지 여부는 의문의 여지를 남긴다. 확실한 것은 이동성의 개념과 배치에서 발생할 거대한 혼란이 운송과 에너지 부문, 그리고 사회 전반에 심오한 영향을 미치리라는 점이다.

이제 다시 "2020년대 초에 전기 자동차가 석유 수요 성장의 마지막 주요 보루를 침식하기 시작하고 2030년이면 전 세계 석유 수요가 정점에 도달할 것"이라던 BoA의 주장과 "2020년대 말이면 전 세계 석유 수요가 정점을 찍을 것"이라던 로열 더치 셸 CEO 벤 반 보이르덴의 유사한 주장으로 돌아가 보자.[26] 그들의 말은 맞는가? 다른 거대 석유 기업들은 이에 동의하는가? 아니면 좌초 자산이 현실화할 때까지 더 오랫동안 그들의 미래가 펼쳐질 것으로 낙관하고 있는가?

우리는 이미 그 답을 알고 있는 건지도 모른다. 에너지 업계에서 가장 높이 평가되는 시장 예측 기관 중 하나인 번스타인 리서치(Bernstein Research)는 2018년 7월 연구 보고서에서 세계경제가 배럴당 150달러 수준의 오일쇼크를 경험할 가능성이 크다고 경고했다. 이는 지난 2008년 7월 서브프라임 모기지 사태와 더불어 세계경제를 대침체(Great Recession)에 빠지게 만들었던, 사상 초유의 배럴당 147달러를 상회하는 수준이다. CNBC 보도에 따르면, 번스타인 리서치는 현재 석유 비축량에 대한 재투자가 20년래 가장 적으며 그러한 투자는 앞으로 10년 정도만 지속될 것이라고 밝혔다.[27] "앞으로 10년 정도"라는 표현이 익숙하게 들린다면, 그것이 바로 여타의 연구에서 전 세계 석유 수요가 정점을 찍고 하락하기 시작할 것으로 예상하는 시점이기 때문이다. 우연의 일치일까? 그럴 것 같지 않다.

번스타인 리서치는 거대 석유 기업들이 재생에너지와 전기 자동차 채택의 급격한 증가를 인식하고 있으며 가까운 미래에 전 세계 석유 수요가 정점에 도달할 것으로 예측하는 모든 연구 결과에 관심을 기울이고 있다고 밝힌다. 일부 기업은 이미 석유 비축량의 보충에 대한 10년 이후의 계획은 철회하고 있을 가능성이 높다. 석유를 탐사하고 채굴했는데 결코 사용되지 않는다면 막대한 손실을 피할 수 없기 때문이다. 결국 좌초 자산에 대한 두려움 때문이라는 얘기다. 번스타인 리서치의 보고서를 더 들여다보자. 투자자들 역시 벌써 사용되지도 않을 석유의 보충에 돈을 쓰는 대신 주주들에게 현금을 배당하라고 석유 기업들에 요구하는 쪽으로 움직이고 있다. 따라서 "조만간 공급 부족이 야기될 가능성이 크며 그에 따라 2008년 세계경제를 위기로 몰아넣은 배럴당 147달러보다 훨씬 높은 수준으로 유가가 치솟을 가능성 또한 크다."[28]

IoT 빌딩

ICT/커뮤니케이션 부문과 전력 부문, 이동성 및 물류 부문이 화석연료 산업과 분리하는 과정에 있는 가운데 막대한 양의 에너지를 소비하며 지구온난화 가스 배출의 주범 중 하나로 꼽히는 부동산 부문도 같은 길로 접어들고 있다.

현재 세계 도처의 도시와 지역, 그리고 국가에서 사용되는 에너지의 양을 줄이기 위해 기존 건축물의 개조를 의무화하거나 장려하는 한편, 모든 새로운 주거용, 상업용, 산업용 건축물이 태양광이나 풍력, 지열 등의 재생에너지를 이용하는 전력 및 제로 배출 시스템을 갖추도록 강제할 수 있는 법률을 제정하고 있다. 캘리포니아는 기존 건축물을 탈탄소화하기 위해 공격적인 어젠다를 수립했다. 2018년 9월 제리 브라운(Jerry Brown) 주지사는 2030년까지 캘리포니아의 기존 주거용 및 상업용 건축물의 온실가스 배출량을 1990년 수준의 40퍼센트 아래로 줄이기 위한 토대를 마련하는 법안에 서명했다.[29] 캘리포니아 공공 유틸리티 위원회는 또한 모든 '새로운' 주거용 건축물을 2020년까지, 그리고 상업용 건축물은 2030년까지 제로 순에너지 시스템으로 만드는 이니셔티브를 준비하고 있다.[30]

2015년 전 세계의 부동산 시장은 전 세계 GDP의 거의 2.7배에 해당하는 217조 달러로 평가되었다. 이는 전 세계경제의 투자자산에서 60퍼센트를 차지하는 시장가치다.[31] 건설 시장은 2030년까지 8조 달러 증가할 것으로 예상된다.[32]

앞서 언급했듯이, 커뮤니케이션과 에너지, 이동성의 패러다임 변화는 건조 환경의 본질을 변화시킨다. 1차 산업혁명은 허브와 허브를 연결하는 철도 운송으로 인구밀도가 높은 도시 건조 환경을 야기했고, 2차 산업혁명은 주간 고속도로 출구 주변으로 교외 환경을 널리 퍼뜨렸다. 3차 산업혁명에서는 기존 건축물과 새로운 건축물(주거용, 상업용, 산업용, 기관용)이 탄소 제로 에너지 효율성을 갖춘 스마트 노드와 IoT 매트릭스에 결합된 네트워크로 변모한다. IoT 인프라에 연결된 모든 빌딩 노드는 스마트 녹색 국가의 경제활동을 관리하고 구동하고 가동시키는 분산형 데이터 센터, 녹색 마이크로 발전소, 에너지 저장소, 운송 및 물류의 허브 역할을 수행한다.

건축물은 이제 더 이상 벽으로 둘러싸인 수동적 개인 공간이 아니라, 사용자들의 재량에 따라 재생에너지와 에너지 효율, 에너지 저장, 전기 이동성, 그리고 폭넓은 여타의 경제활동을 상호 공유하는 적극적인 참여체가 된다. 그러나 모든 디지털 인프라의 배치는 무엇보다도 모든 건축물의 탈탄소화에 달려 있다.

미국의 경우 기존 건축물의 상당수는 내부 단열 처리를 통해 에너지 손실을 최소화하고 효율을 최적화하며 기상이변에 견딜 수 있도록 구조를 보강하는 등의 완전한 개조 과정을 거쳐야 할 것이다. 건축물 온실가스 배출의 주범인 가스나 석유 난방은 주거용, 상업용, 산업용, 기관용 전반에 걸쳐 전기 난방으로 대체되어야 한다. 에너지 절약 및 효율을 위한 건축물 개조 투자에 대한 수익은 대개 몇 년 지나지 않아 발생하며, 이후로는 소유자나 임차인이 수십 년 동안 에너지 비용을 안정적으로 절약할 수 있다.

건축 환경의 변혁은 또한 수백만 개의 일자리 창출을 의미한다. 건축물 개축을 위한 제조 및 설치에 100만 달러를 지출할 때마다 직접 고용과 간접 고용, 유발 고용을 모두 합쳐 16.3개의 일자리가 발생한다.[33] 독일의 경험은 전국에 걸쳐 건축물 개조 프로젝트를 개시하는 미국에 일자리 창출 잠재력에 관한 지표를 제공한다. 독일 노동 및 환경 연합(German Alliance for Work and the Environment)은 34만 2000개의 아파트 건물을 개조하고 그 과정에서 2만 5000개의 새로운 일자리를 창출하는 동시에 11만 6000개의 기존 일자리를 보존하는 독일 건축사상 가장 야심 찬 프로젝트를 맡아 진행하고 있다(일자리 14만 개 이상이 창출 또는 보존된다는 의미다.).[34] 독일의 고용 수치는 미국과 다소 차이가 있겠지만, 미국의 주거용 건축물 개조 프로젝트에서 어느 정도의 고용 기회가 창출될 수 있는지 예측하는 데에는 이용될 수 있다.

에너지 효율을 높이기 위한 건축물 외벽의 단열 처리를 마친 후에야 비로소 건축물은 스마트 IoT 인프라를 결합하여 스마트 노드로 변모하고 지역 및 전 세계의 이웃을 집합적인 노력에 참여시킬 준비가 된다. IoT는 이미 초기부터 산업의 단순한 보조 수단 이상의 역할을 할 것으로 간주되었다. 단지 장비의 감시 기능을 강화하고 조립라인과 공급망 전체의 수행력을 개선하도록 돕는 수준에 머물지 않을 것으로 여겨졌다는 말이다.(감시 기능 강화와 공급망 수행력 개선의 예: 비행기에 내장된 센서가 부품 교체가 필요한 경우 표준 유지 보수 점검 이전에 회사에 알린다.)

IoT, 즉 사물 인터넷(Internet of Things)이라는 용어는 1999년 케빈 애쉬튼(Kevin Ashton)이 고안했는데, 당시 센서와 구동 소자의 가격이 비쌌기에 그것의 광범위한 응용에 대한 전망은 13년 동안 미지의 상태로 남아 있었다. 그런 후 2012년에서 2013년까지 18개월에 걸쳐 사물을 모니터링하고 추적하는 데 사용되는 무선주파수 식별 칩의 비용이 40퍼센트 급락함으로써 사회 전반에 센서를 내장할 수 있는 가능성이 열렸다.[35]

1년 후인 2014년, 우리 사무실은 『한계비용 제로 사회(*Zero Marginal Cost Society*)』라는 책을 출간해 IoT가 상업 및 사회생활을 향상시키는 스마트 신경계가 됨으로써 훨씬 더 중요한 역할을 수행할 것이라고 전망했다.[36] 우리는 IoT의 궁극적인 응용은 주거용, 상업용, 산업용, 기관용 건축물 전반에 그것을 장착하는 것이라고 주장했다. 그럼으로써 우리의 모든 서식지는 다양한 플랫폼에서 서로 연결될 수 있는 스마트 빌딩 노드로 변모하여 분산된 글로벌 두뇌와 신경계를 형성할 것이다. 인류라는 가족이 훨씬 더 다양하고 유동적인 사회경제적 네트워크를 향유하게 되는 것이다.

실리콘밸리의 기업가들과 글로벌 컨설팅 회사들은 "빌딩 노드(nodal building)"라는 개념을 도입했다. 그러나 이 이론을 신속히 실제로 적용한 쪽은 중국 기업이었다. 장루이민(張瑞敏)은 하이얼 그룹(Haier Group)의 회장 겸 CEO이다. 중국 밖의 일반인들은 이 기업을 잘 모를 수 있지만, 그들의 집과 사무실, 상업 공간, 기술 단지 등에는 하이얼의 스마트 기술이 적용되어 있을 가능성이 높다. 하이얼은 세계에서 손꼽히는 기기 제조업체이며 미국 시장의 제너럴 일렉트릭(General Electric, GE) 기기를 포함하여 세계 곳곳에 브랜드 기기를 납품하고 있다.

나는 2015년 9월, 하이얼의 글로벌 비즈니스 계획 10주년 기념행사에 초대받아 장루이민을 만났다.[37] 장루이민은 『한계비용 제로 사회』를 읽은 후 빌딩을 분산형 스마트 노드로 다시 그려 보게 됐다고 밝혔다. 곳곳의 건축물이 다양한 소셜 플랫폼에 통합되어 가정생활과 상업을 풍요롭게 하는 스마트 노드가 될 수 있다고 보기 시작한 것이다.[38] 하이얼은 이제 기기에 내장되는 스마트 IoT 기술의 리더이다. 그들의 기술이 세계 곳곳의 건축물에 사용되고 있는 것은 물론이다.

(내게 말한 바에 따르면) 장루이민이 추구하는 비즈니스 모델의 목표는 가정과 기업, 공동체에 전기 사용량과 탄소 발자국을 줄일 수 있는 IoT 기술을 제공하는 것이다.

미국의 경우 곳곳의 빌딩을 스마트 네트워크에 연결된 스마트 디지털 노드로 전환함에 따라 모든 건축물의 IoT 인프라가 (아직 초기 단계이기는 하지만) 향후 몇 년 안에 기하급수적으로 증가할 것으로 예상된다. IoT 기술에 100만 달러를 지출할 때마다 13개의 직간접적인 일자리가 생겨날 것이다.[39]

부동산 부문은 앞으로 수십 년 동안 세계에서 가장 규모가 큰 좌초 자산이 될 취약성을 보유한다. 발전용 에너지 생성의 자원 할당 문제와는 달리 주거용, 상업용, 산업용, 기관용 건축물은 매년 총자산 보유고의 2퍼센트 회전율에 고정되므로 변화 대응에서 가장 민첩성이 떨어지는 글로벌 자산이라 할 수 있다.[40] 건축물을 거의 제로 배출로 변환하는 것이 얼마나 어려운지에 대한 적절한 관점을 얻으려면, 영국에서는 기존 건축물의 87퍼센트가 2050년에도 여전히 서 있을 것이라는 사실을 명심할 필요가 있다.[41]

EU에서 우리는 기존 건축물의 전반적 개조에서 규모를 확대하는 것이 그린 뉴딜로의 이행에서 가장 어려운 측면 중 하나이며, 따라서 일과 삶의 일상적 패턴을 파괴하는 과정에 따르는 사회학적 및 심리학적 비타협성을 극복하기 위한 확고한 결의가 필요하다는 사실을 경험했다. 이러한 저항 심리는 저임금이나 중하위 소득자들이 거주하는 공공 지원 주택과 공영 주택에서는 비교적 수월하게 극복된다. 거주자들이 월간 공과금(일반적으로 임대료를 제외한 가장 큰 주거 비용)의 급감으로 더 많은 가처분소득을 얻는다는 사실을 깨닫게 되기 때문이다.

건축물 개조는 미국 및 세계경제를 탈탄소화하는 데 절대적으로 필요하므로 그린 뉴딜로의 전환에서 촉각을 곤두세우고 주의를 기울여야 할 문제이다. 이 과업에 적극적으로 임하지 않으면 전 세계의 건축물 부문에서 발생할 것으로 예상되는 좌초 자산이 실로 엄청난 규모에 이를 것이다. IRENA의 "정책 조치 지연" 시나리오에서는 전 세계 건축물의 좌초 자산이 10조 8000억 달러에 달할 것으로 예상하는데, 이는 조기 전환 가속화의 내용을 담은 "리맵" 시나리오에서 발생하는 손실의 두 배에 해당한다.[42]

미국 시장(市長) 회의는 2018년 보스턴에서 열린 연례 회의에서 "미국의 기존 및 신규 주거용, 다가구용, 상업용, 정부 기관용 건축물의 에너지 효율에 주의를 기울이도록" 국내 도시들에 촉구하는 개략적인 결의안을 채택했다.[43] 이에 선도적인 도시들은 기후변화 시계를 되돌리고 온실가스 배출의 영향을 섭씨 1.5도 이하로 유지하고자 하는 희망으로 관할 지역에서 기존 건축물의 개조를 가속화하기 위해 보다 엄격한 의무 요건과 인센티브, 처벌 조항을 법규화하기 시작했다.

EU는 "건축물 에너지 성능 지침(Energy Performance of Buildings Directive)"이라는 프로토콜을 제정했다.(미국의 시장 회의에서도 채택하길 원할 만한 내용이다.) 이 프로토콜은 건축물을 개조하고 재생에너지 설비를 설치하고 적절한 에너지 저장 장치를 갖춘 스마트 에너지 인프라를 구축하는 데 참여할 필요가 있는 모든 당사자를 모니터링하고 인센티브를 주거나 처벌하기 위한 메커니즘을 제공한다. 또한 28개 회원국의 모든 건축물이 에너지 성능 인증(EPC)을 취득하고 자체의 난방 및 냉방에 대한 모니터링을 책임질 것을 명령한다. 노섬브리아 대학교 건축학 및 건축 환경학과 교수인 케빈 멀둔스미스(Kevin Muldoon-Smith)와 폴 그린핼(Paul Greenhalgh)은 이 조치의 중요성을 다음과 같이 설명한다.

> 에너지 성능 인증은 부동산의 기후 관련 좌초 자산과 상당히 중요한 관계를 가진다. 부동산 거래의 의사 결정에 영향을 미치고 에너지 성능 향상을 위한 비용 최적화 권고 사항을 제공하기 때문에 건축물 개선의 주요 촉진자 역할을 한다. …… 또한 정부가 최소 에너지 성능 표준을 실행할 수 있는 기회를 제공하며, 부동산 소유자와 점유자, 이해관계자 등을 위한 중요한 정보 도구가 된다.[44]

영국 정부와 웨일스 정부는 에너지 성능 인증 기준을 이용하여 비주거용 민간 임대 부동산에 대한 최소 에너지 효율 표준(MEES)이라는 집행력 있는 보고서 카드를 만들었다. 부동산의 MEES 점수가 E보다 낮은 경우(즉 F 또는 G 평점을 받는 경우), 임대 자체가 불법이 된다. 주거용 부동산에도 이와 비슷한 규칙이 적용된다. 주거용 부동산의 약 10퍼센트(자산 가치 5700억 파운드), 상업용 부동산의 18퍼센트(자산가치 1570억 파운드)가 제한 기준에 못 미치는 것으로 나타났다. 두 정부는 건축물 내부의 물리적 개선을 장려하기 위해 시간이 지남에 따라 최소 제한 기준을 높일 계획이다.[45]

최소 에너지 효율 표준 보고서의 발행에는 많은 부가적이고 귀중한 이점이 따른다. 예를 들자면 시장에서 부동산의 가치를 떨어뜨리는 것은 물론이고 표준에 못 미치는 건물의 소유자를 공개함으로써 부끄럽게 만들 수 있다. 또한 도시나 주 또는 국가의 모든 건축물에 대해 지속적으로 업데이트해 발행하는 에너지 성능 인증서는 재산세를 평가하기 위해 부동산 가치를 결정하는 데 이용할 수 있는 데이터 세트를 제공하며, 이를 통해 보다 에너지 효율적인 부동산과 태양광 전력을 창출하는 부동산은 세금을 감면하고 에너지 효율이 낮은 부동산은 세금을 대폭 인상하는 조치를 취할 수 있다.

하지만 불행하게도, MEES에 수반되는 자금 조달 메커니즘이 정부에 의해 추진되는 과정에서 상업용 부동산은 적용 대상에서 제외되었고 부동산 업그레이드에 대한 인센티브는 없이 벌칙만 남게 되었다.[46] (흥미롭게도, 노후한 주거용 주택의 소유주들에게 효율성 제고를 장려하기 위한 그 메커니즘에 "그린 딜 금융 모델(Green Deal Finance Model)"이라는 이름이 붙었다.) 여기서 다시 한번 얻을 수 있는 교훈은 건축 환경을 화석연료 문화에서 녹색 재생에너지 문화로 전환하는 과업을 성공시키려면 반드시 똑같이 강력한 당근과 채찍을 함께 제공해야 한다는 것이다.

녹색 시대를 위한 미국 노동력의 준비

미국의 경우 통신 부문과 전력 부문, 이동성 및 물류 부문, 건축물 부문의 화석연료 문명 분리는 이제 막 출발선상에 들어서고 있는 상태다. 하지만 3차 산업혁명 경제로의 이행에 따른 노동력 구성의 변화는 이미 새로운 녹색 경제의 신경계를 구성하는 4개 산업에서 고용의 증가로 가

시화되고 있다. 통계 수치는 인상적이다. 미국 에너지부가 편찬한 2017년 미국 에너지 및 고용 보고서에 따르면, 현재 100만 명에 가까운 미국인이 에너지 효율과 태양광, 풍력, 전기 차 부문에서 일하고 있는데, 이는 화석연료 전기 산업이 고용하고 있는 인력의 거의 다섯 배에 달한다.[47] 건설업계에서 건물 개조에 종사하는 시간제 근로자까지 포함되면, "에너지 효율과 태양광 및 풍력 부문에서 시간제 또는 전업으로 일하는" 미국인의 수는 300만 명까지 올라간다.[48] 이러한 고용 수치는 정부에서 향후 20년 동안 제로 배출 3차 산업혁명 인프라로 전환하기 위해 그린 뉴딜에 관심을 돌리면서 기하급수적으로 증가할 것이다.

국가의 전체 인프라를 스마트 녹색 패러다임으로 전환하는 데 필요한 다양한 역량을 위해 전국적으로 인력을 준비하려면 2차 세계대전 초기 미국이 국가적으로 수행한 것과 같은 수준의 방대한 교육 및 재교육이 필요할 것이다. 당시 미국은 남성 인력이 갑자기 전쟁에 배치된 상황에서 국내의 제반 산업을 관리하기 위해 여성 인력의 교육 및 재교육에 나선 바 있다. 이 불가능해 보이던 과업은 산업 분야 전반에 걸쳐 18개월 이내에 완료되었다. 최근, 녹색 인프라의 구축 및 확장에 나서야 할 필요성을 인식한 지역사회 및 업계에서 예전과 유사하게 고등학교 및 대학 졸업자들을 동원해 수습직 형태로 훈련시켜야 하지 않느냐는 논의가 증가하고 있다.

브루킹스 연구소(Brookings Institution)의 연구에 따르면, 현재 인프라 부문에 50개 주에 걸쳐 1450만 명의 근로자가 일하고 있다. 그들은 대부분 백인 남성이다. 인구의 인종적 또는 성별 다양성이 반영되어 있지 않다는 뜻이다. 녹색 에너지 및 에너지 효율 분야의 근로자 가운데 20퍼센트 미만이 여성이며, 유색인종은 10퍼센트 미만을 구성한다.[49]

브루킹스는 "청정에너지 경제로의 전환은 주로 청정에너지 생산과 에너지 효율, 환경 관리의 세 가지 주요 산업 분야 전반에 걸쳐 320개의 고유한 직종을 생성할 것"이라고 지적한다. 이들 직업 대부분은 설계와 엔지니어링, 기계 지식과 관련해 일정 수준의 업무적, 전문적 훈련을 필요로 할 것이다. 흥미롭게도, 새로운 녹색 일자리의 시간당 임금은 전국 평균보다 8~19퍼센트 더 높다. 그와 마찬가지로 소득 사다리의 하단에 있는 근로자들도 구경제의 비슷한 일자리에서보다 시간당 5~10달러를 더 벌 수 있다.[50]

문제는 기존 인프라 인력의 대부분이 은퇴 시점에 가까워지고 있어 미국을 탄소 후 그린 시대로 전환하는 데 필요한 기술로 새로운 세대를 준비시키는 방법에 난제를 부과한다는 사실이다. 주와 시 그리고 카운티 정부는 이제 막 '인프라 아카데미'를 설립하기 시작했다. 물론 3차 산업혁명 경제로의 전환에 수반되는 새로운 인프라 일자리를 위해 기존 인력을 재교육하고 젊은 세대를 준비시키는 것이 목적이다. 예컨대 2018년 워싱턴 DC의 뮤리엘 바우저(Muriel Bowser) 시장은 워싱턴 가스(Washington Gas)와 DC 워터(DC Water), 그리고 전기 유틸리티인 펩코(Pepco)를 포함한 시 당국과 공공-민간 파트너의 공동 이니셔티브로 DC 인프라 아카데미(DC Infrastructure Academy)를 설립했다. 도시의 가장 열악한 지역에 거주하는 노동자들이 새로운 녹색 고용 기회를 잡을 수 있도록 훈련시키기 위해서다.[51]

그린 뉴딜은 주와 국가의 서비스 형태로 전국에 걸쳐 녹색 수습직 프로그램(녹색 봉사단: Green Corps, 자연보호 봉사단: Conservation Corps, 기후 봉사단: Climate Corps, 인프라 봉사단: Infrastructure Corps 등)을 실시하는 것에 관한 대화의 물꼬를 텄다. 이들 프로그램은 생계비를 지원하며 전문 교육을 실시한 후 수료자에게 자격증을 수여함으로써 젊은 세대의 미국인이 점차 확대되는 녹색 경제에서 경력을 키워 나가도록 돕는 게 목적이다. 이러한 이니셔티브에는 선례가 풍부하다. 평화 봉사단(Peace Corps)과 VISTA, 아메리코(AmeriCorps)는 이미 공공서비스를 장려하고 젊은이들에게 새로운 기술을 습득할 기회를 제공하며 경력의 경로와 일자리를 찾도록 돕는, 매우 유용한 프로그램인 것으로 입증되었다. 노조와 지방정부, 대학, 커뮤니티 칼리지, 직업학교 등은 21세기의 새로운 녹색 인력을 준비하는 과정에서 다양한 봉사 단체와 협력하는 중요한 역할을 수행할 것이다.

스마트 생태 농경

사회의 주요 인프라를 구성하는 네 개의 주요 부문이 경제활동과 사회생활 그리고 거버넌스를 관리하고 움직이고 나아가게 하는 절대적인 힘이지만, 결코 가벼이 여기거나 배제해서는 안 되는 부문이 한 가지 더 있다, 바로 농경 부문이다. 에너지의 주요 소비 부문이자 탄소 발자국의 거대 공헌 부문이기 때문이다.

식량을 재배하고 관개하고 수확하고 저장하고 가공하고 포장하고 운송하는 데에는 엄청난 양의 에너지가 사용된다. 석유화학 비료와 농약은 에너지 비용의 상당 부분을 차지한다. 농기계를 운용하는 데에도 적잖은 에너지가 소비된다. EU의 경우 농작물 재배와 가축 사육은 식량 가치 사슬에서 가장 많은 에너지를 사용하며 총에너지 비용의 3분의 1을 차지한다. 가공 산업은 총에너지 사용의 28퍼센트를 차지하고 포장 및 유통에는 총소비 에너지 가운데 22퍼센트가 들어가며 음식물 쓰레기의 최종 처리에는 총에너지 중 약 5퍼센트가 사용된다.[52] 미국 농장에 대한 통계 수치 역시 비슷하게 나올 것이다.

잠시 동물 사육에 대해 살펴보기로 하자. 소가 인간이 유발하는 농경 온실가스 배출에 상당 부분 책임이 있다는 얘기를 들으면 놀랄지도 모르겠다. 유엔 식량 농업 기구에서 발표한 내용에 따르면 그렇다.[53] 가축(주로 소)은 지구의 얼음이 없는 땅 가운데 26퍼센트에서 방목된다.[54] 현재 지구에는 약 14억 마리의 소가 있으며, 이산화탄소(CO_2)보다 25배나 더 지구온난화에 영향을 미치는 온실가스인 메탄의 주요 배출원이다.[55] 젖소의 대변에서는 또한 아산화질소가 방출된다. 아산화질소는 이산화탄소보다 296배나 더 큰 지구온난화 잠재력을 보유한다.[56]

그러나 그것은 이야기의 시작일 뿐이다. 미국 환경 연구소의 연구에 따르면, 미국에서 대량생산되는 작물의 절반 이상은 동물의 사료로 사용된다.[57] 일반적인 식물 기반 단백질 공급원의 생산과 비교할 때 "쇠고기 및 기타 반추동물 고기는…… 단백질 소비 단위당 두류(즉 콩과 식물)보다 20배 이상의 토지를 필요로 하고 20배 이상의 온실가스를 배출한다." 결국 소나 반추동물에 의한 집약적인 농사는 믿을 수 없을 정도로 비효율적인 셈이다.[58] 그리고 전 세계 많은 국가에서 산림 파괴의 주요 원인이 가축 방목을 위해 목초지를 마련하는 것인데, 이는 지구온난화 가스를 흡수하는 나무가 훨씬 적어진다는 것을 의미한다.

그럼에도 고무적인 것은 밀레니엄 세대와 Z 세대가 이제 쇠고기 문제를 인식하고 식단 체계를 채식 위주나 완전 채식으로 전환하기 시작했으며 패스트푸드 체인들도 채식 대안을 도입하기 시작했다는 사실이다. 2019년 4월 버거 킹(Burger King)은 연말까지 전국 7300곳의 체인점 모두에서 식물성 패티가 들어간 버거를 판매할 것이라고 발표했다.[59]

불행히도 전 세계의 농경 및 식량 부문은 화석연료와의 분리에서 다른 상업 부문에 비해 한심할 정도로 멀리 뒤처져 있다. 예를 들자면 유럽에서는 농경에 사용되는 총에너지의 7퍼센트만이 재생에너지원에서 조달되는데, 전체적인 에너지 조합에서 그 비율이 15퍼센트인 것과 크게 대비된다.[60] 유럽과 미국 그리고 세계의 식량 부문에서 화석연료 및 석유화학 기반 농경을 분리하는 것은 결코 만만치 않은 까다로운 과업이다.

하지만 식량 부문은 도전에 관심을 돌리기 시작했다. 석유화학 농경 관행과 특히 석유화학 비료 및 농약의 이용에서 탈피하여 생태 기반 유기 농경 관행을 채택하는 움직임이 유럽 전역에 걸쳐 확산되고 있는 가운데 미국도 느릿느릿 그 뒤를 따르고 있다. 현재 EU 28개 회원국 농지의 6.7퍼센트가 유기농으로 경작되고 있으며 미국의 경우 0.6퍼센트의 농지만 유기농 작물 생산에 이용되고 있다.[61]

그러나 유기농 식품의 소매 판매는 2017년 미국에서 452억 달러에 이를 정도로 증가하고 있다.[62] 소비자의 수요가 변혁을 요구하고 있는 셈이다. 점점 더 많은 미국인들이 유기농 및 지속 가능한 식품에 더 높은 가격을 기꺼이 지불하고 있다. 유기농 식품 시장이 성장함에 따라 더 많은 농부들이 생태 농경 관행으로 전환하여 유기농 식품의 소매가격을 낮추게 될 것이다.

농부들은 또한 전기 협동조합 조직에 참여하여 태양광이나 풍력, 바이오가스 에너지 기술을 설치하기 시작했다.[63] 녹색 전기 중 일부는 농장에서 사용되고 나머지는 에너지 인터넷으로 다시 판매되어 또 하나의 수입원을 창출할 것이다.

농민들은 또한 '탄소 농업(carbon farming: 초지에 탄소를 가둔 만큼 보상을 받는 농업 — 옮긴이)'을 통해 세 번째 수입원을 누릴 수 있다. 피복작물과 농작물 순환, 무경운 농경은 모두 토양에 탄소를 격리시키는 간단하면서도 오래전부터 입증된 방법이다. 예컨대 채소를 심은 줄 사이에 단순히 호밀, 콩, 귀리 등의 피복작물을 심기만 해도 토양에 탄소와 질소 등의 유기 영양소를 가둘 수 있다. 탄소 농업은 두 가지 이점을 제공한다. 대기에서 이산화탄소를 흡수하여 토양에 저장하는 것이 하나이며 그것으

로 식물의 성장을 돕고 수확량을 증가시키는 것이 다른 하나이다.[64]

미국 농무부가 미국 농업 부문에 대한 막대한 보조금(현재 8670억 달러 수준)에서 소액이라도 재조정해 농민들이 경작지 전반에 걸쳐 탄소 농업을 실시하도록 장려하는 인센티브를 제공한다면, 그것은 탄소의 포집과 저장에 실로 가시적인 영향을 미칠 것이다. 그 결과 기후변화에 대한 대처에도 도움이 되고 농민들은 수확량 증가로 이익을 얻는 일거양득의 효과를 누릴 수 있다.[65] 또한 농민들은 토지 일부를 재조림하고 배출되는 이산화탄소를 포집하고 격리하기 위한 추가적인 탄소 흡수원을 조성한 데 대해 연방 및 주의 세금 공제로 보상받을 수 있다.

농장에서 녹색 전기를 생산하기 위한 태양광 및 풍력 시설의 설치와 이산화탄소를 격리하기 위한 탄소 농업은 녹색 사회로의 이행에 분명 중요한 기여를 할 것이다. 하지만 연방 소유 토지에서도 이 두 가지 노력을 확대할 수 있는 훨씬 더 큰 기회가 존재한다. 국토의 3분의 1과 모든 역외 토지는 연방 정부의 손에 남아 있다.[66] 최근 그런 토지의 적잖은 비율이 매장된 석탄이나 석유, 가스를 추출하려는 화석연료 산업에 임대되었다. 놀랍게도, 연방의 공공 토지에서 화석연료를 추출하는 과정에서 발생한 온실가스 배출량은 2005년부터 2014년까지 미국의 모든 이산화탄소 배출량의 23.7퍼센트를 차지했다.[67] 현재 미국의 공공 토지에서 생성되는 재생에너지는 고작 약 5퍼센트에 불과하다.[68] 그린 뉴딜은 우선순위를 바꿔야 한다. 화석연료를 추출하기 위한 연방 공공 토지의 임대부터 폐지해야 한다. 아울러 21세기 미국에 전력을 공급할 녹색 에너지를 확보하기 위해 공공 토지를 태양광과 풍력 발전에 훨씬 더 큰 규모로 개방해야 한다. 더욱이 산림과 초원, 관목지 등 미국의 공공 토지는 현재 같은 공공지에서 화석연료 추출로 인해 배출되는 이산화탄소의 약 15퍼센트 정도만 격리하는 상황이다.[69] 해당되는 지역에서 화석연료 추출을 완전히 제거하고 재조림을 하면 공공 토지는 녹색 시대로 이행하는 동안 산업계의 이산화탄소 배출을 흡수하는 미국의 허파가 될 것이다.

기계식 농경에서 디지털 농경으로의 전환은 또한 식량의 재배와 수확, 보관, 운송 방식을 바꾸기 시작했다. IoT 인프라의 단계적 도입은 농부들과 식품 가공업자, 도매업자, 유통업자를 위한 총체적인 효율성 및 생산성의 증진을 약속한다. 농부들은 이미 기상 조건과 토양 수분의 변화, 꽃가루의 확산 등 수확량에 영향을 미치는 요인을 모니터링하기 위해 경작지 곳곳에 센서를 설치함으로써 부상 중인 IoT를 활용하고 있다. 또한 적절한 성장 조건을 조성하기 위해 자동 응답 메커니즘도 설치하고 있다.

파종에서 소매점의 최종 목적지에 이르는 농작물의 전 여정에서 매순간을 추적하기 위해 공급망 전반에 걸쳐 센서를 설치하고 IoT 인프라를 단계적으로 도입하면, 농부와 가공업자, 도매업자, 유통업자는 그들의 가치 사슬 전반에서 빅 데이터를 채굴할 수 있으며 그러는 가운데 총효율성은 높이고 한계비용과 생태 발자국은 줄일 수 있다. 농장의 관리 및 동력 공급과 식품의 가공 및 운송에서 그런 성과를 올리며 식량 산업을 화학 시대에서 새로운 스마트 디지털 상호 연결성에 의해 조정되는 생태 시대로 옮겨 놓을 수 있다.

회복력 시대

우리가 의사소통하고 움직이고 몸을 보호하고 먹고 지구의 에너지를 활용하는 방식은 경제생활과 사회생활의 조직에 매우 기본적이어서 우리는 종종 그것을 당연히 여긴다. 우리가 그것을 생각하고 이용하는 방식에 발생한 근본적인 혼란이 우리의 사회적 지향과 주변 세계를 인식하는 방식에 혁명적 변화를 강요할 때까지는 말이다. 디지털 방식으로 강화된 생태 사회에서 삶을 사는 방식은 이미 기계화된 화석연료 문명에서 살던 선조들의 방식과는 매우 다른 것으로 판명되었다. 그런 의미에서, 그린 뉴딜 인프라는 인프라 자체의 변화인 동시에 의식의 변화이기도 하다.

화석연료 시대의 초기에 프랑스 귀족인 마르키 드 콩도르세(Marquis de Condorcet)는 당시 절정에 이른 프랑스혁명에서 새로운 의식의 본질을 포착하여 희망으로 가득 찬 통로를 열었다. 그런데 지금 그것이 탈바꿈하여 지난 2세기 동안 우리가 어떤 과정을 거쳐 어디에 이르렀는지 집요하게 상기시키고 있다. 그는 이렇게 말했다.

> 인간의 능력 향상에 대한 한계는 없다. …… 인간의 완전성은 절대적으로 무한하다. …… 이 완전성의 진보, 향후 그것을 방해할 수 있는 어떤 힘이든 통제할 수 있는 그 완전성의 진보는 자연이 우리에게 선사한 이 행성의 지속 시간 이외에는 어떤 한계도 없다.[70]

콩도르세의 비전은 훗날 진보의 시대(Age of Progress)로 명명된 시기의 철학적 토대가 되었다. 화석연료 문명이 야기한 대학살의 위기에 둘러싸인 우리는 이제 더 잘 알고 있다. 진보의 시대와 "인간의 완전성"을 찬양하는 활기찬 송가는 이제 거의 들리지 않으며, 심지어 낮은 어조로 그것을 읊조리는 사람조차 거의 없다. 우리 앞에 놓인 것은 이제 회복력 시대(Age of Resilience)이다. 그린 뉴딜 인프라는 회복력 시대를 위해 고안된 것이다. 그것의 구성 요소와 응용 및 운영은 우리가 한때 길들이고 진정시켰지만 지금은 다시 날뛰기 시작한 자연에 적응하고 바라건대 오늘날 지구를 뒤덮는 악화일로의 기후변화 사태에서 살아남도록 도울 것이다.

그렇기 때문에 수백만 명의 젊은 미국인으로 구성된 전도유망한 녹색 봉사단과 기후 봉사단, 인프라 봉사단, 자연보호 봉사단은 미래의 새로운 사업 기회와 고용에 이르는 경력 사다리에 머물지 않는다. 연방이나 주, 지방 차원에서 제안되는 이들 프로그램은 갈수록 드문 이례적 사건에서 지속적인 현실로 탈바꿈할 기상이변과 재난 구호, 회복 임무에서 최초의 대응자 중 하나가 될 것이다. 이미 도래하고 있는 통제 불능의 미래에 우리가 성공적으로 적응하려면 모든 공동체는 지속적으로 경계하며 재난 모드에 참여해야 한다. 이 새로운 세계에서 국가 안보는 군사적 위협보다 기후 재앙에 더 좌우된다. 이미 미국 국방부와 미군, 주 방위군은 임무를 재조정하고 기후 문제를 해결하기 위한 배치를 중심으로 주요 작전 전략을 수립하기 시작했다. 새로운 현실은 이제 모든 공동체가 급격히 변화하는 기후에 취약하다는 것이다. 회복력 시대에 모든 공동체는 불리한 상황에 처할 잠재성을 보유한다. 아무도 지구의 진노에서 벗어날 수 없다. 그린 뉴딜 스마트 3차 산업혁명 인프라는 기후변화에 적응하는 첫 번째 방어선이다. 어떤 의미에서 그것은 미래로 가기 위한 우리의 구명 밧줄이다.

4

티핑 포인트:
2028년경, 화석연료 문명은 붕괴한다

지구온난화 가스 배출의 상당 부분에 책임이 있는 4개 주요 부문이 화석연료 문명에서 분리되고 그린 뉴딜의 신흥 재생에너지와 결합함에 따라 사회는 빠른 속도로 화석연료 문명의 종언을 향해 나아간다. 2018년 6월, 월간 저널 《네이처 클라이밋 체인지(*Nature Climate Change*)》는 케임브리지 대학교의 환경과 에너지 및 자연 자원 거버넌스 센터(Cambridge Centre for Environment, Energy and Natural Resource Governance)의 과학자들이 수행한 상세하고 광범위한 연구를 소개했다. 연구는 탄소 거품 문제가 더 이상 각국 정부의 배출 목표에 묶이지 않고 지속적인 기술혁명에 연계될 것이라고 강조하며 "설령 주요 화석연료 생산자(예컨대 미국)들이 기후변화 완화 정책을 채택하지 않더라도 여전히 기술혁명은 굳건히 진행될 것이다."라고 추정했다.[1] 보고서 저자들은 이렇게 적었다. "우리의 결론은 다음과 같다. 탄소 거품은 초기에 제거되지 않을 경우 전 세계적으로 적어도 1~4조 달러의 자산 손실을 야기할 것이다. 이는 2007년 금융 위기로 발생한 손실과 비슷한 수준이다. 그러나 초기에 탈탄소화가 진행되면 거품 붕괴가 잠재적으로 야기할 추가적인 경제적 손실은 피할 수 있을 것이다." 저자들의 얘기를 더 들어 보자.

> 새로운 기후 정책의 채택 여부에 관계없이, 화석연료에 대한 전 세계의 수요 증가는 이미 작금의 기술 전환 과정에서 둔화 양상을 보이고 있다. 문제는 저탄소 기술이 확산되는 현재의 속도하에서 화석연료 자산이 재생에너지 배치와 운송 연료 효율 및 운송 전기화의 궤적으로 인해 좌초될 수밖에 없는지 여부이다. 실제로, 현재 진행 중인 기술 전환은 과거에 이루어진 투자 및 정책 결정으로 인해 화석연료의 가치에 중대한 영향을 미치고 있다. 좌초 자산으로 인해 잠재적으로 막대한 손실이 야기될 것으로 예상되는 가운데 금융 부문이 저탄소 전환에 어떻게 반응하느냐에 따라 탄소 거품 붕괴로 2008년과 같은 위기가 유발될 것인지 여부가 결정될 것이다.

보고서의 저자들은 태양광 및 풍력 에너지 가격의 경쟁 우위가 취약해진 석유산업계로 하여금 (손실에도 불구하고) 세계시장에서 유가를 인하하도록 강제할 것으로 내다봤다. 지상과 해저에 남아 있는 석유의 최대량을 추출하고 좌초 자산을 최소화하기 위해서 그럴 것이라는 해석이었다. 보고서에서 인용하자면 "낮은 화석연료 가격은 생산 국가들이 화석연료 자산에 대한 수요 감소에도 불구하고 자산을 '매각'하려는 의도, 즉 생산 수준을 유지하거나 증가시키려는 의도를 반영할 수 있다." 만약 이런 일이 실제로 발생한다면, 그것은 지구온난화 가스 배출이 치명적으로 증가하여 세계의 기온이 섭씨 1.5도 증가라는 한계점을 훨씬 초과하는 결과가 초래될 가능성을 의미하게 될 것이다.

2020년의 20-20-20

각국 정부들이 지구온난화 가스 배출 감소를 위한 목표를 법령화하고 재생에너지 생산 비용이 급락함에 따라 전개된 일련의 사건을 보다 구체적으로 되짚어 보기로 하자.

2장에서 간단히 언급한 바와 같이, 2007년 EU 집행위원회와 유럽의회 양쪽에서 EU가 화석연료 문화에서 탈피하려면 상호 연관된 세 영역에 걸쳐 모든 회원국이 받아들이고 채택할 수 있는, 법적 구속력이 있는 목표가 필요하다는 합의가 이루어졌다. 그 세 영역은 바로 에너지 효율의 극적인 증진과 재생에너지로의 역사적 전환 그리고 지구온난화 가스 배출의 대폭 감축이다. 이러한 목표를 의무화하면 각각이 서로를 지원하는 가운데 EU가 2050년까지 탄소 후 경제로 완전히 전환한다는 궁극적 목표를 향한 첫걸음을 내딛도록 도울 것이다.

유레카의 순간은 2005년 11월 앙겔라 메르켈이 독일 총리로 선출되면서 찾아왔다. 그 선거에서 가장 주목할 만한 것은 기독교 민주 연합(CDU)과 사회민주당(SPD)의 대연합 정부가 탄생하며 프랑크발터 슈타인마이어(Frank-Walter Steinmeier)가 외무부 장관, 지그마르 가브리엘(Sigmar Gabriel)이 환경과 자연 보전 및 핵 안전부 장관으로 부상했다는 점이다.

독일은 이미 기후변화 문제의 해결에서 세계를 선도하던 명실상부한 리더로서 화석연료에서 녹색 에너지로 경제를 완전히 전환하기 위한 노력을 기울이고 있었다. 두 정당이 기후변화에 보다 적극적인 자세를 취한 데에는 1980년대에 등장하여 독일 정치의 주요한 세력으로 부상한 녹색당의 촉구도 한몫했다. 녹색당의 내러티브가 결국 기독교 민주 연합과 사회민주당이 주도하는 녹색 어젠다로 변모한 셈이다.

기독교 민주 연합과 사회민주당의 대연합과 녹색당의 측면 지원으로 독일이 유럽의 내러티브와 향방을 바꾸고 녹색 개혁의 세계 1위 자리를 굳건히 유지하도록 돕는 정치적 돌파구가 열릴 가능성이 커졌다.

순전히 뜻밖의 우연으로 독일은 2007년 1월 1일에서 6월 30일까지 6개월 임기의 EU 이사회 의장직을 맡게 되었다.(각 회원국은 윤번제로 의장국이 된다.) 독일은 EU에서 항상 중요한 역할을 수행해 왔는데, 2007년 유럽의 5대 주요 정파 중 세 개(기독교 민주 연합, 사회민주당, 녹색당)가 독일에서 이념적으로 한배를 탄 것이다. 그로 인해 우리에게는 유럽의 항로를 바꾸고 대륙을 탄소 후 녹색 패러다임으로 옮겨 놓을 수 있는 독특한 기회가 생겼다. 이제 우리에게 필요한 것은 유럽의회 전체적으로 5대 정파의 연합이 뜻을 모아 EU에서 회원국들에 탈탄소화에 대한 엄격한 법적 목표를 명령하는 서면 선언을 통과시키는 일이었다. 6개월간의 독일의 의장직 수행이 결정적인 요소가 될 터였다.

우리의 브뤼셀 사무소를 이끌고 있는 안젤로 콘솔리(Angelo Consoli)는 유럽의회의 독일 수석대표이자 사회민주당의 유력 인물인 요 라이넨(Jo Leinen)과 만나 5대 정파를 하나로 묶을 수 있는 행동 계획에 대한 전략을 수립했다. 이 5대 정파는 유럽 전체의 기독교 민주당들로 구성된 유럽 인민당 및 유럽 민주당 연합(EPP-ED), 유럽 사회당(PES), 녹색당 및 유럽 자유 동맹 연합(Greens/EFA), 유럽 자유 민주당(ALDE), 유럽연합 좌파 및 노르딕 녹색 좌파 연합(GUE-NGL)이다. 우리의 목표는 에너지 효율을 높이고 녹색 에너지를 생성하고 지구온난화 가스 배출량을 줄이는 내용의 EU 의회 선언문을 중심으로 집결해 관련 목표를 회원국들의 의무 요건으로 설정하는 것이었다.

유럽의회에서 공식적인 선언문이 통과되는 경우는 드물다. 규정에 따라 90일이라는 매우 짧은 기간 내에 통과시켜야 하므로 매우 어렵고 힘든 작업에 속한다. 우리의 의회 담당 팀은 EU의 5대 정파 전반에 걸쳐 지지자들을 모집하며 말 그대로 수백 명의 의회 의원들과 입법부 관계자들을 직접 접촉해 지원을 요청했다. 마감일 며칠 전에 통과된 선언문의 내용은 다음과 같다.

유럽의회는,

- 절차 규정의 116항을 고려하며,

A. 지구온난화와 화석연료 비용이 증가하고 있고, 에너지 정책과 기후변화의 미래에 대해 유럽의회와 EU 집행위원회에서 논의를 제기한 사실에 입각하여,

B. 화석연료와 핵에너지 이후의 비전이 EU의 다음번 주요 프로젝트가 되어야 하므로,

C. 에너지 독립을 위한 다섯 가지 주요 요소는 에너지 효율의 극대화와 지구온난화 가스 배출의 감소, 재생에너지의 상업적 도입 최적화, 재생에너지 저장을 위한 수소 연료전지 기술의 확립, 에너지 분배를 위한 스마트 전력 그리드의 생성이므로,

1. EU의 모든 회원국 및 기관에 다음 사항을 요구한다.

2020년까지 에너지 효율을 20퍼센트 증진하고,

2020년까지 온실가스 배출량을 30퍼센트 감축하고(1990년 수준에 비해),

2020년까지 재생에너지원으로부터 전력의 33퍼센트와 전체 에너지의 25퍼센트를 생산하고,

2025년까지 휴대용, 고정식, 운송용 수소 연료전지 저장 기술 및 기타 저장 기술을 도입하는 동시에 분산형 상향식 수소 인프라를 구축하고,

2025년까지 지역, 도시, 중소기업, 시민 등이 현재 인터넷에 적용되는 것과 동일한 오픈 액세스(open-access) 원칙에 따라 에너지를 생산하고 공유할

수 있도록 전력 그리드를 스마트하고 독립적인 것으로 만들 것이며,

2. 회장국은 서명자들의 이름과 함께 이 선언문을 EU 집행위원회와 회원국의 정부 및 의회에 전달한다.[2]

유럽의회의 선언문은 당시 제정되고 있던 EU 집행위원회의 유사한 명령을 보강하는 한편, 독일이 EU의 탈탄소화를 위한 20-20-20 공식을 확립하는 데 필요한 지원을 제공했다.

2007년 6월, EU 이사회의 독일 의장국 재임 마지막 며칠 동안 지그마르 가브리엘(Sigmar Gabriel)은 나에게 27개국의 환경부 장관이 참석하는 독일 의장국의 마무리 콘퍼런스에서 그와 함께 기조연설 연단에 서자고 제안했다. EU의 새로운 탄소 후 여정을 공식 선언하는 자리였다.

여기서 강조해야 할 부분은 EU에서 확정한 세 가지 의무 목표가 각 회원국들로 하여금 각각의 목표에 도달하기 위한 자체 계획을 수립하도록 이끌었다는 사실이다. 이들 목표 중 가장 중요한 것은 2020년까지 EU에서 사용되는 에너지의 20퍼센트를 재생에너지로, 특히 태양광과 풍력에서 조달해야 한다는 의무 조항이었다.[3] 이 의무를 이행하기 위해 다른 국가들은 발전 차액 지원 제도(feed-in tariffs, FIT)를 도입한 독일의 선례를 따르기 시작했다. 독일의 FIT는 얼리어답터들로 하여금 녹색 에너지를 생산해 시가보다 높은 프리미엄 가격으로 그리드에 다시 판매하도록 유도하는 방식이다.

FIT의 진정한 가치는 유럽이 재생에너지 목표에 도달하도록 돕는 선에서 그치지 않는다는 데에 있다. 이 인센티브는 소규모 녹색 에너지 생산자들이 (주로 전력 협동조합의 형태로) 시장에 밀려들도록 독려했을 뿐 아니라 기업들로 하여금 새로운 기술혁신을 위한 연구 개발에 몰두하도록 이끌었다. 그리고 기업들의 기술혁신 촉진은 10년 후 태양광 및 풍력 발

전의 고정비용을 극적으로 줄여 기존의 화석연료 에너지의 그것과 거의 동등하게, 몇몇 경우에는 그보다 낮게 만들었다. 결국 경쟁력 있는 재생에너지의 성장을 촉진하기 위해 합법적인 의무 목표를 FIT와 결합한 덕분에 오늘날 화석연료 문명을 붕괴의 가장자리로 내모는 대파괴(Great Disruption)가 이루어지고 있는 것이다.

대파괴: 녹색 선을 넘어서

그러나 우리는 유럽과 세계가 탄소 시대의 종반전에서도 막바지에 접어들었음을 과연 어떻게 확신하는가? 무엇보다도, 시행된 지 10년도 채 안 된 FIT가 벌써 유럽 전체와 세계의 여타 지역에서 단계적으로 폐지되고 있다. 태양광 및 풍력 기술과 그 배치에서 새로운 혁신의 쇄도로 재생에너지의 가격이 급락했기 때문이다.[4] EU의 발자취를 따라 중화인민공화국도 자국의 태양광 및 풍력 기술 산업에 보조금을 지급하여 성장을 도왔고, 결과적으로 재생에너지의 생산 가격은 태양광 및 풍력 에너지를 사회의 주요 동력원으로 삼을 수 있는 수준으로 낮아졌다.

태양광 및 풍력, 그리고 여타 재생에너지에 대한 보조금은 10년이라는 짧은 기간에 도입에서 폐지까지의 단계를 밟았지만, 화석연료 에너지는 1차 에너지원으로 이용된 지 200년이 지났는데도 (2015년 기준) 여전히 전 세계적으로 연간 세후 5조 3000억 달러에 달하는 깜짝 놀랄 정도의 보조금을 누리고 있다. 그것이 현재 글로벌 회계장부에서 좌초 자산 항목으로 빠르게 이동하고 있는데도 말이다.(세후 보조금은 대부분 "에너지 소비에 의한 환경 피해가 공급 비용만큼 실제적이고…… 그것을 완전히 내재화하지 못하는 상황에서 화석연료 사용으로 인한 피해 중 일부가 연료 소비자에게 부담되지 않는 까닭에

보조금의 형태로 보완할 수밖에 없는 상황"을 추정해 산출된다.)[5]

어떤 이들은 긴급하게, 또 어떤 이들은 불신을 품고 묻는 질문은 이제 막 부상한 태양광 및 풍력 에너지가 2017년 기준 전 세계 에너지 총량의 3퍼센트만을 부담하는 상황에서 어떻게 그것으로 인해 화석연료 문명이 종반전에 접어들었다고 할 수 있느냐는 것이다.[6]

경제학에는 금융계와 비즈니스 부문의 거물조차도 잘 모르거나 대부분 무시하는 경험칙이 하나 있다. 하지만 그 경험칙은 슘페터(Schumpeter)가 말한 "창조적 파괴"를 예측하는 데 놀라운 선견지명을 자랑한다.

투자자들은 대체로 기업이나 부문의 규모가 아니라 성장곡선을 보고 움직인다. 투자 대상이 성장세를 보이는 한 그들은 배를 갈아타지 않는다. 그런 성장이 동력을 잃으면 그것을 알아차리고 흥미를 잃는다. 새로운 도전자가 부상하면, 외관상 중요하지 않은 것처럼 보일지라도, 성장이 가속화하거나 기하급수적으로 증가하는 곡선을 보이기만 하면 투자자들은 충성을 도전자 쪽으로 옮기기 시작한다. 열쇠는 임계값이다. 즉, 도전자가 방어자의 기존 시장에서 3퍼센트만 빼앗아도 방어자의 매출은 종종 정점을 찍고 감소하기 시작하며 궁극적인 종언을 예고할 수 있다는 얘기다.[7] 앞서 언급한, 기후변화 위기를 추적하는 영국의 전문 연구 팀 카본 트래커 이니셔티브의 수석 에너지 전략가인 킹스밀 본드(Kingsmill Bond)는 이 창조적 파괴의 규칙이 모든 상업 분야에 적용되지만 특히 (역사적으로 볼 때) 에너지 패러다임의 변화에 대한 분석에서 강력한 힘을 발휘한다고 말한다. 예를 들자면 전기가 조명의 단지 3퍼센트를 차지했을 때에도 가스 조명의 수요가 정점을 찍고 감소하기 시작했다.[8]

다시 한 번 강조하건대, 여기서 고려해야 할 상관관계는 방어자 및 도전자와 관련된 시장의 규모가 아니라 각 플레이어의 매출 성장세이다. 도전자가 시장의 고작 1퍼센트만 차지하지만 20퍼센트의 성장률을 보이는 경우, 도전자는 향후 10년 사이에 모든 성장 증가분을 집어삼킬 가능성이 높다. 혹은 다른 각도에서 보면, 도전자가 30퍼센트의 탁월한 성장률을 보이고 시장의 성장률은 1퍼센트에 불과한 경우, 도전자의 시장 점유율이 3퍼센트에 불과한 시점에서도 방어자의 매출은 정점을 찍을 (그리고 하강할) 가능성이 높다.[9]

킹스밀 본드는 유럽과 전 세계가 오늘날의 에너지 전환에서 4단계를 거친다고 설명한다. 1단계는 태양광과 풍력이 전기의 약 2퍼센트를 공급하게 되는 수준이다. 초기의 혁신 단계에 해당한다. 2단계는 태양광과 풍력이 에너지 시장의 5~10퍼센트를 차지하는 지점이다. 화석연료 에너지의 정점 국면에 해당한다. 3단계에서는 태양광과 풍력이 시장의 10~50퍼센트를 책임진다. 급속한 변화의 단계이다. 종말을 알리는 시점은 태양광과 풍력이 시장의 50퍼센트를 넘어서는 4단계이다.[10] 이 가운데 정점 국면에서는 화석연료 에너지의 수요가 정점에 도달하고 해당 업계가 시장점유율을 잃기 시작하기 때문에 금융시장에 전환점이 생성된다.

에너지 시장의 대파괴가 미치는 영향 전체를 이해하는 방정식에는 한 가지 요소를 더 추가해야 한다. 2017년에는 전 세계 1차 에너지의 43퍼센트가 전력을 생산하는 데 사용되었다.[11] 앞으로 수십 년 동안 전력 부문은 운송 부문이 화석연료에서 분리되어 전력 그리드에서 동력을 수급하는 전기 차로 이동함에 따라 전 세계적으로 1차 에너지를 점점 더 많이 사용하게 될 것이다.

카본 트래커 이니셔티브에 따르면, 전 세계 전력의 14퍼센트가 태양광과 풍력으로 공급되는 시점에 과도기가 형성된다.[12] 유럽은 2017년 전력 생산의 15퍼센트가 태양광과 풍력으로 구성되면서 14퍼센트 티핑 포인트를 통과했다. 2017년 미국은 8퍼센트, 중국은 6퍼센트, 라틴아메리카는 5퍼센트, 인도는 5퍼센트, 아프리카는 2퍼센트, 중동은 1퍼센트 미만 수준이다. 2017년 태양광과 풍력은 전 세계 전력의 6퍼센트를 공급했다.[13]

그렇다면 이 과도기와 티핑 포인트는 과연 언제 전 세계적인 규모로 발생해 수조 달러의 화석연료 자산을 좌초시키고 탄소 거품을 터뜨릴 것인가? 세계의 미래 에너지 공급을 예상하는 데에서 중요한 두 가지 변수는 글로벌 에너지 수요의 성장률과 태양광 및 풍력 발전 공급의 성장률이다.[14] 킹스밀 본드는 이렇게 본다.

> 이 두 가지 요소를 놓고 추정하면 화석연료 수요가 정점을 찍는 시점을 도출할 수 있다. …… 총에너지 수요 성장률은 1.3퍼센트(5년 평균에 약간 못 미치는 수준), 태양광 및 풍력 발전 공급 성장률은 17퍼센트라고 추정하면(현재의 22퍼센트 성장률에서 시간이 지남에 따라 다소 하락하며 공급 성장이 S 곡선을 그린다고 가정하면), 화석연료 수요가 정점을 찍는 시점은 2023년이 된다.[15]

본드는 "에너지 수요 성장률이 1.3퍼센트, 태양광 및 풍력 발전 성장률이 17퍼센트"라는 카본 트래커 이니셔티브의 전망에 의문의 여지가 있다는 점을 인정한다. 그래서 그는 글로벌 에너지 수요 성장률을 1에서 1.5퍼센트 범위로 잡고 태양광 및 풍력 발전 성장률은 15에서 20퍼센트 사이로 잡는 다양한 시나리오를 제공한다. 그 모든 시나리오는 "화석연료 수요가 정점을 찍는 시점을 2020년에서 2027년 사이로 추정한다."[16]

미국의 경우, 태양광과 풍력이 결합된 성장률은 적어도 카본 트래커가 추정한 궤도에 올라 있다. 태양광과 풍력은 2013년 미국에서 생성된 전력의 4퍼센트를 구성했으며, 이후 이 수치는 매년 약 1퍼센트포인트씩 증가했다. 그리하여 2017년에는 태양광과 풍력이 전력의 8퍼센트를 차지했으며, 2019년 말이면 10퍼센트에 이를 것으로 예상된다.[17] 이 증가율이 계속된다고 가정하는 경우 미국은 2023년 말경 태양광 및 풍력 발전 공급이 14퍼센트에 이를 가능성이 높으며, 그렇게 티핑 포인트에 근접하거나 티핑 포인트에 도달할 것이다.

대파괴를 감지할 수 있는 상황이다. 이미 여러 지역에서 태양광 및 풍력 발전 비용은 석탄 및 가스 화력발전소의 운영 비용보다 낮아졌다.[18] 매일 점점 더 많은 태양광 및 풍력 전기가 그리드에 공급됨에 따라 석탄 및 가스 화력발전소를 운영하는 일은 경쟁력을 잃어 가면서 전력 유틸리티로 하여금 설비를 폐쇄하도록 내몰고 있다. 그들의 자본 투자가 성과를 올릴 일은 결코 없으리라는 의미다.

일찍이 천연가스 업계는 차세대 가스 화력발전소를 설치해야 한다고 주장하면서 일견 설득력 있어 보이는 두 가지 이론적 근거를 제시했다. 첫째, 천연가스는 화석연료 중 가장 덜 유해하고 석탄이나 석유보다 이산화탄소를 적게 방출한다. 따라서 저탄소 사회로 옮겨가는 길에서 적절한 '다리' 역할을 수행할 것이다. 둘째, 태양이 비치지 않고 바람이 불지 않을 때에 대비해 천연가스 발전소가 갖춰져 있어야 한다. 특히 전력 수요가 최대치에 이르는 시간대에 예비 전력을 공급할 수 있는 저장고로서 그 가치가 충분하다. 이 논리가 옳다고 판단한 전력 유틸리티들은 표면상 가변적인 재생에너지를 보완한다는 미명하에 새로운 가스 화력발전소를 건립하기 시작했다.

전력 유틸리티들은 그런 어리석은 선택을 하지 말았어야 했다. 2011년 유럽에서는 "새로" 생산되는 모든 전기 가운데 68퍼센트가 태양광과 풍력 발전에서 나오고 있었다.[19] 실제로 2011년까지 EU의 전력 그리드에 이미 충분한 태양광과 풍력 발전이 유입되었고, 그 결과 서둘러 설치한 가스 화력발전소들이 거의 사용되지 않거나 전혀 사용되지 않았다. 다시

한 번 자본 투자가 결코 성과를 얻지 못하는 결과가 초래된 것이다. 녹색 경로에는 불이 들어왔다. 이제 화석연료 기반 전력 시스템에서 태양광 및 풍력 기반 전력 네트워크로 나가는 출구의 램프는 후자가 14~15퍼센트라는 진입 장벽을 넘어설 때 점등된다는 사실을 누구나 인정한다. 앞서 언급한 바와 같이 EU에서는 2017년에 그 램프에 불이 들어왔다.

태양광 및 풍력 에너지가 가변적이라 전력 공백을 메우기 위해 향후 수십 년 동안 기존의 화석연료 전력으로 보완해야 한다는 개념은 가스 업계가 퍼뜨린 일종의 현대판 도시 신화라 할 수 있다. 전혀 사실이 아니다. 빠르게 비용이 감소하고 있는 배터리 저장 장치 및 수소 연료전지 저장 장치 덕분에 태양광 및 풍력 발전의 변동성을 보완하는 예비 전력은 수월하게 확보될 수 있다. 또한 전력 수요의 연중 시기별 변동과 각 에너지의 계절별 변동성을 고려하여 태양광과 풍력을 적절히 혼합하면 얼마든지 신뢰할 수 있는 전력 흐름을 유지할 수 있다. 수요 측면의 관리를 개선하고 그리드 코드를 업그레이드하고 서보 기계식에서 디지털 그리드로의 전환을 촉진하고 기본 부하 및 최대 부하 시간 사이의 전력 통합을 보다 스마트하고 효율적으로 만드는 것 역시 전력 수요의 안정성을 유지하기 위해 취해야 하고 또 얼마든지 취할 수 있는 조치들이다.[20]

"좌초 자산"과 "탄소 거품"이라는 용어가 회자되고 있음에도, 이러한 새로운 현실이 세계경제와 문명에 부과하는 심각한 암시는 종종 소수 전문가들만의 관심 범위를 벗어나지 못한다. 하지만 이 나쁜 소식의 정도를 아는 것은 중요하다. 그래야 인류가 화석연료 문명의 붕괴에 수반되는 전례 없는 경제적 불안정과 사회적 혼란에 대비할 수 있다.

또한 우리는 이 경우 나쁜 소식이 곧 좋은 소식임을 명심해야 한다. 화석연료 시대의 붕괴가 빨리 다가올수록 인류가 스마트 글로벌 녹색 인프라를 신속하게 확장하여 탄소 후 생태 문명으로 옮겨 갈 전망이 밝아지기 때문이다. 물론 바라건대 이 일은 늦지 않게 이뤄져야 우리도 살고 지구상의 여타 생명체도 산다.

경고를 무시하면?

그렇다면 오래된 에너지 질서의 붕괴와 새로운 에너지 체제의 탄생은 어떤 모양새를 띨 것인가? 우리에게는 이와 관련된 선례가 있기 때문에 사회에서 전개될 상황에 대한 힌트를 얻을 수 있다. EU는 현재 그러한 변혁의 소용돌이에 휘말려 있으며, 따라서 광산의 카나리아인 셈이다.

유럽의 관계 당국은 도래하는 대파괴를 제때 인식하지 못했다. 그것이 전체에 영향을 미친 첫 번째 실패였다. 21세기의 첫 10년 동안, 어둠의 세력이 부상하고 있음을 알지 못하거나 개의치 않는 것으로 보이던 세계의 국가들과 기관, 비즈니스 공동체의 코앞에 닥친 위기는 이중적인 성격을 띠었다. 1980년대 중반부터 2003년 가을까지 원유는 배럴당 약 25달러의 안정적인 가격으로 판매되었으며, 따라서 비즈니스 공동체와 근로자 및 가구에 별다른 우려를 끼치지 않았다. 하지만 유가는 2003년 가을 이후 꾸준히 상승하기 시작했으며 2008년 7월에는 배럴당 147달러라는 기록적인 고지에 오르기도 했다.[21] 세계의 규제 기관과 각국 정부, 비즈니스 공동체는 2007년에 유가가 90달러를 넘기 전에는 그것에 주목하지도 않았다. 그들은 밀과 옥수수, 대두, 쌀과 같은 주곡 가격이 유가 상승에 부분적으로 기인해 폭등하고 세계의 최빈국들에서 식량 폭동이 발발하자 비로소 경각심을 갖기 시작했다. 당시 쌀의 평균 가격은 217퍼센트, 밀은 136퍼센트, 옥수수는 125퍼센트, 콩은 107퍼센트 급등했다.[22] 전 세계 수백만의 가난한 사람들이 충분한 음식을 섭취하지 못하는 가운데 패닉이 확산되었다.

당시 모두가 깨닫기 시작한 것은 유가가 배럴당 90달러를 넘어서기 시작했을 때 경제를 구성하는 다른 모든 것의 가격도 상승하기 시작했다는 사실이었다. 선진국에서는 고유가가 운송 부문에 영향을 미치는 측면을 중시하지만, 일반 대중은 화석연료 가격이 사회에서 생산하고 소비하는 거의 모든 것의 가격에 영향을 미친다는 사실을 그렇게 잘 인식하지는 못한다. 우리가 쓰는 살충제와 비료, 건축자재, 의약품, 포장재, 식품 방부제 및 첨가제, 합성섬유, 전력, 열, 빛 등이 지하 및 해저에서 추출한 탄소 침전물로 만들어지거나 가동된다. 2007년 봄 구매력 또한 유가의 상승과 더불어 둔화되기 시작했다. 세계경제가 동력을 상실하기 시작했다. 유가 거품의 영향력은 결코 하찮지 않았으며, 전 세계에서(특히 개발도상국에서) 소비자들의 구매력을 약화시키고 사업체들을 수렁에 빠뜨렸다. 말할 필요도 없이, 주요 석유 회사들은 기록적인 수익을 거두는 가운데, 수백만 기업들이 공급망 전반에 걸쳐 급등한 원재료 가격으로 인해 도산했다.[23]

나는 그 상황을 직접적으로 경험한 사람 중 한 명이다. 나의 아버지는 폴리에틸렌 필름으로 비닐봉지를 만드는 소규모 제조 회사를 소유하고 있었다. 약 15명의 직원을 둔 그 회사는 50년 이상 꾸준히 영업을 해 왔다. 2007년과 2008년에 유가가 급등하자 폴리에틸렌 필름의 가격도 지붕을 통과했으며, 침체 영역으로 치달리는 경제를 따라 패키징의 수요도 줄어들었다. 우리의 가족 사업은 대침체 기간 동안 도산하며 반세기의 운영에 종지부를 찍었다.

2008년 여름 서브프라임 모기지 거품이 터지면서 둔화된 경기는 또 한 번의 타격을 입었다. 이번에는 KO 펀치였다. 금융계와 비즈니스 공동체는 자신들도 그런 일이 발생할 것은 예상치 못했다고 주장했다. 하지만 나는 그것을 솔직하지 못한 자세로 본다. 스멜 테스트(smell test: 합법성이나 진위성을 판단하기 위한 테스트 — 옮긴이)도 통과하지 못할 것이다. 필경 그들은 경제학자 존 메이나드 케인스(John Maynard Keynes)가 불 마켓(bull market)의 "동물 정신(animal spirit)"이라고 칭한 것, 즉 가파른 상승세가 필연적이고 되돌릴 수 없는 것처럼 보이는 현상에 사로잡힌 나머지 경고 신호를 무시했을 것이다. 투자은행가들은 떼돈을 벌었다.

세계경제의 기능 정지와 그에 따른 대침체는 모든 부문에서 전력 수요를 둔화시켰고, 결과적으로 전력 및 전기 부문에서 사전에 투자한 발전소들은 활용도가 낮아지거나 부분적으로 좌초되었다.

전체에 영향을 미친 또 하나의 실패는 2007년 EU의 결정, 즉 세계 최대의 경제체를 화석연료에서 분리해 재생에너지로 옮기고 에너지 효율을 높이며 지구온난화 가스 배출을 줄이겠다는 결정이 암시하는 전체 내용을 제대로 이해하지 못한 것이다. 재생에너지 발전에 대한 EU의 법적 구속력 있는 의무적 목표와 FIT 형태의 후한 보조금 덕분에 수백만에 달하는 새로운 플레이어가 에너지 게임에 참여하여 지붕 위의 태양 전지판과 육상의 풍력 터빈에서 포획한 녹색 전기를 그리드로 다시 판매하게 되었다.

내가 아는 한, 우리 사무실은 "한계비용 제로 재생에너지"라는 용어를 사용한 최초의 조직이었다. 하지만 그 개념은 전력 생산자들에게 제대로 인식되지 않은 것으로 보였다. 그들은 이후 수년 동안 태양광 및 풍력 발전의 한계비용은 결코 제로에 가까워지지 않을 것임을 내게 설명하려고 애썼다. 석탄이나 석유, 천연가스와 달리 태양광과 풍력은 일단 해당 기술의 설치에 들어간 고정비용이 회수되고 나면 거의 공짜로 포획할 수 있다는 사실이 그토록 명백한데도 말이다.

태양광 및 풍력 재생에너지의 한계비용 제로 개념은 곧 전력 및 전기 유틸리티에서 기피하고 싫어하는 논리가 되었다. 태양광 발전에서 한계 비용은 거의 제로에 가까워지고 전력 생산은 오후에 최고조에 달한다. 그런 오후 시간에 전력 수요 역시 최고조에 이르고 전력 유틸리티는 최대의 이윤 폭을 누린다. 독일의 경우 태양광 발전은 전기의 피크 가격을 40~60퍼센트 감소시켰다. 전체적으로 전기의 일일 평균 가격은 2007년에서 2016년 사이에 30~40퍼센트 떨어져 전기 유틸리티의 수익을 약화시켰다.[24]

태양광 및 풍력 발전의 고정비용이 지수곡선을 그리며 급락하고 새로운 녹색 에너지를 생성하는 한계비용이 제로에 가까워지고 FIT가 녹색 전기에 시장가격보다 높은 프리미엄 가격을 제공함에 따라 퍼펙트 스톰(perfect storm: 복수의 요인이 동시다발적으로 발생해 최대의 영향력을 갖게 되는 현상—옮긴이)이 창출되는 조건이 무르익었다. 가스 및 석탄 화력발전소의 수익성은 급락했고, 그 활용도도 떨어졌다. 좌초 자산이 된 것이다.

EU 회원국들의 화석연료 기반 전력 및 전기 유틸리티가 재생에너지가 전체 시장의 고작 14퍼센트를 차지했을 때 붕괴되기 시작했고 많은 좌초 자산을 남겼다는 사실을 기억해야 한다. 2010년부터 2015년까지 단 5년 동안 유럽 전력 부문의 손실은 총 1300억 유로(1480억 달러) 이상에 달했다. 유럽 전력 및 전기 유틸리티 시장의 혼란은 앞으로 더욱 가열될 것이다. 유럽의 12대 전력 유틸리티의 자산과 발전소 장비, 영업권의 '장부상 가치'와 '기업 가치' 사이의 불일치는 이미 우려의 대상이 되고 있다. 시장가치는 장부상 가치의 65퍼센트에 불과한데, 아직 심각한 손실은 발생하지도 않았는데 그렇다. 한 연구에 따르면, 유럽의 12대 유틸리티의 장부상 총가치는 4960억 유로(5600억 달러)에 달하는데, 이들 자산에서 3000~5000억 유로가 경제적으로 좌초될 위험에 노출되어 있다고 봐도 무방하다.[25]

분명히 세계의 여타 지역 다수에서는 EU에서 벌어진 일에 주의를 기울이지 않았다. 주요 가스 생산국들은 세계시장에서 점유율을 높이려는 광적인 경쟁 속에서 천연가스 생산을 늘리고 대륙 전체에 파이프라인을 설치하고 대양을 가로지르는 공급선을 구축하고 있다. 미국 에너지 정보청(Energy Information Administration)은 미국의 천연가스 생산량이 "2018년부터 2020년까지 매년 7퍼센트씩 증가할" 것으로 전망한다.[26] 대체로 이러한 성장은 가스가 석탄보다 저렴하기 때문에 비용을 낮추고 이산화탄소 배출량을 줄이기 위해 석탄에서 가스로 전환하는 전력 부문 내의 수요 증가에 기인한다. 이것이 부인할 수 없는 사실이지만, 보다 중요한 발전은 태양광과 풍력이 이제 천연가스와 경쟁하고 있으며, 일부 경우에는 더 저렴해져서 다시 한 번 방정식을 바꾸고 있다는 사실이다. 물론 이번에는 청정 재생에너지에 호의적인 쪽으로 바뀌는 것이다.[27]

블룸버그 뉴 에너지 파이낸스(Bloomberg New Energy Finance, BNEF)의 2018년 연구 조사에 따르면, "태양광 및 풍력 기술뿐 아니라 (다양한 에너지를 저장하는) 배터리도 비용이 대폭 감소한 결과로 석탄과 가스가 세계의 발전 조합에서 차지하는 포지션은 갈수록 증대되는 위협에 직면해 있다." BNEF의 에너지 경제부 책임자인 엘레나 지아나코풀루(Elena Giannakopoulou)는 이렇게 말한다. "매몰 비용이 투여된 일부 석탄 및 가스 발전소는 간간이 사용되겠지만, 화석연료 발전소가 누리던 유연성과 매출을 배터리가 침식하기 시작함에 따라 새로운 석탄 및 가스 역량을 구축하는 경제적 논거는 와해될 수밖에 없다."[28]

전력 및 전기 산업에서는, (가격 경쟁력은 별도로 치고) 가변적인 재생에너지는 그리드의 지속 가능성을 유지하기 위해 저장된 에너지로 지원해 주는 천연가스 화력발전소가 없으면 성공할 가망이 없다고 계속 주장한다. 사과를 해도 모자랄 판에 가스 산업은 천연가스의 미래를 매우 낙관하고 있다. 미국 가스 협회의 공무 책임자인 리처드 메이어(Richard Meyer)는 다음과 같이 말했다. "천연가스의 사용이 계속해서 저탄소 미래를 지원할 것이며 천연가스가 [전력] 부문에서 성장할 수 있다고 믿는 것이 안전한 베팅이라고 본다."[29]

만약 그게 사실이라면, 그리고 천연가스 파이프라인과 발전소 및 관련 시설에 대한 지출이 적어도 현재로서는 "가스 러시"가 여전히 추진력을 보유하고 있음을 시사한다면, 그것은 유엔 기후변화에 관한 정부간 협의체(UNIPCC)에서 지구온난화 가스 배출을 섭씨 1.5도 천장 아래로 유지하기 위해 마련한 기준선을 극적으로 넘어서게 된다는 것을 의미한다.

그러나 그런 일은 일어나지 않을 것 같다. 전 세계의 정부들이 이산화탄소 배출량에 대한 구속력 있는 목표를 설정했기 때문이 아니다. 사실 대부분은 그렇게 하지도 않았다. 그보다는 오히려 시장이 이미 태양광 및 풍력 기술과 배터리 저장 기술의 급격한 비용 하락을 보며 해당 프로세스의 결과를 결정했기 때문이다. 우리는 그 점과 관련해 모두 EU에 감사해야 마땅하다. EU 회원국들은 10년 전에 법적인 구속력을 갖는 목표를 세우고 조기 도입을 장려하기 위해 단기적인 FIT를 병행함으로써 기업들이 자유롭게 태양광과 풍력의 운영 성능 및 효율성을 개선할 수 있는 환경을 조성했고, 결과적으로 관련 비용을 극적으로 낮추는 성과를 올렸다. 중국은 그 뒤를 따라 자국의 기업들이 효율성 혁신을 이루도록 도왔고, 그럼으로써 태양광 및 풍력 발전의 비용을 추가로 낮추는 데 성공했다.

앞서 언급한 바와 같이, 중국은 곧 유럽을 따라잡아 저렴하고 효율적인 태양광 및 풍력 기술의 선두적인 생산국이자 수출국이 되었다. 2016년에 시작된 제13차 5개년 계획에서 중국은 다시 안으로 눈을 돌려 저렴한 태양광 및 풍력 기술을 국내시장에서 대량으로 생산, 판매, 설치하기 시작했다.[30] 중국은 국내 전력 그리드의 디지털 업그레이드와 때를 맞춰 국내에서 태양광 및 풍력 에너지를 설치하고 수확하는 데 새로이 초점을 맞춘 것이다. 덕분에 중국의 기업들과 지역사회들은 자체적으로 한계비용이 제로에 가까운 재생에너지를 생산하고 그리드 밖에서 사용하거나 그리드에 되팔게 되었다.

여기서 질문을 하나 던져 보자. 에너지 회사와 전력 및 전기 유틸리티 회사 그리고 전 세계의 여러 국가들이 EU와 중국에서 벌어지고 있는 대파괴를 과연 인식하지 못할 수 있을까? 그럴 리 없다는 게 내 생각이다! 나는 유럽과 아시아, 아메리카의 에너지 회사와 전력 및 전기 회사를 정기적으로 방문하고 있다. 그들은 알고 있다. 그들은 숫자를 본다. 그들은 계산을 한다. 그들은 유럽과 중국에서 무슨 일이 일어나고 있는지 지켜보고 있다. 그러면서도 그들은 대륙 전체에 걸쳐 가스 파이프라인을 구축하는 40년 인프라 확대 계획을 계속 밀어붙이고 수많은 가스 화력발전소를 새로 설치하며 지구온난화 가스 배출과 미래 좌초 자산의 계산서를 부풀리고 있다.

북미의 모르쇠

그렇게 "가스 러시"는 시작되었고, 가장 큰 두 플레이어는 북미에 있다. 미국은 현재 세계 최대의 천연가스 생산국이며 이웃 국가 캐나다는 네 번째로 큰 생산국이다.[31] 트럼프 행정부는 국내 소비와 수출 모두를 위해 가능한 모든 기회를 이용해 천연가스를 온라인화하겠다던 공약에 적어도 솔직한 자세로 임하고 있고, 캐나다 정부는 자국의 탈탄소화를 이끄는 리더십과 기후변화를 해결하도록 세계를 결집시키는 캐나다의 역할을 모든 공적 기회를 이용해 과시하고 있다. 그러나 캐나다는 가스 프로젝트를 허가하고 보증하는 일에서도 무리의 선두에 설 기회를 전혀 놓치지 않았다. 화석연료의 수도꼭지를 넓게 틀어 놓는 것과 같은 이런 그릇된 정책을 시행하는 행태의 부정적인 경제적 결과는 북미의 미국과 캐나다뿐 아니라 세계 전체에도 불길하게 작용할 소지가 크다.

이런 새로운 흐름은 화석연료 좌초 자산과 북미의 탄소 거품, 미국 및 캐나다 경제의 불안정화에 과연 어떤 의미를 부여하게 될까? 미국의 상황을 보자. 미국의 국방부와 에너지부는 물론이고 세계 각국의 정부에 자문을 제공하는 로키 마운틴 연구소(RMI)는 2018년 「청정에너지 포트폴리오의 경제성: 분산형 재생에너지 자원은 어떻게 경쟁 우위를 획득하고 천연가스 화력발전소에 대한 투자를 좌초시키는가」라는 제목의 상세 보고서를 발표했다.

이 보고서는 미국의 전력 시스템에서 천연가스에 대한 광적인 돌진으로 "2030년까지 1조 달러의 비용이 소모될 것"이라고 결론지었다. 무엇보다 한때 세계가 부러워하던 미국의 전력 그리드가 노화되고 있다. 30년이 넘은 화력발전소의 절반 이상이 2030년까지 폐쇄될 것이다. 현재 국내 천연가스의 저렴한 비용으로 인해 차세대 천연가스 발전소에 대한 막대한 투자에 박차가 가해졌으며, 2025년까지 1110억 달러가 투여될 것으로 보인다. 전력 산업은 2030년까지 은퇴 예정인 모든 노후 발전소를 대체하기 위해 5000억 달러 이상을 지출해야 할 것이다. 그리고 그러한 발전소를 운영하는 데 추가로 4800억 달러가 소요될 것이고, 그렇게 2030년까지 총 약 1조 달러의 비용이 묶일 것이다. 태양광 및 풍력 에너지의 가격이 급락해 이미 천연가스와 경쟁할 수 있고 고작 2~3년만 지나면 훨씬 더 저렴해져 한계비용이 제로에 가까워지고 지구온난화 가스

배출도 거의 없어지는 마당에 이런 일이 벌어지고 있는 것이다.[32]

그 통행료는 상상만 해도 아찔하고 암울하다. 그로 인해 미국의 전력 및 전기 산업은 약 1조 달러의 잠재적 좌초 자산을 떠안게 될 뿐 아니라 2030년까지 50억 톤, 2050년까지는 160억 톤에 달하는 이산화탄소를 방출하게 될 것이다.[33]

RMI는 두 개의 계획된 복합 사이클 가스터빈 발전소와 두 개의 계획된 연소 터빈 발전소를 비슷한 서비스를 제공할 수 있는 최적화된 지역 특화형 재생에너지와 분산형 에너지 공급원과 비교하는 연구를 수행했다. 이 연구는 네 가지 경우 모두 최적화된 청정에너지 포트폴리오가 제안된 가스 발전소보다 비용 효율적이며 리스크가 낮다는 사실을 발견했다. 이 발견이 시사하는 바는 놀랍다. 데이터는 "이미 석탄 화력발전소의 조기 폐쇄에 기여한 것과 동일한 재생에너지의 기술혁신과 가격 하락이 이제 천연가스에 대한 투자를 좌초시키는 위협으로 부상하고 있음"을 보여 주었다.[34] RMI의 연구는 미국의 전력 및 전기 부문에 대한 잠재적 벼락과 같다. 이 연구 결과가 충분히 빠르게 인정되기만 하면 미국도 10년이라는 짧은 기간에 화석연료에서 녹색 에너지로 신속히 전환할 수 있을 것이다. RMI의 결론은 상세하게 공유할 가치가 있다.

> 광범위한 사례 연구에 대한 우리의 분석에 따르면, 지역 특화형 청정에너지 포트폴리오가 이미 제안된 가스 화력발전소를 경쟁력에서 앞서며 향후 10년 이내에 그들의 수익을 침식할 것이다. 따라서 현재 제안되거나 건설 중인 1110억 달러 상당의 가스 화력발전소와 그런 발전소에 연결할 320억 달러 상당의 가스 파이프라인은 이미 좌초 자산이 될 위험에 처해 있는 셈이다. 이는 수직통합 영역에 대한 투자 승인을 담당하는 규제 기관뿐 아니라 가스 프로젝트의 투자자(유틸리티와 독립적 전력 생산자 모두)에게도 중

대한 영향을 미칠 것이다.[35]

미국의 북쪽 이웃인 캐나다도 천연가스의 탐사와 추출 및 판매에 막대한 투자를 하고 있다. 캐나다는 환경과 천연자원 보호에 전념하는 국가로 간주되지만 화석연료 에너지와 깊게 연계된 어두운 일면도 보유한 나라다. 미국과 마찬가지로 캐나다 정부와 여러 지방, 금융계, 기업들은 화석연료에 휩쓸려 있는 상태다.

최근 몇 년 동안, 환경 단체의 비판 대부분은 앨버타주의 타르 모래 추출에 집중되어 왔다. 그들은 캐나다의 경제적으로 가장 수지맞는 사업 중 하나를 중지시키려고 정기적으로 시위하고 소송을 제기하고 입법 투쟁을 벌이고 있다. 세계의 원유 생산국 순위를 보면 1위가 미국이고 이어서 사우디아라비아와 러시아가 자리하며 4위에 캐나다가 올라 있다. 캐나다가 이란이나 이라크, 중국, 아랍에미리트, 쿠웨이트, 브라질, 베네수엘라, 멕시코보다 더 많은 화석연료를 추출하고 정세한다는 얘기인데, 이 내용에 놀랄 사람들도 많으리라 본다.[36] 그보다 덜 알려진 내용은 브리티시컬럼비아주가 북부 단층에 깊이 매장된 천연가스를 등에 업고 화석연료 경기장에 들어섰다는 사실이다. 풍부한 천연가스 보고의 발견과 지난 10년 동안 이뤄진 천연가스 프래킹(fracking: 물이나 화학제품, 모래 등을 혼합한 물질을 고압으로 분사해 광석을 파쇄하는 방식으로 석유와 가스를 분리해 내는 공법으로 수압 파쇄법이라고도 한다. — 옮긴이)의 기술혁신에 힘입어 브리티시컬럼비아주 전역에 걸쳐 채굴이 성시를 이루고 있다.

브리티시컬럼비아주는 경쟁하는 두 비전에 대한 훌륭한 사례 연구를 제공한다. 하나는 화석연료 미래에 깊이 헌신하는 비전이고 다른 하나는 녹색 탄소 후 시대에 전념하는 비전이다. 밴쿠버와 주변 도시 및 주 북부의 원주민 거주지 여러 곳은 보존 지향적인 녹색 캐나다를 가장 열렬히 지지하는 지역이다. 밴쿠버 대도시권역은 종종 세계에서 가장 친환경적인 관할 지역 중 하나로 인용된다. 이렇게 경쟁하는 두 비전은 이 지역을 구에너지와 신에너지 사이의 투쟁에서 피뢰침 역할을 하도록 만들며, 그 결과로 우리는 두 가지 접근 방식 사이에서 선택을 내려야 하는 캐나다의 다른 지역들이 어떤 경로를 택할 것인지 잘 알 수 있게 될 것이다.

2018년 10월 2일, 캐나다는 자국의 화석연료 근력을 매우 공개적으로 과시했다. 쥐스탱 트뤼도(Justin Trudeau) 총리는 브리티시컬럼비아주의 수상인 존 호건(John Horgan)과 엘엔지 캐나다(LNG Canada)의 대표단, 로열 더치 셸이 주도하고 미쓰비시 코퍼레이션과 말레이시아 국영 페트롤리암 나시오날 베르하드(Petroliam Nasional Bhd), 페트로차이나(PetroChina), 한국 가스 공사가 참여한 석유 및 가스 회사 컨소시엄 등과 함께 액화천연가스(LNG) 파이프라인의 건설 계획을 발표했다.[37] 이 파이프라인은 브리티시컬럼비아 북동부의 도슨 크리크에서 키티마트 해안의 가공 시설까지 장장 670킬로미터를 연결한다. 키티마트 해안에서 중국과 여타 아시아 시장으로 가스를 수출하기 위해서다.[38] 엘엔지 캐나다가 여기에 투자한 400억 캐나다 달러(300억 달러)는 캐나다 역사상 가장 큰 민간 부문 투자에 해당한다. 트뤼도는 연방 정부가 해당 건설을 지원하기 위해 2억 7500만 캐나다 달러(2억 700만 달러)를 제공할 것이라고 공표했다.[39]

이 LNG 파이프라인은 곧바로 환경 단체와 원주민 공동체의 격렬한 반대 및 시위에 부닥쳤다. 대중에게 잘 알려지지 않은 내용은 해당 프로젝트를 자세히 살펴본 에너지 예측자와 분석가들이 브리티시컬럼비아와 캐나다의 여타 지역을 향후 수십 년에 걸쳐 점진 상각될 천연가스 미래에 가두는 계획의 타당성에 대해 회의적이거나 심지어 조심스럽게 비관적인 시각을 견지한다는 사실이다.

그 프로젝트가 공표되기 2년 8개월 전인 2016년 1월, 브래틀 그룹(Brattle Group)은 LNG의 미래 전망에 대한 미묘한 보고서를 발표했다. 보고서는 캐나다에서 중국으로 LNG를 보내는 것에 대해 심각한 우려를 제기했다. 그곳에서 태양광 및 풍력 에너지와 전격적인 경쟁에 부딪힐 것임을 고려한 판단이었다. 보고서는 그렇게 위험 신호를 알렸지만, 무시되거나 진지하게 받아들여지지 않았던 게 분명하다. 보고서는 또한 "재생에너지의 보급률이 높은 독일과 캘리포니아에서는 가스 수요의 증가가 이미 저해되고 있음(그리하여 전력 생산을 위한 가스 수요도 감소하고 있음)"을 지적했다.[40]

현재 중국은 이와 유사한 경로를 따라 석탄에서 단계적으로 철수하기 위해 천연가스 생산을 단기적으로 추진하는 동시에 태양광 및 풍력 에너지의 생산을 증가시키고 있다. 향후 수십 년에 걸쳐 에너지 조합에서 거의 모든 화석연료를 제거하는 것이 궁극적인 목표이다. 유럽이 경험한 바와 마찬가지로 중국에서도 재생에너지 비용의 급락이 언제 중국 에너지 시장에 파괴를 야기하는지에 따라 많은 것이 달라질 터이다. 전국에 걸쳐 녹색 에너지 인프라를 구축하는 과정에서 수십억 달러에 달하는 천연가스 좌초 자산이 발생하는 것은 불가피한 일이다.

파괴는 이미 일어나기 시작했다. 언급한 바와 같이, 중국은 현재 태양광 및 풍력 에너지 기술의 1위 생산국이며 세계시장에서 가장 저렴한 가격을 자랑하는 선두 수출국이다.[41] 또한 현재 진행 중인 13차 5개년 계획은 중국의 모든 지역에 태양광 및 풍력 기술을 설치한다는 야심 찬 목표로 EU를 따라잡고 있다.

브래틀 그룹의 보고서는 유럽 에너지 시장이 겪은 파괴와 닮은 추세가 중국에서도 전개될 것임을 암시하며 재생에너지의 중국 내 생산 및 배치 비용이 급격히 떨어지면 수입된 LNG에 대한 수요가 고갈될 수 있음을 지적했다. 그 부분을 읽어 보자.

> 재생에너지 발전 비용이 해외에서 충분히 저렴해지면(즉 북미에서 들여온 LNG를 태우는 가스 화력발전 비용보다 낮아지면), 발전 연료로서 북미산 LNG가 갖는 매력은 감퇴할 수밖에 없다.[42]

보고서는 아시아 시장으로 가스를 수출하기 위해 현재 브리티시컬럼비아에 전개하는 LNG 인프라 투자의 장기적인 잠재적 영향에 주의를 기울일 것을 경고하며 다음과 같이 결론을 내렸다.

> 이 LNG 수출 프로젝트의 투자 리스크는 일반적인 LNG 계약 기간인 20년 동안 재생에너지원으로 전력을 생산하는 비용이 (회피된 온실가스 배출 문제는 배제하더라도) LNG 생산 투자 비용을 정당화하는 데 필요한 LNG 판매가격보다 낮아질 상당한 가능성이 있기 때문에 증가할 수밖에 없다. …… LNG 화력발전과 재생 자원 간의 경쟁은 아시아 태평양의 주요 시장에서 예상보다 높은 재생에너지 보급률로 인해 장래의 천연가스(그리고 LNG) 수요 성장이 감소할 수 있다는 점에서 LNG 산업 참가자들에게 리스크를 부과한다. LNG 인프라의 투자자는 물론이고 장기 계약을 맺는 LNG 구매자 모두 LNG의 판매나 구매에 대규모로 또는 장기적으로 연루되기 전에 이러한 리스크를 먼저 고려해야 한다.[43]

태양광 및 풍력 발전 비용이 갈수록 낮아지고 있기 때문에 미국에서든 캐나다에서든 대규모 천연가스 프로젝트의 지속적인 도입에 대한 상업적 논거는 더 이상 성립될 수 없다. 그럼에도 화석연료 산업은 천연가스가 이산화탄소 배출에서 석탄만큼 부담스럽지 않다고 주장하면서 이러한 투자를 계속 옹호하고 있다. 마찬가지로 터무니없는 것은 해당 업계가 '탄소를 포집해 저장할 수 있는' 것으로 알려진 "기술"을 대기로 유해한 이산화탄소를 방출하는 일 없이 천연가스를 사용할 수 있는 하나의 방편으로 계속 선전하는 행태다. 사실 그 기술은 이미 좌초 자산에 속하는데 말이다. 그들이 말하는 탄소 포집 및 저장 기술을 대기 중의 탄소를 흡수하는 탄소 농업이나 재조림 및 여타의 유기 공정으로 자연의 탄소를 격리하는 것과 혼동해서는 안 된다. 간단하게 구글만 검색해 봐도 현재까지 이뤄진 모든 개별적인 탄소 포집 실험과 무수히 많은 과학 보고서가 그것의 기술적 및 상업적 실행 불가능성을 밝히고 있다는 사실을 알 수 있다. 그 기술의 이른 바 장래성이라는 것은 공염불에 불과하다는 얘기다.

우리는 10년 넘게 EU에서 탄소 포집 및 저장 기술을 놓고 토론을 벌인 바 있다. 그 기술적 주제가 최근 미국에서 화석연료 산업과 일부 선출직 공무원들에 의해 선전되고 있는 관계상 우리가 겪은 내용을 소개하는 것이 마땅하다고 사료된다. 탄소 포집 및 저장 기술은 3단계 프로세스로 구성된다. 먼저 발전과 산업 공정에서 생성되어 배출되는 이산화탄소를 포집한다. 포집한 이산화탄소는 이어서 탱크로리나 선박, 파이프라인 등을 통해 저장 시설로 운송한다. 그런 다음 탄소를 땅속 깊이 지질학적 암반층에 저장한다.

EU는 이 기술의 타당성을 테스트하기 위해 파일럿 실험에 수억 달러를 지출한 후, 그 프로세스가 기술적 또는 상업적 기대를 충족시킬 수 없다는 사실을 깨닫고 두 손을 들었다.[44] 에너지 역사학자 바츨라프 스밀(Vaclav Smil)은 수년간의 노력이 실패한 후 나온 상업적 합의를 이렇게 요약했다. "현재의 이산화탄소 배출량의 단지 5분의 1을 격리하는 데에만도 연간 처리량이 오늘날 전 세계의 원유 산업이 다루는 연간 물량보다

약 70퍼센트 더 큰 완전히 새로운 전 세계적 흡수-수집-압축-운송-저장 산업을 창출해야 한다. 게다가 포집 설비와 파이프라인, 압축 시설, 저장 시설 등의 그 거대한 인프라를 구축하는 데에도 몇 세대가 걸린다."[45]

불행히도 미국은 EU의 실패한 실험을 반복하고 있는 것으로 보인다. 서던 컴퍼니(Southern Company)는 2010년 탄소 포집 및 저장의 실행 가능성을 입증하기 위해 미시시피주 켐퍼 발전소에서 석탄 화력발전을 위한 탄소 포집 및 저장 프로젝트를 출범시켰다. 애초 24억 달러 예산으로 출발해 총 75억 달러를 잡아먹은 그 프로젝트에 수년간 노력과 과다 비용을 쏟아부은 후 서던 컴퍼니는 프로젝트를 취소하고 비용 가운데 11억 달러를 지방세 납세자들에게 전가했다.[46]

막대한 금융자본을 천연가스 추출 및 발전 혹은 탄소 포집 및 저장 기술에 투자하는 것이 유행이든 아니든(전자는 더 이상 비용 경쟁력이 없고 후자는 기술적 및 상업적으로 실행이 불가능한 마당에), 그런 작태는 오래된 속담을 상기시킨다. "구멍에 갇힌 걸 알았다면 더 이상 구멍을 파지 마라(불리한 상황에 처했음을 알았다면 계속 상황을 악화시키지 말고 즉시 계획을 변경하라는 말 — 옮긴이)." 화석연료는 이제 땅에 남겨 두는 게 상책이다.

업계의 다른 플레이어들은 헛된 탄소 포집 기술에 중점을 두는 대신 '감축시키기 힘든' 것으로 통하는 부문들을 탈탄소화하는 데 관심을 돌리기 시작했다. 공정과 제품라인 및 서비스에서 화석연료 사용에 대한 상업적 대안이 아직 없기 때문에 (탄소 배출 감축에 대해) 가장 저항이 심한 산업과 사업체들을 말하는 것이다.

이들 산업에서 이산화탄소 배출을 감축하는 일은 스마트 TIR 인프라에 연결되는 경우에 상당 부분 이뤄질 것이다. 그럼으로써 재생에너지로 생산 설비에 전력을 공급하고 운송 및 물류 공급망을 관리할 수 있기 때문이다. 단거리 전기 차는 녹색 전기로 구동하고 고속도로와 철로, 수로 운송은 장거리용 수소 연료전지로 동력을 공급하면서 말이다. 공급망 및 물류 운영에 대한 빅 데이터와 알고리즘 거버넌스는 또한 영구적인 순환 비즈니스 프로세스에서 관련 기업들의 총효율을 향상시킬 것이다.

철강이나 시멘트 등 건축 관련 자재와 플라스틱 포장재, 항공 관련 재료 등과 관련해서는 섬유 기반 생물학적 대체물을 찾아야 한다. 최근 세계 유수의 화학 회사 몇몇이 유전학 및 생명과학 회사와 손을 잡고 보다 저렴한 생물학적 기반의 대체 제품 및 공정을 찾도록 설계된 연구 개발 노력에 박차를 가하기 시작했다. 다른 산업의 경우와 마찬가지로 화학 회사의 리더들 역시 기후변화를 늦추기 위해 이산화탄소 배출량을 줄이길 열망하며 향후 발생할 좌초 자산에 대한 경고에 귀를 기울이는 사람들이다. 그들의 연구 개발 이니셔티브가 낳은 제품들이 시장에 출시되기 시작했다. 예를 들자면 유나이티드(United)와 콴타스(Qantas), KLM 등의 항공사는 벌써 비행기에 바이오 기반 연료를 부분적으로 사용하고 있는데, 비용 효율적인 바이오 기반 에너지로 완전히 전환하려면 훨씬 더 광범위한 연구 개발이 필요할 것이다.[47]

바이오 기반 재료는 바이오 플라스틱과 바이오 기반 식품 및 사료, 바이오 계면활성제 및 바이오 윤활제 등과 같은 주요 영역에서 석유화학 물질을 대체하고 있다. 의류와 필름, 필터, 음료, 동물 사료, 스낵 식품, 가정용 세제, 산업용 세정제, 자동차 및 산업용 윤활제 등을 포함하는 광범위한 제품 및 공정에서 석유화학 물질을 생물학 기반 물질로 대체할 수 있는 시장 잠재력은 실로 방대하다.[48]

세계에서 두 번째로 큰 화학 회사인 다우듀폰(DowDuPont Inc.)은 감축시키기 힘든 공정과 제품라인에서 연구 개발에 매진하는 선두적인 기업이다. 2018년 10월, 나는 프랑크푸르트에서 유럽 혁신 회의(European

Innovation Summit)를 개최한 다우의 경영진에 합류하여 제로 배출 경제로의 전환을 촉진하기 위해 생물 기반 대체 물질을 시장에 신속하게 도입하려는 새로운 연구 개발 노력에 대해 논의했다. 우리의 3차 산업혁명 로드맵 테스트 지역 중 두 곳인 오드프랑스와 로테르담 및 헤이그 도시 권역은 현재 생물학 기반 대체물을 시장에 신속하게 출시하기 위해 산업 간 이니셔티브에 참여하고 있다. 지역과 산업은 이러한 중요한 경제적 변혁을 진척시키려면 후한 당근과 부담스러운 채찍, 둘 모두로 동기를 부여받아야 한다.

블랙 골드의 저주

지난 2년간 좌초 자산 문제는 전 세계의 기업 이사회와 금융기관, 정부 부처, 싱크 탱크 등에서 어느 때보다도 빈번히 거론되었다. 이것은 시장의 성쇠나 정부의 단기적인 경제정책 조정 또는 어젠다 재설정에 관한 일반적인 대화가 아니라, 때로 하락 시장이나 심각한 경기 침체로 넘어가는 상황보다 더욱 당혹스러운 무엇에 대한 논의다. 세계경제뿐 아니라 우리의 존재 자체와 우리가 살고 있는 세계를 이해하는 방법, 그리고 당연하게 여겼던 신뢰할 수 있는 미래에 영향을 미치는 훨씬 더 큰 일이 일어나고 있다는 느낌이라서 그렇다.

좌초 자산 개념은 산업사회를 만들기 위해 2세기 동안 탄소를 태운데 대한 엔트로피 부채의 경제적 회계 이상의 의미를 가진다. 갈수록 팽배하는 이 모든 불안감의 극명한 실체는 화석연료의 추출과 판매에 경제적으로 의존하는, 탄소가 풍부한 국가들에서 매우 사적인 방식으로 느낄 수 있다.

지난 세월 내가 중동을 방문할 때마다 수없이 듣고 공감했던 격언이 있다. 아랍에미리트연방의 부통령과 2대 총리, 두바이에미리트의 총리를 역임한 셰이크 라시드 빈 사이드 알 마크툼이 말한 것으로 알려진 격언이다. 그가 국정을 맡은 기간은 1958년부터 1990년 타계 시까지 30여 년이었다.

그 내용은 이렇다. "나의 할아버지는 낙타를 탔고, 아버지도 낙타를 탔고, 나는 메르세데스를 몰고, 아들은 랜드로버를 굴리고, 그의 아들도 랜드로버를 굴릴 것이지만, 그다음 세대의 아들은 낙타를 탈 것이다." 셰이크 라시드는 1960년대 말 석유의 발견으로 아랍에미리트에 퍼진 희열이 훗날 악몽으로 변해 국민을 괴롭힐까 봐 걱정했다. 몇 세대 후에는 석유가 고갈될 것임을 알았던 것이다. 그다음에는 어떻게 되는 것인가? 그는 석유를 축복이라기보다는 중독과 저주로 보았고, 만약 그의 나라가 단일 자원에 의존하는 경제체와 사회가 된다면 기름 수도꼭지가 마르는 것과 동시에 심판의 날을 맞이하게 될 것이라 우려했다. 그래서 그는 경제를 다변화하고 두바이를 글로벌 동서 무역의 중심지로 바꾸는 과업에 평생을 바쳤다. 석유는 다 떨어지지 않았지만 빠르게 좌초 자산으로 변모하고 있다. 남겨진 기름의 대부분은 영원히 땅에 남게 될 것이다.

아랍에미리트만 위험에 처한 것이 아니다. 경제가 석유나 가스 및 석탄의 추출과 정제, 판매에 전적으로 의존하는, 탄소가 풍부한 국가 모두에 해당하는 문제이다. 각국의 은행과 보험회사, 국부 펀드, 사모 펀드도 이와 관련해 큰 걱정에 빠져 있다. 2018년 세계은행(World Bank)은 「변화하는 국부 2018: 지속 가능한 미래의 건설(*The Changing Wealth of Nations 2018: Building a Sustainable Future*)」이라는 제목의 보고서를 발행했다.

세계은행은 화석연료 부문의 민간 투자자와 회사는 언제든 더 수익성이 좋고 지속 가능한 다른 사업으로 갈아타거나 재투자할 수 있지만 영토라는 경계에 묶인 탄소가 풍부한 주권국가는 훨씬 더 제한적이고 훨씬 덜 민첩하다고 적시했다. 탄소 부를 향유하는 141개 국가 중 26개국은 적어도 국부의 5퍼센트 이상이 화석연료에 묶여 있고, 대부분은 석유나 가스 또는 석탄에서 세입의 절반 이상을 끌어낸다. 여기에는 또한 세계에서 가장 가난한 나라들이 다수 속하며, 그중 10개국은 중동이나 북아프리카, 위기 지역에 있는 실패한 국가이거나 권위주의 체제이다.[49] 이러한 국가들이 좌초 자산과 탄소 세입 상실로 벽에 부딪치는 상황이 발생하면 그 결과는 치명적이라 할 수 있다.

세계은행은 계류 중인 위기의 규모를 가늠하는 차원에서 "10대 국유 탄소 자원 기업이 화석연료의 추출 및 가공과 관련하여 차지하는 국유 생산 자산이 2조 3000억 달러에 달한다."라고 보고했다.[50] 아울러 세계은행은 화석연료가 정점 수요를 향해 나아가며 성장세가 둔화되기 시작한 상황을 강조하면서 탄소가 풍부한 국가와 탄소 의존 국가에 하루빨리 경제를 다각화하여 손실을 보충하기에 충분한 세입원을 확보할 것을 당부했다.

일부 국가는 기존 투자를 처분해 녹색 기술에 재투자하고 있지만 아직은 미미한 수준의 노력에 그치고 있다. 세계은행은 탄소로 부를 향유하는 국가들에 대한 비관론으로 보고서를 결론지었다. "분리와 재투자는 따라야 할 최선의 과정이 되겠지만, 불행히도 데이터가 보여 주듯이 해당 정부들은 화석연료로 얻은 부를 장기적인 관점에서 지속 가능한 부로 전환하는 데 성공하지 못하고 있다."[51] 석유가 수요의 정점에 도달하고 성장이 둔화될 것으로 예상되는 5~10년 이내에 중동과 북아프리카에 도래할 혼란을 한번 상상해 보라.

경보를 울리는 금융계

화석연료 관련 부문의 좌초 자산과 관련하여 전개될 상황에 대한 힌트를 얻으려면 돈을 따라가 보는 것이 언제나 최상이다. 은행 부문과 보험 산업을 주시하라는 의미이다. 영국 은행의 총재인 마크 카니와 시티그룹이 2015년 처음으로 경보를 울렸고, 이제 그런 경보음은 도처에서 울리고 있다. 이것은 글로벌 경제 전반에 걸쳐 주의를 환기하는 경고가 되어야 한다.

세계은행은 화석연료 관련 좌초 자산의 문제와 그것이 빠르게 금융 환경과 투자 공동체의 게임 규칙을 바꾸는 방식에 관심을 기울인 유일한 금융기관이 아니다. 라자드(Lazard) 역시 2018년 11월 화석연료 에너지 비용과 새로운 녹색 에너지 비용을 비교한 자체 보고서를 발표했다. 라자드의 연구는 세계 최고의 에너지 컨설팅 회사 다수와 일부 석유 거대 기업의 보고서와 마찬가지로 "몇몇 시나리오에서는 대체에너지 비용이 기존 발전의 한계비용과 같거나 더 낮은 수준으로 떨어졌다."라는 사실을 보여 준다.[52] 라자드의 전력과 에너지 및 인프라 그룹의 부회장 겸 글로벌 책임자인 조지 빌리식(George Bilicic)은 다음과 같이 핵심을 짚어 냈다.

> 우리는 몇몇 경우에 기존의 전통적인 발전소를 유지하는 것보다 새로운 대체에너지 프로젝트를 구축해 운영하는 쪽이 더 비용 효율적이 되는 변곡점에 도달했다.[53]

이와 같은 보고서가 줄지어 나오면서 화석연료 좌초 자산은 이제 기후변화 논쟁에서 불가분한 일부가 되었다.

영국 은행의 건전성 감독부(Prudential Regulation Authority, PRA)는 2018년 9월 11조 파운드(14조 2000억 달러)의 자산을 보유한 영국의 은행 부문 90퍼센트를 대상으로 실시한 설문 조사의 결과를 발표했다. 그에 따르면 영국 은행의 70퍼센트는 기후변화가 현재 거의 모든 분야에서 광범위한 자산에 리스크를 부과하고 있음을 인식했는데, 예를 들자면 "그들은 정부 정책과 기술 변화에 의한 저탄소 경제로의 전환이 어떤 식으로 은행과 거래하는 기업들의 비즈니스 모델에 영향을 미칠지 평가하기 시작했다." 하지만 불안감을 야기하는 부분은 문제에 대한 그러한 인식에도 불구하고 현재 은행의 10퍼센트만이 그러한 리스크를 "종합적으로" 관리하고 있으며 30퍼센트는 여전히 "기후변화를 기업의 사회적 책임 문제"라고 생각하고 있다는 사실이다.[54]

기후변화가 화석연료 부문 및 관련 산업의 잠재적 좌초 자산을 포함해 글로벌 경제의 사실상 모든 부문에 얼마나 빠르게 영향을 미치는지를 금융 부문이 제대로 인식하지 못할 것이 염려된 마크 카니는 또 한 번 전면에 나섰다.

카니는 영국 은행 총재 역할 외에도 2018년 말까지 글로벌 금융 시스템의 감독과 관련해 제안과 권고를 하는 국제기구인 금융 안정 위원회(Financial Stability Board, FSB)의 회장직을 수행했다. FSB에는 G20 경제국 모두와 EU 집행위원회가 포함된다. 카니는 은행 시스템이 도래하는 좌초 자산의 공격에 제대로 준비가 되어 있지 않다는 것을 깨달았다. 그래서 그는 FSB를 중심으로 기후와 관련된 재무 정보 공개를 위한 태스크포스(TCFD)를 결성해 마이클 블룸버그(Michael Bloomberg)에게 의장직을 맡겼다. TCFD의 위원 32명은 대형 은행과 보험회사, 자산 운용사, 연금 기금, 회계 회사, 컨설팅 회사의 대표들로 구성되었다. 그들은 "투자자와 대부 기관, 보험업자 등이 실질적인 리스크를 이해하는 데 유용한, 자발

적이고 일관된 기후 관련 재무 정보를 공개하는 임무"를 위임받아 수행했다.[55]

TCFD는 2017년 6월, 다수의 금융기관이 기후변화를 장기간에 걸쳐 그 영향이 느껴지는 까닭에 오늘날의 금융 투자와는 관련이 없는 현상으로 인지한다는 인식에서 출발하여 일련의 권고안을 발표했다. 다시 말해, 이미 전개되고 있는 붕괴와 선두적인 에너지 컨설팅 회사들이 2020년대에 도래할 것으로 예측하는 티핑 포인트에 대한 이해가 거의 전무했고, 결과적으로 그들의 투자 결정에 대한 기존의 접근 방식을 재평가해야 할 시급성도 거의 느끼지 못하고 있었다는 얘기다.

태스크 포스는 화석연료 에너지를 더욱 친환경적인 녹색 에너지로 대체하는 과정의 가속화와 더불어 에너지 효율의 증가와 지구온난화 가스 배출의 감소가 "석탄이나 석유, 천연가스를 추출하고 생산하고 사용하는 데 의존하는 조직에 조만간 중대한 영향을 미칠 수 있음"을 인식했다. 그러나 보고서의 저자들은 "실제로 기후 관련 리스크와 저탄소 경제로의 전환이 (에너지 부문뿐만 아니라) 대부분의 경제 부문과 산업에도 영향을 끼칠 것"이라고 서둘러 덧붙였다. 그들은 관리 가능한 자산의 글로벌 총재고에 대한 리스크가 향후 80년 동안 43조 달러에 이를 수 있다고 추정한《이코노미스트》정보 분석 팀(Intelligence Unit)의 연구 결과를 인용했다.[56]

보고서는 또한 대파괴가 "기후변화 완화 및 적응 솔루션에 초점을 맞춘 조직들에는 중요한 기회"를 제공할 것이라는 점을 강조했다. 아울러 보고서는 향후 30년에 걸쳐 저탄소 사회에 도달한다는 목표하에 저탄소 경제로 전환하기 위해서는 한동안 매년 약 3조 5000억 달러를 새로운 에너지 부문에 투자해야 한다고 추산한 국제에너지기구(IEA)의 연구도 인용했다.[57]

보고서의 저자들은 글로벌 경제 전반에 걸친 기후변화 리스크와 화석연료 부문의 좌초 자산 리스크 사이의 얽히고설킨 관계도 놓치지 않았다. 그 수수께끼에 대한 그들의 해석은 다음과 같다.

> 이는 전 세계 투자자들이 현재 냉혹한 선택의 기로에 직면해 있음을 의미한다. 만약 기후변화에 대한 조치가 확실하게 취해진다면 그들은 화석연료에 투자한 자본에 발생하는 잠식을 감수해야 하고, 반대로 만약 완화가 거의 이루지지 않으면 그들은 관리 가능한 자신의 전체 포트폴리오에 발생하는 손실을 감수해야 한다. 이 두 가지 상황에서 벗어나는 길에 대한 계획이 장기 투자자들로 하여금 포트폴리오에서 기업들과 관계를 맺고 투자를 수익성 있는 저탄소 미래로 전환하도록 이끄는 강력한 동기가 될 것이다.[58]

TCFD는 투자자와 대부 기관, 은행, 보험회사 등이 좌초 자산으로 인한 피해를 완화할 수 있는 기회와 리스크를 모델링하는 데 이용할 수 있는 일련의 지침을 마련해야 할 필요가 있음을 깨달았다. 이 지침은 그들이 지구온난화 가스 배출의 감축과 더욱 보조를 맞추는 프로젝트를 개시하고 기업들이 따를 만한 적절한 기준과 공개 정보를 준비하는 데에도 이용할 수 있을 터였다. 정보공개에 관한 TCFD의 권고는 조직의 운영 방식을 반영하는 네 가지 영역, 즉 거버넌스, 전략, 리스크 관리, 분석 지표 및 목표에 중점을 두었다. 그러면서 이러한 주제의 범주 내에서 금융기관은 "단기, 중기, 장기에 따라 발생할 수 있는 기후 관련 리스크 및 기회에 대한 관리 감독"과 관련된 정보를 공개하고 조직이 "기후 관련 리스크를 식별하고 평가하는 방법과…… 기후 관련 리스크와 기회를 평가하는 데 사용하는 분석 지표"에 대해 설명해야 한다고 요구했다.[59]

마크 카니는 2018년 뉴욕에서 열린 원 플래닛 서밋(One Planet Summit)

에서 이렇게 선언했다. "기후 관련 정보 공개가 주류가 되고 있습니다. 현재 세계 최대의 은행들과 자산 운용사, 연금 기금 등을 포함하여 도합 100조 달러가 넘는 자산을 책임지는 500개 이상의 기업과 조직이 TCFD를 후원하고 있습니다."[60] 이것은 금융계가 목전에 닥친 대파괴를 이해하기 시작했다는 명백한 신호였다.

2부

잿더미에서 부상하는 그린 뉴딜

5

자이언트 깨우기: 목소리를 높이는 연금 기금

기후변화에 대한 우려가 높아지고 좌초 사산의 발생 가능성에 직면한 화석연료 산업의 장기적 재무 안정성에 대한 신뢰가 상실되면서 신흥 태양광과 풍력 및 여타 재생에너지의 경쟁 우위가 증가함에 따라 글로벌 금융 부문 내부에서 자금 투자 우선순위에 대한 재평가가 촉발되고 있다. 갈수록 더 많은 펀드가 화석연료에서 자본을 빼내 녹색 에너지와 21세기 청정 기술로 이전하고 있는 것이다.

영국 지속 가능 투자 및 금융 협회(UK Sustainable Investment and Finance Association)가 2018년 도합 13조 파운드(17조 달러)의 포트폴리오를 보유한 영국의 펀드 매니저들을 대상으로 실시한 설문 조사에 따르면, 그들은 "국제 석유 기업들(IOCs)이 기후변화 관련 리스크로 인해 2~3년 내에 부정적으로 재평가될 것"으로 믿었다. 해당 보고서에서 펀드 매니저의 62퍼센트는 "향후 5년 안에 석유의 정점 수요가 평가에 영향을 미칠 것이고, 10년 안에 가스의 정점 수요가 평가에 영향을 미칠 것"으로 보았다. 응답자의 절반 이상(54퍼센트)은 "IOC의 평판 리스크가 이미 가치 평가에 부정적인 영향을 미치고 있다."라고 답했다. 79퍼센트는 향후 2년 내에 영향을 미칠 것이라고 답했다. 펀드 매니저들은 "대안 기술의 경쟁력 강화로 화석연료의 수요가 감소하고 재정적으로 성공적인 방식으로 전환하는 데 필요한 IOC의 역량에 대한 투자자들의 신뢰 상실로 시장 심리가 바뀌는 것" 등과 같은 여타의 우려 사항도 언급했다. 전체적으로, 펀드 매니저의 89퍼센트는 "이러한 전환 리스크가 향후 5년 안에 IOC의 가치 평가에 '크게' 영향을 미칠 것"이라는 데 동의했다. 펀드 매니저들의 절반은 "이미 액티브 펀드(active fund: 시장 수익률을 초과하는 수익을 올리기 위해 펀드 매니저들이 적극적인 운용 전략을 펴는 펀드 — 옮긴이) 또는 비축량 순위(최소한) 200대 석유 및 가스 회사에서 손을 뺀 맞춤형 포트폴리오를 제공하고 있다."라고 답했다.[1]

카를 마르크스의 명제를 뒤집어라

미국과 전 세계에서 지역별로 맞춤화한 그린 뉴딜 3차 산업혁명 인프라를 구축하고 확장할 자금은 과연 어디서 조달해야 하는지에 대한 의문이 점점 더 커지고 있다. 그린 뉴딜에 대해 생각할 때, '대규모 정부 지출' 문제는 웅대한 비전과 내러티브를 구성하는 과정에서 불가피하게 첫 번째 장애물이 된다. 말 그대로 지구상 생명체의 생존 자체가 위협받고 있는 것으로 보이는 작금의 위기 상황에서도 반대론자들은 마치 잠재적 멸종 문제가 정부에서 주의를 기울일 필요가 있지만 당장은 무시할 수도 있는 여러 예산 항목 중 하나인 양 지금 거기에 쓸 돈이 없다는 식으로 말한다.

각 행정 단위(도시, 카운티, 주, 연방)에서 정부 자금을 일부 필요로 하겠지만, 새로운 인프라를 구축하는 데 필요한 자금의 상당 부분은 갈수록 전 세계의 연금 기금에서 나올 것으로 예상된다. 연금 기금은 공공 및 민간 부문에 속한 근로자들의 퇴직 이후의 삶을 지원하는, 지급이 유예된 임금이다.

카를 마르크스는 "세계의 노동자들"이 공공 및 민간 연금 기금을 통해 전 세계 투자 자본의 주요 소유자가 된 21세기의 현실을 결코 상상하지 못했을 것이다. 연금 기금이 2017년 기준 41조 3000억 달러로 세계에서 가장 큰 투자 자본이라는 사실을 뜻밖의 소식으로 받아들일 사람이 적지 않을지도 모르겠다. 서론에서 언급한 바와 같이, 미국의 노동력은 25조 4000억 달러가 넘는 연금 자산을 보유한, 가장 강력한 목소리이다.[2]

화석연료 산업에 투자된 자금이 좌초 자산에 묶여 수백만 근로자의 퇴직 기금을 소진시킬 가능성이 커지지 미국의 연금 기금들은 투사 회수 과정을 주도하기 시작했다. 각각의 주와 도시는 석유화학 산업과 같은 화석연료 부문 및 그에 의존하는 관련 산업에서 공공 연금 기금을 회수해 스마트 3차 산업 경제를 구성하는 녹색 기회에 재투자하고 있다. 민간 연금 기금 역시 같은 행보를 개시하고 있다.

노동조합 또한 그런 뉴딜 경제로의 전환에 수반되는 새로운 고용 기회에 대비해 인력을 재교육하라는 목소리를 높이고 있다.[3] 향후 연금 기금이 미국과 여타 국가의 녹색 인프라에 대한 투자를 늘려 감에 따라 적어도 부분적으로는 관련 프로젝트에 노조 노동력이 동원되리라는 점을 충분히 예상할 수 있다.

막대한 연금 자본 풀은 70년 만에 축적되었다. 전통적인 의미의 혁명은 아니지만, 그리고 수많은 연금 기금 가입자를 포함하여 대부분의 사람들이 스스로를 세계에 투자된 이 인상적인 자본 풀을 대표하는 계급으로 보지는 않겠지만, 이것이 새로운 현실임은 분명하다. 어떤 면에서 그것은 현대 자본주의 역사의 가장 은밀한 비밀이다.

이 41조 3000억 달러가 시사하는 순전한 경제적 영향력은, 만약 그 코호트를 구성하는 수백만 명의 개인 자본가들이 완전히 수용해 통제한다면, 국제경제 질서를 지배하는 경제 기관과 세계의 노동력 사이의 관계를 근본적으로 재편성할 수 있는 잠재력을 가진다.

따라서 마르크스의 명제를 뒤집자면, 세계의 노동자들이 '작은 자본가들'의 군대로 연합한다고 상상해 볼 수 있다. 2017년 미국에서는 1억 3500만 명의 노동자가 공공 및 민간 부문에서 일하고 있고, 그중 54퍼센트가 퇴직연금 기금 계획에 가입해 있다. 이는 거의 7300만 명에 달하는 파트타임 및 풀타임 노동자 코호트이며, '작은 자본가들의 군대'가 되는 셈이다.[4] 만약 미국의 연금 자본가들이 전 세계의 무수한 연금 자본가들과 연대해 글로벌 경제에서 그 거대한 자본 풀을 통제하기 시작한다면 어떻게 될까?

한 방의 총성도 계급투쟁도 없이, 파업도 폭동도 혁명도 없이, 이들 수백만 노동자들이 오늘날 주요 자본가 계급이라는 실상으로 인해 적어도 서류상으로는 판세가 역전되었다. "서류상으로는"이라는 표현을 쓴 까닭은 그런 수백만 자본가들 가운데 자신들을 계급이나 심지어 코호트로 보는 사람은 거의 없기 때문이다. 하지만 만약 그들이 앞으로 나서서 무언가를 요구한다면('권력'이라고 해 두자.), 과연 어떻게 될까? 그러면 상황이 어떻게 전개될까?

때는 1946년 5월 13일, 미국 의회 의사당 홀에서 평소와 다른 느낌을 감지할 수 없던 다소 평범한 날이었다. 그날 상원은 스스로 "연금 자본"이라 칭한, 부상 중인 새로운 형태의 부에 대한 통제 주체를 어디로 정해야 하는지를 놓고 신중한 심의에 들어갔다. 케네스 맥켈러(Kenneth McKellar) 상원 의장 대행이 토의 안건을 상정했다. 현안은 탄광 노동조합의 강력한 수장이며 미국 노동운동의 지도자인 존 루이스(John L. Lewis)의 단체교섭 요구 사항이었다. 루이스는 광부들이 채굴하는 석탄 1톤당 10센트를 적립해 건강 및 복지 기금을 조성할 것을 고용주들에게 요구했다. 그리고 그 기금을 노조원들을 대표해 노조에서 관리하게 해 달라고 했다.

버지니아 출신의 상원 의원 해리 버드(Harry Byrd)가 먼저 나섰다. 버드는 아무런 겉치레 없이 루이스의 제안에 대해 단호하게 반대 입장을 표명했다. 버드는 좌중을 압도하려는 눈빛을 발하며 이렇게 말했다. "그러한 특권이 미국 전역의 고용주와 직원들 사이의 모든 계약으로 확대되면…… 연간 총 40억 달러 이상이 지급될 것입니다. …… 만약 노조가 그렇게 적립되는 기금의 통제권을 단독으로 갖게 되면…… 노조가 너무 강력해져서 그 어떤 정부도 그들을 다룰 수 없게 될 것입니다." 노조원들의 기금을 노조가 관리 감독하며 투자하는 상황의 영향력을 간파한 버드는 "그렇게 되면 결국에는 미국의 민간 기업 체계가 완전히 파괴되는 결과가 초래될 것"이라고 주장했다.[5] 버드의 우려에도 불구하고 미국 하원과 상원은 법안을 통과시켰다. 하지만 해리 트루먼(Harry Truman) 대통령의 거부권 행사로 법안은 세상의 빛을 보지는 못했다.

그러나 1년 후, 저명한 공화당 지도자 로버트 태프트(Robert Taft) 상원 의원은 노동조합의 규제 방식을 확립하기 위해 발의한 태프트-하틀리(Taft-Hartley) 법안에 노동자들의 연금 기금 관리와 관련된 수정안을 삽입했다. 노조가 협의한 모든 연금 기금의 관리를 노조 대표와 회사 대표가 동수로 참여하는 합동 신탁 위원회에 맡기자는 내용이었다. 태프트는 노조 대표들이 유일한 수탁자가 될 경우, 노조원들의 기금을 부패한 목적에 쓰거나 재정적 영향력과 정치적 권력을 행사하는 데 이용할 수 있다고 우려했다.

플로리다 출신의 민주당 상원 의원 클로드 페퍼(Claude Pepper)는 태프트의 제안을 불쾌하게 받아들였다. 그는 공화당 의원들이 노조원들의 기금에 대한 통제권을 노조에 주는 데 반대하는 실제 이유가 월 스트리트의 친구들 때문이라고 말했다. 월 스트리트의 공화당 후원자들이 앞으로 규모가 커져 무시할 수 없는 영향력을 갖게 될 것이 분명한 새로운 투자 자본 풀에 대한 통제권을 상실할까 봐 두려워 그렇게 반대하는 것이라는 설명이었다.

수정된 법안은 통과되었고, 의회는 또 한 차례의 대통령 거부권을 무시하고 그것을 미국의 법률로 확정하였다. 부수적인 조건 하나가 최종 법안에 삽입되었다. 연금 기금은 수혜자를 위해 투자 수익을 극대화하는 방식으로만 투자할 수 있다는 내용이었다. 기금을 효과적으로 사용하는 방법에 대한 이러한 제한은 결국 월 스트리트의 손에 독점적으로 맡겨져 자본시장을 발전시키는 데에만 사용되는 결과를 낳았다.

1974년 종업원 퇴직 소득 보장법(Employment Retirement Income Security Act, ERISA)이 의회를 통과하고 제럴드 포드(Gerald Ford) 대통령의 재가를 받았다. ERISA는 "견실 투자 원칙(prudent man rule)"이라는 조항을 삽입해 기금이 투자되는 방식에 보다 많은 제약을 가했다. 표면상으로는 부도덕한 재정 고문들로부터 연금 기금을 보호한다는 취지였다. 하지만 이는 곧 견실한 투자를 구성하는 것의 범위와 규모를 결정하는 금융계의 이익을 증진시키는 데에만 이용되도록 보장한다는 의미였다. 당시 강력한 기계 운전자 노동조합의 수장 윌리엄 윈피신저(William Winpisinger)는 "견실 투자 원칙"은 단지 금융계의 이익을 증진시키려는 목적으로 노동자들의 유예된 임금에 대한 통제권을 확보하기 위해 만들어 낸 법률 용어일 뿐이라고 일갈했다.[6]

1946년 미국 의회에서 연금 자본의 관리 감독 주체 및 방법에 대해 내린 결정은 1970년대 말 사필귀정에 이르렀다. 아래에 자세히 설명할 그 방식은 이후 미국 북동부 및 중서부에 속한 14개 주의 운명과 수백만 근로자의 환경을 바꾸었다. 그리고 그 결과는 바로 오늘까지 반향을 불러일으키며 두 세대를 생활수준의 하향 이동성과 빈곤, 포기, 위대한 아메리칸 드림에서의 배제에 묶이게 만들었다.

국가의 경제 환경에서 그와 같은 변화가 어떻게 발생했는지, 그리고 그것이 미국인 수백만 명의 삶에 어떤 영향을 미쳤는지를 더 잘 이해하려면, 새로운 인프라 패러다임의 근본적인 중요성을 탐구할 필요가 있다. 인프라는 개인과 가정, 지역사회, 기업, 인력의 웰빙과 사회의 결실 분배에서 학계나 정치 담론에서 일반적으로 인식하는 것보다 훨씬 더 중요한 영향을 미치는 인자이다.

미국의 1차 산업혁명의 경우, 철도는 경제생활의 재편성에서 중요한 역할을 했다. 허브와 허브를 잇는 철도 서비스는 북동부 및 중서부 통로를 가로지르는 노선을 따라 인구밀도가 높은 도시를 탄생시켰다. 마찬가지로 애초에 철도 교통을 조정하는 데 이용된 전신·전보 시스템도 철도 노선을 따라 자리가 잡혔다. 1차 산업혁명의 주요 에너지였던 석탄은 주로 북부의 펜실베이니아주 광산들과 오하이오주에서 생산되었다. 철강 산업과 출판 산업을 위시하여 여타 1차 산업혁명의 산업들 역시 북적거리는 북부 도시를 연결하는 철도 인프라를 따라 줄줄이 늘어섰다.

1905년에서 1980년대까지 이어진 2차 산업혁명 인프라의 구축은 1차 산업혁명 인프라의 상당 부분과 겹쳐졌고, 궁극적으로는 그것들을 흡수하거나 대체했다. 이 전환 과정에서 미국의 경제 지리 역시 다시 이동했다. 자동차의 대량 생산 및 국가 도로 시스템의 도입, 특히 전국 곳곳을 격자형으로 잇는 주간 고속도로는 이동성과 물류를 분산시켰다. 전기선과 전화선이 전국 구석구석까지 깔리며 모든 사람들에게 그 혜택이 확대되었다. 1859년 펜실베이니아주 타이터스빌에서 처음 발견된 석유는 자동차 문화를 구동하는 핵심 에너지로 부상하며 텍사스와 오클라호마, 그리고 나중에 캘리포니아에서 연달아 채굴되었다. 석유는 또한 대형 컨테이너선뿐만 아니라 비행기의 동력원으로도 사용되며 내수 시장에서 세계시장으로 교역을 확대시켰다.

이를 토대로 20세기 중반 미국에서 벌어진 엄청난 경제적, 사회적, 정치적 격변에 대해 생각해 보자. 이야기는 1944년 10월 2일 메이슨 딕슨선(Mason Dixon Line: 메릴랜드주와 펜실베이니아주의 경계선으로 미국 남부와 북부의 경계 — 옮긴이) 아래쪽에서 시작된다. 그날 미시시피주 클라크스데일에 운집한 약 3000명의 군중은 목화 채집기라는 새로운 기계의 시연을 경이로운 눈길로 지켜보았다. 보통 흑인 노동자 한 명이 한 시간에 20파운드의 목화를 따는데 그 기계는 같은 시간에 1000파운드의 목화를 채집했다.[7] 1972년, 남부의 목화는 100퍼센트 기계로 채집되었다.[8] 2차 세계대전 직후, 화학 제초제가 남부 농장에 도입되자 수세기 동안 노예로, 남북전쟁 이후에는 소작인으로 잡초를 제거하던 흑인 노동자들의 일자리가 사라졌다.

말 그대로 하룻밤 새 남부의 흑인 노동력은 불필요한 지경에 이르렀다. 그렇게 『약속의 땅(*The Promised Land*)』의 저자 니콜라스 레만(Nicholas Lemann)이 "역사상 가장 크고 가장 신속한 국내 인구 이동 중 하나"라고 묘사한 일, 즉 대이주(Great Migration)가 시작되었다. 500만 명 이상의 아프리카계 미국인 가족들이 북쪽으로 이동해 북부와 중서부 주에 자리 잡았다.[9] 새로운 터전에서 남자들은 디트로이트의 자동차 산업이나 피츠버그 또는 인디애나 개리의 철강 산업, 시카고의 가축 수용소 등에서 일자리를 찾았다. 그런 이주는 1970년대까지 이어져 남부 흑인 인구의 절반 이상이 짐 크로 법(Jim Crow Law: 1876년부터 1965년까지 존재한, 공공장소에서 흑인과 백인의 분리와 차별을 규정한 법 — 옮긴이)이 지배하던 빈곤과 결핍의 시골 생활을 청산하고 일자리를 찾아 북부의 공장 지대로 삶의 터전을 옮겼다.[10]

2차 세계대전 후 20년이 지나자 대규모 노조, 특히 전미 자동차 노동조합(UAW)과 전미 철강 노조(USW), 전기 산업 노조(IUEW), 기계 운전자 노조 등의 목소리가 더욱 커져 경영진과의 협상에서 보다 강도 높은 요구를 내놓기 시작했다. 그리고 이 거대한 국제 노조들은 남쪽에서 몰려온 흑인 노동자들을 환영했다. 예컨대 디트로이트 리버루지에 있는 포드의 주력 공장은 UAW의 가장 활동적인 지역 노조의 본거지였는데, 노조원 가운데 30퍼센트 이상이 아프리카계 미국인이었다.[11] 그와 유사하게, 1950년대 디트로이트에서 크라이슬러(Chrysler) 노동자의 25퍼센트, 제너럴 모터스(GM) 노동자의 23퍼센트가 아프리카계 미국인이었다.[12]

노동조합 노동자들의 갈수록 늘어나는 요구에서 벗어나길 원한 경영진은 양면 출구 전략을 개발했다. 먼저, 자동차 회사는 생산 현장에 컴퓨터와 수치 제어 기술을 도입했다. 이 최초의 자동화 기술은 대부분 반숙련 흑인 노동자들이 보유하던 일자리를 제거했다. 이 추세는 곧 북부의 여타 산업으로 확산되었다. 1957년에서 1964년 사이에 생산라인의 자동화 도입으로 미국의 제조업 생산량은 두 배가 된 반면, 블루칼라 근로자의 수는 3퍼센트 감소했다.[13] 둘째, 고속도로 시스템의 구축은 3대 자동차 회사들에 디트로이트 외곽의 새로운 교외 지역으로 문자 그대로 탈출 경로를 제공했으며, 그곳에서 그들은 고도로 자동화된 공장을 세우고 도심을 벗어나고 싶어 하던 보다 숙련된 인력에게 운영을 맡겼다.

군산복합체를 구성하는 산업을 위시하여 여타의 산업들은 남부 주 전역에 걸쳐 새로운 공장을 건설했다. 1980년대에 들어 혼다와 도요타, 닛산, BMW 등과 같은 외국의 자동차 회사들이 미국에 생산 시설을 설립했는데, 사실상 그들 모두도 주간 고속도로 출구를 따라 남부에 자리를 잡았다.[14] 남부 주에는 노조의 설립을 방해하거나 금지하기 위해 고안된 '일할 권리 법'이 있었다. 그런 남부에서 글로벌 기업들은 낮은 임금을 기꺼이 받아들이고 노동조합 조직에 그다지 열의가 없는, 보다 자기만족적인 백인 농촌 인력을 발견했다.

전국을 연결하는 주간 고속도로 시스템 덕분에 기업들은 반노조 성향이 강한 남부에 위치하면서도 전국의 공급망 및 유통 경로를 이용할 수 있었다. 미국의 북부 및 중서부의 주요 대도시를 연결하는 허브 중심의 철도 시스템에 의존하지 않도록 된다는 의미였다.

이러한 상황 변화는 그렇지 않아도 일자리를 잃은 흑인 노동 인력을 더욱 궁지로 몰아넣었다. 그들 중 다수는 자동차를 구입할 여유가 없었다. 고속화도로와 주간 고속도로 시스템은 도시계획가와 일부 학자들을 제외하고는 오늘날까지 별로 거론하지 않는 새로운 형태의 분리를 만들어 냈다. 미국의 경우 도시의 주요 교통수단인 대중교통이 자동차 시대가 절정에 이르렀을 때 북부 전역에 걸쳐서 쇠퇴하였다. 도시의 전차 및 공공 버스 시스템은 종종 자동차 운송의 독점성을 보장하기 위해 축소되곤 했다. 일자리를 잃고 사회복지 프로그램에 의지해 살며 이동성을 상실해 고립되고 빈민가에 갇힌 아프리카계 미국인 가구들은 국가의 병동이 되었다. 마약 거래와 갱 전쟁, 그리고 나머지가 뒤따랐다.

1977년 동료인 랜디 바버(Randy Barber)와 나는 미국 북동부 및 중서부 지역의 노동자들과 중소기업들이 처한 곤경에 대해 논의를 시작했다. 우리는 기업들과 산업 전체가 선벨트(Sun Belt: 미국 남부 15개 주에 걸친 지역 — 옮긴이)로 대규모 탈주함으로써 북부 도시의 아프리카계 미국인 및 백인 노동자 계층 공동체가 겪은 황폐화를 지근거리에서 지켜보았다. 우리는 또한 미국의 상업이 메인 스트리트에서 월 스트리트로 극적으로 이동한 것은 물론이고 충성도나 유대가 더 이상 미국에 국한되지 않는 글로벌 기업들이 부상해 전 세계로 이해관계와 영향력, 참여를 확대하고 있다는 사실을 고통스럽게 인식했다.

우리는 보다 개방적이고 민주적인 경제를 구축하기 위한 전 국민적인 심층 대화를 촉발할 수 있는 우리의 노력에 방향을 잡아 줄 맥락을 찾아 나섰다. 특히 우리는 미국의 독창성의 중심에 있는 중소기업들에 활력을 불어넣고 새로운 일자리를 창출하며 역동적인 사회생활을 도심에 다시 안겨 줄 수 있는 아이디어와 주제에 관심이 있었다. 우리가 이미 수년에 걸쳐 지역 및 국가의 노동계 리더들과 긴밀한 유대를 맺어 왔던 터라 그들은 노동자들이 월 스트리트의 손에 영향력을 빼앗기는 상황에 대한 우리의 우려에 공감했다. 랜디 역시 이미 다수의 노동계 리더들과 학자들에게 손을 내밀어 미국과 전 세계의 경제 및 정치 역학에 변혁을 가할 잠재력을 지닌 특정 현상의 증대에 관한 풍부한 연구 조사 자료를 정리해 둔 터였다. 랜디와 나는 조각들을 맞춰 나가면서 자본주의의 본질에 (당시까지는 어느 누구도 알아채지 못한) 변화가 일어나고 있다는 사실을 깨닫기 시작했다. 그 몇 개월 동안 우리가 나눈 대화는 1년 후 『북부의 재부상(*North Will Rise Again: Pensions, Politics, and Power in the 1980s*)』이라는 정곡을 찌르는 제목으로 출간된 공동 저작물로 결실을 맺었다.

우리가 그 책에서 내세운 논지는 다음과 같다. 첫째, 북동부 및 중서부의 16개 주는 그곳을 세계경제의 등대로 만든 바로 그 산업들에 의해 빠르게 버려지고 있다. 둘째, 미국 노동운동은 기업들과 산업 전체가 반노조 '일할 권리 법'이 지배하는 남부와 서부의 주에서 새로운 기회를 모색함에 따라 북동부 및 중서부에서 위상이 약화되는 것을 목도하고 있다. 이것은 결코 작은 문제가 아니다. 모든 노조원 가운데 60퍼센트가 북동부 및 중서부 지역에서 거주하고 일하는 반면, 노조원의 15퍼센트만이 선벨트에서 살면서 일하고 있기 때문이다.[15]

선벨트의 노동자들을 노조에 가입시키려는 노력은 대체로 농촌의 노동인구와 지역의 정치조직 및 상공회의소에 팽배한 반노조 정서에 부딪혀 번번이 별다른 소득을 올리지 못하곤 했다. 남부의 기업들에 노조를 설립하는 과업이 미미한 수준의 성공만 거두고 있었다는 얘기다. 우여곡절 끝에 설립된 노조들도 새로운 노조원을 가입시키기 위해 쓸 수 있는 카드가 별로 없었다.

무엇을 어떻게 해야 하는가? 우리는 미국의 노동조합 지도자들이 긴 잠에서 깨어나 새롭고 강력하고 유망한 현실을 깨달아야 한다고 주장했다. 그들이 잠들어 있는 동안, 민간 및 공공 부문의 수백만 근로자들이 단체교섭 계약을 통해 임금의 일부를 은퇴 후 수령하는 방식의 연금 기금 형태로 유예시켜 놓았다. 전 세계의 국가와 지방, 도시들도 미국의 선례를 따라 공무원들과 민간 근로자를 대상으로 유사한 유형의 연금 기금 계정을 앞다투어 개설했다.

미국에서는 이렇게 설명했다.

> 연금 기금은 지난 30년 동안 부상해 세계에서 가장 큰 민간 자본 풀이 된 새로운 형태의 부이다. 그것들은 현재 총가치가 5000억 달러를 넘어섰다. …… 연금 기금은 현재 미국 기업 주식의 20~25퍼센트, 채권의 40퍼센트를 보유하고 있다. 연금 기금은 이제 미국의 자본주의 시스템에서 가장 큰 투자 자본의 원천이다. …… 오늘날 2000억 달러가 넘는 미국의 연금 기금

자본은 1900만 노동조합원의 유예된 저축과 북동부 및 중서부 통로를 구성하는 16개 주의 공무원 연금으로 조성된 것이다.

이런 상황도 노동운동과 월 스트리트를 흔들기에 충분하지 않은 것인가? 우리는 미국 노동운동의 지도부는 물론이고 북동부 및 중서부 지역 전반의 주 및 지방 정부의 지도부를 준엄하게 비판하며 다음과 같이 결론 내리지 않을 수 없었다.

> 노조와 주 정부는 지난 세월 이 강력한 자본 풀에 대한 통제권을 금융계에 내주었다. 투자은행들은 이러한 자본 자산을 이용하여 기업들이 생산 시설과 일자리를 선벨트와 해외로 이전하도록 도움으로써 조직화된 노동력과 미국 북부의 경제를 제대로 기능하지 못하게 만들었다.[16]

다시 말해, 금융계와 투자은행들이 미국의 주요 기업에 투자하는 데 사용한 돈은 수백만의 북부 노동조합 노동자들의 유예된 임금이었는데 그 기업들은 조직화된 노동력을 팽개치고 남부의 '일할 권리 법' 주들로 옮겨 갔다는 얘기다. 수백만 노조원들의 저축이 바로 노골적으로 그들의 일자리를 없애는 정책을 추진하는 기업들에 투자되었는데, 아무도 그것을 알지 못하고 있는 것 같았다.

랜디와 나는 이어서 북동부 및 중서부 지역의 주와 도시, 그리고 지역 및 국가의 노동조합에 직접 질문을 던졌다. "자신의 자본이 계속해서 그렇게 자신들에게 불리하게 이용되도록 허용할 것인가?" 아니면 "자신의 일자리와 지역사회를 구하기 위해 이러한 자금에 대한 직접적인 통제권을 확보할 것인가?"[17]

우리가 제기한 질문이 보다 실용적이고 전략적이었지만, 그 뒤에는 애덤 스미스(Adam Smith)가 1776년에 『국부론(*The Wealth of Nations*)』을 발표한 이후로 자본주의를 괴롭혀 온 이념적 질문이 놓여 있었다. "생산수단은 누가 통제해야 하는가?"[18] 우리가 제기한 질문은 미국의 금융계와 글로벌 기업들이 연금 자본 형태로 쌓인 노조원들의 유예된 저축을 사용하여 선벨트뿐만 아니라 국경 넘어 전 세계로 사업장을 옮기는 상황에서 그 어느 때보다도 더욱 중요해졌다. 문제는 단순히 사업장을 옮기는 데에서 그치는 게 아니었다. 금융계와 글로벌 기업들은 그렇게 각 지역의 노동자를 번갈아 가난하게 만들며 지역사회들이 서로 가장 저렴한 노동력의 모집을 놓고 경합을 벌이도록 조장하고 환경기준이 느슨하거나 아예 없는 지역 또는 공장의 근로조건에 대한 점검이 거의 없는 지역에 진출하고 있었다.

우리 책에 대한 반응은 즉각적이었다. 《포춘》 선정 500대 기업의 중역들과 금융계의 리더들은 물론이고 수만 명의 지역 및 전국 노조의 지도자들과 일반 노조원들도 그 책을 읽었다. 그들 모두 이 거대한 자본 풀의 통제권을 둘러싼 다툼에 이해관계가 있는 당사자였다. 책은 지난 40년 동안 인정을 받고 인용되며 사회적 책임 투자(SRI) 운동을 촉발하는 데 도움을 주었지만, 그동안 과연 전 세계의 국가와 도시, 노동조합은 자본주의 시스템에서 시장의 향방을 좌우하는 투자의 원천, 즉 수조 달러에 달하는 그 연금 기금에 대한 통제권을 장악하기 위해 효과적으로 움직였는지 물어야 공정할 터이다.[19] 아니면 그러한 노력이 사회적 자본 자체는 포획하지 못한 채 조금씩 힘을 빼앗고 작은 양보를 확보하는 식으로 점진적으로 진행되고 있는가?

1998년, 그러니까 그 책이 발간되고 20년이 지난 후 미국노동총동맹(AFL-CIO)의 재무 책임자(현재는 회장) 리처드 트럼카(Richard Trumka)는 라스베이거스에서 전국 노조 재무 책임자들의 회의를 소집하고 랜디와 나를 초대해 진척 상황을 평가해 달라고 했다. 우리는 정중하면서도 과장되지 않게 있는 그대로의 현실을 전했다. 트럼카는 우리가 책에서 제기한 주제의 가장 열렬한 옹호자 중 한 명이었음을 덧붙여야 할 것 같다. 그는 이렇게 말했다. "우리의 연금 기금을 활용하고 자본 전략을 개발하는 것보다 노동운동에 더 중요한 전략은 없습니다. 더 이상 우리의 돈이 우리의 목을 자르게 놔둬서는 안 됩니다."[20]

우리의 논지와 행동 촉구의 성공과 실패에 대한 보다 신중한 분석과 비판은 캘리포니아 주립 대학의 조직 행동 및 환경학 조교수인 리처드 마렌스(Richard Marens)에게서 나왔다. 그는 2004년 《저널 오브 비즈니스 에틱스(*Journal of Business Ethics*)》에 기고한 「북부의 부상을 기다리며(*Waiting for the North to Rise: Revisiting Barber and Rifkin after a Generation of Union Financial Activism in the U.S.*)」라는 제목의 글에서 다음과 같이 말했다.

> 한 세대 전, 두 명의 지역사회 운동가 랜디 바버와 제러미 리프킨은 『북부의 재부상(*North Will Rise Again*)』(1978)에서 미국 노동운동의 새로운 방향을 촉구했다. 그들의 책은 1970년대에 노동계가 경험한 정치적, 조직적 좌절에 대한 반응이었다. 20년에 걸쳐 노동계의 지분이 감소하고 노동법 개혁을 위한 공동의 노력이 당황스러울 정도로 실패한 데 대한 반응이라는 뜻이다. 그들은 급속히 축적되는 공공 및 노조 제어 연금 계획에서 긍정적인 반대 흐름이 부상하고 있음을 확인했다. 노동계가 해야 할 일은 새로운 노동조합 일자리에 투자를 창출하는 도구로서, 그리고 저항하는 기업 경영진과의 싸움에 쓸 무기로서 이 자본을 활용하는 방법을 배우는 것이었다.[21]

마렌스는 계속해서 미국의 많은 노동조합과 그 지도자들이 우리의 분석과 비전을 수용했으며, 10년도 채 지나지 않아 새로 형성된 사회적 책임 투자 조직들과 공조를 펼치게 되었다고 말했다. "사회적 책임 투자 조직들은 다양한 형태의 재무 행동주의에 상례적으로 관여했으며, 또다시 10년 후에는 노동조합을 위해 일하는 투자 행동주의자들이 많은 혁신과 명백한 성과를 과시할 수 있게 되었다."[22] 이전에는 기업의 닫힌 회의실에서 다뤄지던 주제들에 대해 주주 결의안이 채택되는 경우가 급증하면서 경영 관행에도 변화가 일었다.

그러한 주주 결의안 중 일부는 노동자들이 즉결로 해고당하고 임금도 정체되고 있는 마당에 중역들에게는 터무니없는 보상금이 지급되던 관행에 제동을 걸었다. 또 어떤 것들은 주로 아시아 지역의 (디킨스 소설에 나오는) 노동 착취 환경에 스포트라이트를 집중시켜 기업들의 대중적 이미지를 훼손하고 주주 가치를 약화시켰다.

그럼에도 마렌스는 2007년 기사에서 공공 및 민간 연금 기금이 사회적 책임 투자와 주주 가치를 증진시키는 핵심 요소가 되었지만 "미국 기업들에 대한 그러한 감시자 역할을 제도화하는 것, 즉 노동자의 주주 행동주의는…… 전술적 무기로 남을 가능성이 크다. 기업 경영진과 사소한 접전을 벌이고 불만을 공론화하는 데 이용할 수 있는, 흥미롭고 잠재적으로 유용한 전술적 무기로 말이다."라고 결론지었다.[23] 세계의 노동자들이 일터와 지역사회, 가정을 대표해서 글로벌 연금 자본 풀의 투자 방식에 대한 책임을 지게 되는 우리의 비전과 관련해서, 마렌스는 적어도 2007년 현재로서는 그렇게 될 가능성이 있다는 증거가 없다고 암시했다. 그는 기껏해야 아직 결론이 나지 않았을 뿐, 그 이상은 없을 것이라고 덧붙였다.

이론에서 실천으로: 혁명의 시작

이번에는 국가와 주, 도시의 공공 연금 기금의 근황에 대해 알아보자. 공공 연금 기금은 현재 주주 결의안을 뛰어넘어 국가와 주, 도시의 정부로 하여금 그 방대한 자본을 경제의 탈탄소화를 위해 투자하도록 이끌고 있다. 각국 정부 산하 공무원 노조가 화석연료 및 관련 산업에서 공공 연금을 회수해 재생에너지와 녹색 기술, 에너지 효율 이니셔티브에 재투자하기 시작하면서 전 세계적인 운동이 뿌리를 내리고 있다.

미국에서는 그 혁명이 대학에서 시작되어 학생들이 학교 이사회에 "분리와 투자"를 청원하고 있다. 미국의 주요 환경 운동 단체인 350.org의 수장 빌 매키번(Bill McKibben)은 이 운동의 확장을 돕는 데 중심적인 역할을 수행하고 있다. 처음에는 전국에 흩어져 있는 소수의 지방자치단체(대부분 대학 도시)만이 연금 기금 투자에 변화를 도모했다. 그것은 상징적인 제스처에 가까웠다. 하지만 투자의 실개천이 냇물이 되기까지 그리 오래 걸리지 않았으며, 이제는 대홍수가 일어나기 직전이다. 워싱턴 DC와 코펜하겐, 멜버른, 파리, 샌프란시스코, 시드니, 시애틀, 스톡홀름, 미니애폴리스, 베를린, 케이프타운 등 전 세계의 보다 큰 도시들이 이 물결에 합류하고 있다. 오늘날 모든 대륙에 걸쳐 150개 도시와 지역에서 공공 연금 기금을 구식 화석연료 에너지에서 분리해 3차 산업혁명 인프라를 구성하는 재생에너지와 전기 자동차, 무공해 건물 개조에 재투자하는 조치를 취하고 있다.[24]

전환점은 2018년 뉴욕과 런던 두 도시가 영향력을 발휘하기 시작하면서 찾아왔다. 1월 10일, 빌 드 블라시오(Bill de Blasio) 시장과 뉴욕시 공공 연금 기금 신탁 위원회는 2023년까지 화석연료에서 완전히 분리하겠다는 결정을 발표함으로써, 미국의 선도 도시를 전 세계적인 그린 뉴딜

사회로의 전환 과정의 주력으로 단번에 자리매김했다. 뉴욕시의 공무원 연금 기금은 71만 5000명의 가입자와 퇴직자 및 수혜자를 대표하며, 총액이 1940억 달러에 이른다.[25] 시장은 기자회견에서 그러한 분리 결정이 도덕적 측면과 재정적 측면을 모두 고려한 것임을 분명히 밝혔다. 그의 메시지는 가차 없었다. 그는 뉴욕 시민들에게 이렇게 말했다.

뉴욕시는 미국의 주요 도시 가운데 연금 기금을 화석연료에서 분리한 최초의 도시가 됨으로써 미래 세대의 보호에 앞장서고 있습니다. 그와 동시에, 우리는 기후변화와의 전쟁을 화석연료 회사들과의 전쟁으로 확대할 것입니다. 그들은 기후변화의 영향을 알면서도 자신들의 이익을 보호하기 위해 의도적으로 대중을 오도했습니다.[26]

드 블라시오는 계속해서 2012년 10월 허리케인 샌디가 다섯 개의 자치구를 강타했을 때 입은 피해를 뉴욕 시민들과 미국 국민 전체에 상기시켰다. 당시 뉴욕시는 44명이 사망하는 인명 피해와 더불어 시민의 재산 및 인프라에 닥친 손상과 경제활동 마비로 인해 190억 달러에 달하는 경제적 손실을 입었다.[27] 엄청난 양의 빗물이 도로를 휩쓸며 백화점 유리창을 부수고 지하철 출입구로 밀려 들어가는 장면을 담은 생방송 보도를 전 세계 사람들이 TV로 지켜보았다. 뉴욕은 해수면이 상승하고 폭풍 및 허리케인의 강도와 빈도가 높아짐에 따라 해로운 면에서 세계 최고 수준의 도시 중 하나가 되었으며, 시민들은 도시의 일부가 21세기 후반에 완전히 잠기는 것은 아닌지 묻기 시작했다.[28]

시간이 지남에 따라 도시가 입게 될 생명과 재산의 손실은 헤아릴 수 없는 수준이 될 수도 있다. 시장은 그 분리 결정이 도시의 경제적 안정성과 미래를 보장하기 위한 조치라고 말했다. 시 당국은 총 50억 달러에 이르는 포트폴리오의 3퍼센트가 화석연료에 투자되었고, 거기서 회수된 자금은 도시의 연금 투자 전반에 걸쳐 재분배될 것이며 특히 재생에너지와 기존 건물의 개조, 녹색 인프라에 투자할 기회를 찾는 데 우선순위를 둘 것이라고 밝혔다.[29]

그러한 분리는 견실하고 공정한 도시를 표방한 "하나의 뉴욕(One New York)"이라는 광범위한 탈탄소화 계획의 일부이다. 이 계획의 목표는 파리 기후 협약에 부응해 도시의 온실가스 배출을 2050년까지 2005년 수준에 비해 80퍼센트를 감축하는 것이다.[30]

런던의 시장인 사디크 칸(Sadiq Khan)도 마찬가지로 탄소 기반 에너지에 투자된 공공 연금 기금 70만 파운드(90만 3000달러)를 회수하겠다는 계획을 발표했다. 칸 시장은 마지막 한 푼까지 회수해 도시의 연금 포트폴리오가 화석연료 산업과 맺은 연계를 완전히 단절시킬 것이라고 말했다. 런던은 또한 시장 에너지 효율 펀드(Mayor's Energy Efficiency Fund)를 출범시켜 도시의 공공 지원 주택과 대학, 도서관, 병원, 박물관 등의 친환경화 작업에 5억 파운드(6억 4500만 달러)를 투자하고 있다.[31]

《가디언(*Guardian*)》에 공동으로 기고한 평론에서 두 시장은 "우리는 화석연료의 추출로 기후변화에 직접적으로 영향을 미치는 기업들에 대한 기관투자를 끝내는 것이 재생에너지와 저탄소 옵션이 미래라는 강력한 메시지를 전달하는 데 도움이 되리라고 믿는다."라고 말했다.[32]

그 기고문이 나간 직후 캘리포니아 주지사 제리 브라운(Jerry Brown)은 캘리포니아 공무원 퇴직 제도(CalPERS)와 캘리포니아 교사 퇴직 제도(CalSTRS)를 관리 감독하는 2대 공공 연금 기금 매니저들에게 "포트폴리오에서 기후 리스크를 파악해 3년마다 해당 리스크에 대해 대중 및 입법기관에 보고"할 것을 요구하는 법안에 서명했다.[33] 이런 종류의 법안 가운데 미국의 주 의회가 최초로 통과시킨 경우에 해당하는 이 법은 기후 관련 금융 리스크에 대한 법적인 정의를 규정할 뿐 아니라 주의 공공 연금 계획이 투자 결정에서 준수해야 할 법적 책임을 정의하는 동시에 투자 선택이 기후변화에 관한 주의 여타 법령에 위배되지 않을 것을 요구한다. 이 법의 일부 조문을 좀 더 살펴보기로 하겠다. 공공 연금 기금을 관리하는 정부가 화석연료 문명에서 탄소 후 녹색 시대로의 이전과 그린 뉴딜에 자금을 조달하는 권한을 갖는 상황에서, 미국 전역의 주 및 지방자치단체의 신탁 책임을 재평가하고 이해하는 데 이용할 수 있는 표준 문안이 거기에 담겨 있기 때문이다.

그 새로운 법률은 "기후변화는 전환 리스크와 물리적 리스크, 소송 리스크를 포함하여 합리적인 투자자들이 투자 결정을 내릴 때 고려해야 하는 일련의 중요한 재정적 리스크를 초래한다."라고 명시하고 있다. 법률은 또한 "이러한 리스크를 인정하고 그에 대한 해결책 모색에 나서지 않으면 연이어 추가적인 법적 문제와 재정적 위험에 노출될 수 있다."라고 경고한다. 아울러 기후변화가 시간이 지남에 따라 발생한다는 사실을 고려할 때 투자 결정은 "반드시 단기적 및 장기적 영향과 퇴직 기금 투자의 리스크를 모두 고려해야 한다."라고 강조한다.[34]

이 법률은 그 두 가지 강력한 투자 자금의 신탁관리인들에게 그들의 투자 결정을 더 이상 단순히 단기적인 시장 수익률에 연계시켜서는 안 된다는 점을 명확하게 일깨우는 단호한 조문으로 결론을 내린다(특히 본질상 기후변화에 기여하는 사업이나 노력을 투자 대상으로 고려할 때 단기적인 수익만을 연계시켜서는 안 된다는 점을 분명히 한다.). "기후변화의 잠재적으로 치명적인 결과와 문서로 기록된 탄소의 사회적 및 경제적 비용, 기후변화의 중요한 재정적 리스크에 관한 다양한 연구 문헌을 고려할 때, 퇴직연금 위원회는 결단코 기후변화의 금융 리스크를 무시해서는 안 된다."[35]

우리는 여기서 잠시 일시 정지 버튼을 누르고 이 새로운 법의 중요성을 음미할 필요가 있다. CalSTRS는 교육공무원 연금으로는 세계 최대의 기금으로 95만 명의 회원과 수혜자를 보유하며 총 2240억 달러에 이르는 금융자산을 관리한다.[36] CalPERS는 미국에서 가장 큰 연금 기금으로 190만 명의 공무원과 퇴직자 및 가족을 두고 총 3490억 달러의 금융자산을 관리 감독한다.[37] 이 두 자이언트가 관리하는 자산은 도합 5730억 달러에 이르는데, 이는 미국의 거의 300만에 달하는 공무원과 퇴직자 및 수혜자를 대신해 투자되는 5000억 달러의 기금보다 많은 금액이다.

이 법은 공공 연금 기금 투자의 신탁 원칙을 세밀하게 조정하여 자산관리자들로 하여금 회원의 재정 수익을 극대화하는 것이 무엇을 의미하는지 보다 잘 인식하도록 돕는다. 지난 70여 년 동안 연금 기금 신탁관리인들을 이끌었던 "견실 투자 원칙"에 대한 다소 미숙한 이해는, 그 유일한 기준이 투자수익률이었던 탓에, 그러한 투자가 (행해지는 당시에는 견실해 보일지 몰라도) 여타의 투자에 부정적인 영향을 촉발할 수도 있다는 사실까지 고려하는 수준에는 이르지 못했다. 가입자들의 전반적인 투자 포트폴리오의 장기적 최적화를 저해하는 부메랑효과가 생길 수도 있다는 사실은 고려되지 않았다는 뜻이다.

화석연료 에너지 기업과 전력 유틸리티에 대한 투자가 좋은 예이다. 결과적으로 지구온난화 가스 배출에 기여해 캘리포니아의 가뭄 조건을 악화시키는 바람에 산불의 빈번한 발생이 초래되지 않았는가. 그러한 산불은 송전선을 훼손해 전력 부족과 부분적 정전을 유발하고 재산을 파괴하며 지역 경제를 마비시킬 뿐 아니라 잠재적으로 그러한 혼란과 손실에 영향을 받는 여타 캘리포니아 기업에 투자된 기금의 수익에도 악영향을 미친다. 이러한 복합적 영향은 이론적인 것이 아니라 매우 현실적인 것이다. 캘리포니아 소재 《포춘》 500대 전력 유틸리티에 속하는 피지 앤드 이(PG&E)는 2019년 캘리포니아주 당국에서 2017년 캘리포니아에 발생한 21건의 주요 산불 가운데 적어도 17건이 피지 앤드 이의 설비에 기인한다고 발표한 직후 파산 신청에 들어갔다.[38]

이것이 바로 랜디 바버와 내가 『북부의 재부상』에서 강조한 요점이다. 우리는 모든 연금 기금 투자 결정에는 단기적 수익에 관계없이 반드시 고려해야 할 결과가 있다고 썼다. 그러한 결과가 기금 투자의 수혜자인 근로자들의 중장기 경제적 웰빙에 악영향을 미칠 수도 있었기 때문이다. 우리가 어떤 내용을 고발했는지 기억을 되살려 보자. 과거에 투자 은행들은 북동부 및 중서부 지역에 거주하는 노동자들의 공공 및 민간 연금 기금을 해당 지역을 버리고 인건비가 낮은 선벨트나 아시아 국가들로 도망가는 기업들에 투자했다. 이런 일은 1960년대부터 1990년대까지 지속적으로 발생해 수백만의 노동자들과 그 가족, 지역사회, 나아가 주 전체를 빈곤에 빠뜨렸다. 오늘을 살고 있는 그 어떤 노동자도 이 기금의 신탁관리인들이 행한 투자가 설령 괜찮은 수익률을 올렸다 해도 "견실했다."라고 생각하지는 않을 것이다. 오늘날 지구온난화 가스 방출에 가장 책임이 있는 기업과 산업에 이뤄지고 있는 투자 역시 이와 비슷한 부류에 해당한다. 견실한 투자? 정당화하기 어렵다!

공공 및 민간 연금 기금 자산의 투자 및 평가 방식에서 발생하는 근본적인 변화에 대해 의심의 여지가 남지 않도록, 영국(2018년 기준 세계 5위의 경제체) 정부는 2018년 6월 "견실한" 투자란 무엇인가라는 문제를 시험대에 올렸다.[39] 영국 정부의 고용·연금부(DWP)는 캘리포니아와 거의 같은 시기에 새로운 규정을 발표했다. 1조 5000억 파운드에 달하는 국가 연금 자산의 관리 감독에서 향후 공공 연금 투자를 평가하는 방법에 적용되는 규정이다.[40] 캘리포니아에서와 마찬가지로 이 문제는 신탁 책임을 수행하는 데 수반되는 사항에 대한 이해를 심화시키는 데 중점을 두었다.

DWP의 장관인 에스더 맥베이(Esther McVey)는 새로운 지침을 발표하며 법률적 측면과 간접적인 참조 사항은 제쳐 놓고 영국 국민, 특히 청년들에게 직접 말을 걸었다. 그녀의 말을 들어 보자. "우리는 젊은 세대가 자신의 돈이 어디로 가는지에 보다 많은 관심을 기울이고 있다는 사실을 잘 알고 있습니다. 우리의 젊은이들은 또한 자신들의 연금이 그들의 가치에 부합하는 방식으로 투자되고 있는지에 대해 갈수록 의문을 제기하고 있습니다. 분명히 말씀드리건대 이제 그 돈은 미래 세대를 위해 보다 지속 가능하고 공정하며 평등한 사회를 건설하는 데 사용될 수 있게 되었습니다."[41] 이 규정은 연금 기금 신탁관리인들에게 "기후변화는 전체에 영향을 미치며 해를 끼치는 리스크이기 때문에 특정 항목으로 포함시킬 것"을 경고한다. "그것은 환경적 리스크 및 기회뿐 아니라 사회 및 거버넌스 관련 고려 사항에도 영향을 미친다. …… 파리 기후 협약에 대한 영국의 헌신은 기후변화가 중대한 우려 사항이라는 정부의 견해를 여실히 보여 준다."[42]

어떤 사람들은 이러한 내용을 읽고 큰 정부가 연금 기금 신탁관리인들과 수백만 명의 공무원에게 정부의 이념적 의지를 강요하기 위해 규제 권한을 동원하고 있다고 결론지을 수 있다. 하지만 실제로는 그 반대이다. 많은 사례에서 정부에 조치를 취하라고 압력을 가하는 쪽은 공무원 노조이다.

유니슨(UNISON)은 영국 최대의 노동조합으로 130만 명의 가입자가 지방정부와 교육계, 국민 의료보험, 에너지 분야 등의 공공 및 민간 부문에서 일하고 있다. 영국 전역의 지방정부들이 화석연료 산업에 160억 파운드(206억 달러)를 투자했다는 사실을 알게 된 유니슨은 전국 대회에서 각 지방정부에 그들의 연금 기금 포트폴리오를 화석연료에서 분리해 녹색 에너지와 여타의 사회적으로 책임 있는 대상에 재투자하도록 압박하는 캠페인에 전국의 노조원들을 동원하기로 결정했다. 유니슨의 사무총장 데이브 프렌티스(Dave Prentis)는 노조원들에게 보내는 공개서한에서 "법률에 따라 분리 결정을 내리는 것은 BP와 셸 등의 자산이 '좌초되고' 따라서 쓸모없게 될 것이라는 견해와 같은 재정적 이유를 놓고 볼 때 어떤 기금이든 그렇게 할 만한 근거가 충분하다."라고 말했다.[43]

2018년 7월, 아일랜드는 전 세계 국가 중 최초로 5년 이내에 "모든" 공공 기금을 화석연료 회사들로부터 분리할 것이라고 발표했다. 아일랜드 의회는 정부 자금 89억 유로(104억 달러)의 투자를 관리 감독하는 아일랜드 전략적 투자 기금(Ireland Strategic Investment Fund)에 아일랜드가 전 세계 화석연료 산업에 투자한 3억 1800만 유로를 회수하도록 강제하는 법안을 통과시켰다.[44]

그로부터 불과 8개월 후인 2019년 3월 노르웨이 정부는 자국의 국부 펀드를 모든 업스트림(upstream: 자원의 탐사와 시추, 생산을 위한 설비의 설치 및 생산 활동까지 포함하는 분야 — 옮긴이) 석유 및 가스 회사로부터 분리하겠다고 발표함으로써 전 세계 금융계를 놀라게 했다. 노르웨이는 서유럽 최대의 석유 생산국이며 그 나라의 국부 펀드는 세계 최대 규모이다.[45] 메시지는 분명했다, 노르웨이는 이제 발을 빼겠다는 것이었다!

정부가 화석연료로부터 분리하기 위한 프로토콜을 확립하는 과업을 무시하거나 늑장을 부리고 있는 나라들에서는 공무원 노조들이 가입자들의 연금 기금에 대한 투자 회수를 일방적으로 선언하는 임무를 떠맡았다. 2018년 기준 세계 11위의 경제 대국인 한국의 경우 전력의 46퍼센트를 여전히 석탄에 의존하고 있다.[46] 정부의 비타협적인 태도에 실망한 교직원 연금과 공무원 연금 시스템은(도합 220억 달러에 달하는 자산을 관리하는데) "새로운 석탄 프로젝트에 대한 투자를 중단할 것이며" 석탄 프로젝트에서 회수한 기금을 재생에너지에 재투자하겠다고 발표했다. 그들은 자신들의 선언으로 다른 투자 기금에서도 유사한 움직임이 발생하고 국

가 정부 차원에서도 투자 회수 조치를 취하게 되기를 바라고 있다.[47]

지방이나 지역, 국가의 정부들과 그들의 공공 연금 기금이 화석연료에서 투자를 회수해 녹색 에너지에 재투자하는 움직임에 박차를 가하고 있는 가운데, 세계의 선두적인 보험사들도 타당한 이유로 그 뒤를 바짝 따르고 있다. 각각 적어도 100억 달러의 자산을 보유한 18개 보험회사(대부분 유럽 소재)가 이미 화석연료 산업에서 투자를 회수하기 시작했다. 악사(AXA)와 뮌헨 레(Munich Re), 스위스 레(Swiss Re), 알리안츠(Allianz), 취리히(Zurich) 등 세계 최대의 보험사들은 석탄 프로젝트의 보험 인수를 제한하거나 제거했다. 악사와 스위스 레는 또한 타르 모래 프로젝트의 보험 인수도 제한하고 있다.[48]

하지만 미국의 경우 10대 보험사 중 두 곳, 즉 에이아이지(AIG)와 파머스(Farmers)만이 기후변화에 대응해 투자 전략을 수정했다. 미국의 서부 연안이 기후변화에 따른 가뭄과 산불로 인해 수시로 파괴되고 2017년 한 해에만도 129억 달러의 피보험 손실이 발생했다는 사실을 고려할 때 이것은 주목할 만한 부분이다.[49] 지난 10년 사이에 벌어진 기후변화로 인해 루이지애나와 플로리다, 미시시피, 조지아, 사우스캐롤라이나, 노스캐롤라이나, 버지니아 등의 남동부 주와 텍사스주는 허리케인에 시달리고 있고 네브래스카와 아이오와, 위스콘신, 미주리 등의 중서부 주는 1000년에 한 번 올까 말까 한 홍수를 매년 겪고 있다. 그로 인한 재산 및 인명 피해는 따로 언급하지 않아도 짐작이 갈 터이다. 그러나 나는 미국의 다른 보험사들도 향후 2~3년 이내에 기후변화의 영향이 야기한 현실을 직시하고 분리 및 투자에 동참하게 되리라고 생각한다.

화석연료 산업 및 그 관련 산업에서 투자를 회수하기를 꺼리는 공공 및 민간 연금 기금 신탁관리인들의 반박 논리는 일반적으로 "사회적 책임 투자"에 대한 요구를 충족시키기 위해 투자수익률을 포기할 수는 없지 않느냐는 식으로 펼쳐진다. 사회적 책임 투자가 목적은 고상하지만 일반적으로 시장 실적은 저조한 게 문제라는 것이다. 이 주장은 종종 전 세계 연금 기금의 장기적 책무(책임준비금) 이행이 자금 부족으로 문제를 겪을 수 있다는 경고로 포장된다. 그래서 신탁관리인들이 실적이 저조한 사회적 책임 펀드에 투자하기를 그렇게나 원치 않는다는 것이다. 근로자들에게 돌아가야 할 혜택이 고갈되는 결과가 나오면 안 되지 않느냐면서 말이다.

연금 기금이 전통적으로 자금 부족에 시달려 온 것은 사실이지만, 앞서 제시한 바와 같이 이는 어느 정도는 투자은행과 여타 기관들이 자사의 대차대조표를 강화하기 위해 그것을 실적이 저조한 주식에 투자하는 데 쓸 전용 돈궤로 이용했기 때문이다. 그들의 이런 악행은 주지의 사실이다.

미국의 공공 및 민간 연금 기금이 수년 전 한심한 수준의 자금 부족에 시달린 것은 대부분이 2008년과 2012년 사이에 대침체가 투자 세계 전체에 가한 피해 때문이다.(이후 경제는 회복기에 들어갔다.) 연금 기금의 돈궤는 최근 몇 년간 과열된 상승 장세 덕분에 꾸준히 채워져 왔지만, 여기서 우리는 다시 한 번 주의를 기울일 필요가 있다. 2018년 중반 S&P 500의 평균 주식 거래는 평균 가치보다 73퍼센트 높은 수준을 보였다. 주식시장의 역사를 되돌아보건대, 주식이 이보다 더 과대평가된 경우는 1929년의 대공황 직전과 2000년의 악명 높은 닷컴 붕괴 이전, 이렇게 딱 두 차례뿐이었다.[50]

퓨 트러스츠 리서치(Pew Trusts Research)에 따르면 현재 미국의 연금 책무(책임준비금)는 자금 조달 수준이 72퍼센트에 머무르고 있다.(일부 분석가들은 이 수치가 후하다고 평가한다.) 만약 주식시장이 급락해 베어(bear market: 하락장) 영역으로 들어선다면 주식들이 폭넓게 과대평가되고 있는 작금의 상황에 비추어 볼 때 책무 이행 자금이 부족한 연금 기금은 큰 곤경에 처할 것이고, 뮤추얼 펀드나 채권 같은 여타의 투자 수단도 모두 마찬가지 입장에 처할 것이다.[51]

연금 기금을 화석연료에서 분리하는 것에 반대하는 주장이 완전히 설득력을 잃는 지점은 바로 석유 및 가스 주식들이 S&P 500에서 가장 실적이 저조한 부문 중 하나에서 수상쩍은 실적을 향유하고 있다는 심각한 실상에 있다. 이는 분명 화석연료에 계속 투자할 명분을 잃게 만드는 현실이다.[52]

관련 수치를 좀 더 자세히 들여다보면 실로 흥미로운 사실이 드러난다. 2016년 캐나다의 투자 연구 조사 및 미디어 그룹인 코퍼레이트 나이츠(Corporate Knights)는 뉴욕주 일반 퇴직 기금의 투자 수익을 분석했다. 뉴욕주 퇴직 기금은 110만 가입자의 1850억 달러를 신탁 관리하는, 미국에서 세 번째로 규모가 큰 연금 기금이다. 분석 결과에 따르면, 만약 그 기금이 3년 전에 화석연료 포트폴리오에서 분리되었다면 해당 3년에 걸쳐 수익이 53억 달러 더 증가했을 것이다. 가입자 1인당 4500달러를 더 확보하게 되었을 것이란 얘기다.[53] 예시는 이것으로 충분하다고 본다.

우리는 화석연료 문명의 임박한 붕괴가 암시하는 바를 완전히 이해할 필요가 있다. 환경론자들과 사회정의 운동가들은 지난 수십 년간 화석연료 문화가 글로벌 시장과 사회의 거버넌스, 그리고 우리의 생활 방식에 행사하는 경제력에 맞서 힘겨운 싸움을 벌여 왔다. 최근 수년 사이에 우리는 화석연료 부문과 관련 산업이 가하는 타격으로 인해 갈수록 큰 두려움에 사로잡히게 되었다. 그것이 우리를 걷잡을 수 없는 기후변화와 멸종의 나락으로 내몰고 있다는 생각이 들어서다.

현재의 상황은 사실 오래전에 예고된 일이었다. 1973년 10월, 석유수출국기구(OPEC)는 미국에 대한 석유 수출 금지 조치를 단행했다. 몇 주 지나지 않아 주유소의 기름 가격이 갤런당 3달러에서 11.65달러로 급상승했으며, 각 지역의 주유소 인근은 몇 갤런의 기름을 차량에 채우는 특권을 얻기 위해 필사적으로 차례를 기다리는 운전자들의 행렬로 가득 채워졌다.

이것이 대중이 처음으로 석유 거대 기업들의 묵직한 위력을 체감한 사건이었다. 대중은 그들이 금수 조치를 활용해 위기 상황에서 기록적인 이익을 확보하기 위해 휘발유 가격을 급등시켰다고, OPEC과 공범이나 마찬가지라고 비난했다. 미국 전역에서 대중의 분노가 끓어올랐다.

마침 보스턴 티 파티(Boston Tea Party) 200주년이 몇 주 앞으로 다가온 시점이었던 터라, 2세기 전의 동인도회사와 오늘날의 석유 거대 기업을 비교하는 정서를 중심으로 대중의 공감대가 형성되었다. 나는 그 1년 전인 1972년에 민중 200주년 위원회(People's Bicentennial Commission)를 조직했다. 1976년에 있을 연방 정부의 독립선언 200주년 축하 행사에 대한 대안을 제공하기 위해 설립한 조직이었다. 우리 조직은 보스턴과 뉴잉글랜드의 지역사회 운동가들에게 연락을 취해 거대 정유사들에 항거하는 운동에 나서자고 제안했다. 2만 명이 넘는 보스턴 시민들이 눈발이 휘날리는 날씨에 역사적인 패니얼 회관에서 보스턴 부두까지 예전의 티 파티 시위자들이 밟은 길을 따라 걷는 시위 행렬에 참여했다. 보스턴 선창에는 동인도회사의 배를 재현해 놓은 선박이 정박된 가운데 시장과 정부 관료들이 공식적인 기념행사를 열기 위해 모여 있었다. 멀리 북쪽의 글로스터를 위시하여 여타 지역에서 어부들이 몰고 온 어선들이 보스턴항에 정박한 복제판 선박 주위를 에워쌌다. 그들은 선박에 올라 선상을 장악했으며, 어떤 이들은 돛대 꼭대기에 올랐고 또 어떤 이들은 차 상자 대신 빈 휘발유 통을 내던졌다. 부두에 모인 2만 명의 시위자들은

"엑손 타도!"와 "더러운 기름, 물러가라!", "오염된 세상을 구하라!" 등과 같은 구호를 외쳐 댔다.《뉴욕 타임스》는 다음 날 신문 기사에 "1973 보스턴 오일 파티"라는 제목을 달았다. 이것은 내가 아는 한 미국에서 벌어진, 거대 정유사들에 항거한 최초의 시위였다. 물론 마지막 시위는 결코 아니었을 것이다.

전 세계의 거대 석유 회사들에 항거하는 40년 세월이 흐른 후 갑자기 판세가 바뀌었다. 한때 무적으로 보였던 화석연료 부문은 이제 우리의 목전에서 빠르게 붕괴되고 있다. 그 일은 불과 2~3년 전에는 거의 상상할 수도 없었던 속도와 규모로 벌어지고 있다. 우리는 계속 경계심을 늦추지 않고 석유산업과의 대결에 임해야 하는 것은 물론이고 잿더미로부터 녹색 문화를 구축하는 과업에도 박차를 가해야 한다. 우리는 탄소 제로 경제로의 전환에 자금을 지원해야 하고 모든 지역과 모든 공동체에서 정부의 행동을 촉구하여 모두 함께 생태 시대로 넘어가야 한다. 그러기 위해 미국과 전 세계에 필요한 것이 바로 그린 뉴딜이다.

6

경제 변혁:
새로운 사회적 자본주의

화석연료 분야 및 연관 산업으로부터 수십억 달러의 자금을 회수해 스마트 그린 경제 분야로 재투자하는 공공 및 민간 연금 기금의 극적인 움직임은 도래하는 사회적 자본주의 시대의 전조라 할 수 있다. 사회적 책임 투자는 투자에 대한 의사 결정의 주변부에서 시장 활동의 핵심으로 이동하며 가장 근본적인 전환을 고조시키고 있다. 화석연료 기반의 문명에서 벗어나는 출구 전략이 바로 그것이다.

무대 중앙에 올라선 사회적 책임 투자

사회적 책임 투자를 자본 투자의 변방에서 중심으로 도약하게 만든 기폭제는 무엇인가? 다름 아닌 수익성이다! 사회적 책임 투자 개념은 아파르트헤이트 시대의 남아프리카공화국에서 산업 투자 및 투자 회수를 재고하기 위한 전 세계적인 움직임과 더불어 처음 대두했지만, 1970년대 후반 미국으로 건너오면서 근로자 소유의 연금 기금이 그들의 경제적 안정과 공동체의 복리를 저해하는 식으로 사용되는 상황에 대한 논의를 촉발하며 보다 포괄적으로 자리를 잡았다. 사회적 책임 투자 개념의 지지자들은 그것이 연금 기금을 투자하는 방식을 평가하는 방정식에 포함되어야 한다고 주장했다.

이른바 '시카고 대학 신자유주의 경제학파(University of Chicago Neoliberal School of Economics)'를 주도했던 노벨상 수상 경제학자 밀턴 프리드먼(Milton Friedman)은 그에 대해 다음과 같이 주장하며 반박했다. 연금 기금의 투자 방식에 사회적 책임을 적용하면 자본 투자의 흐름이 이른바 '큰 정부'에 의해 이념적 제약의 영향 아래 놓이기 때문에 궁극적으로 자본주의 시장의 성과가 약화된다. 이와 같은 프리드먼의 주장은 이후 수십 년에 걸쳐 점점 증가한 근로자 소유 사회적 자본의 운영을 책임진 대다수의 연금 기금 신탁관리인들이 거의 종교 수준으로 추종하는 금언이 되었다.

표면적으로 프리드먼의 격언은 대세를 장악한 것처럼 보였다. 적어도 새로운 밀레니엄의 초기 몇 년까지는 그랬다. 하지만 표면 아래를 보면, 베이비붐 세대와 X 세대, 밀레니엄 세대 등의 젊은 세대들은 주주 투쟁을 통해 근로자 연금 기금 투자의 집행 및 관리에서 (기업의 비재무적 요소인) 환경·사회·거버넌스(environmental, social, and governance, ESG) 관련 관행을 투자 평가에 반영할 것을 강력히 요구했다.

그럼으로써 경제적 투자 행위를 둘러싼 공공의 대화에 새로운 구절이 등장했다. 벤저민 프랭클린(Benjamin Franklin)의 격언 "선행을 통해 성장하라."가 그것이다. 도덕적으로나 사회적으로 바람직한 비즈니스 행위와 기업의 수익성은 극명하게 구분할 필요도 없고 구분해서도 안 된다는 개념이다. 그런 구분은 잘못된 양분법이며 현실적으로 선행을 통한 성장이 오히려 기업의 수익성 향상에 기여한다는 주장이었다.

이와 같은 반직관적 내러티브와 더불어 노동조합과 NGO들은 기업의 연례 회의에서 사회적 책임 투자 요소를 채택해야 한다는 주주 결의안을 지속적으로 내놓았다. 그들의 성공은 2000년 닷컴 붕괴 이후 도덕적으로 무책임하고 용납할 수 없는 기업의 행동 방식에 거침없는 비판을 쏟아 내는 젊은 세대의 손에서 사회적 책임 투자의 가속화로 이어졌다. 젊은이들은 주로 소셜 미디어와 평판 사이트를 활용해 부끄러운 기업 행위를 폭로하며 그에 대한 변화를 촉구하고 강요했다.

오늘날, 사회적 책임 투자는 주류를 이루고 있다. 모건 스탠리(Morgan Stanley)의 보고서에 따르면 밀레니엄 세대의 86퍼센트가 사회적 책임 투자에 관심을 가지고 있는 것으로 나타났다. 이전 세대와는 다른 코호트임을 여실히 드러낸 것이다.[1] 이와 같은 변화를 반영하듯 미국 내 사회적 책임 투자는 12조 달러에 육박하였고, 그중 상당 부분이 연금 기금 신탁 운영자들에 의해 이루어졌다.[2] 사회적 책임 투자가 산업 전반의 각 분야에서 득세하고 있지만, 화석연료 산업에서 투자를 회수해 재생에너지와 녹색 산업에 재투자하는 움직임에 속도가 붙은 것은 기후변화와 환경, 탄소 발자국, 거대 석유 회사들의 지정학적 영향력 등에 대한 우려가 심화된 데 기인한다.

새로운 추진력은 ESG를 사업 운영의 모든 측면에 반영하는 기업에 종잣돈을 제공하는 이른바 "영향력 투자"를 유발했다. 자산 시장 부문 전반에 걸쳐 이루어진 모건 스탠리의 설문 조사에서 많은 응답자들이 고객이 요구하는 투자 종류의 변화로 인해 투자 의사 결정의 본질이 변곡점에 이르렀다고 답했다. "선행을 통한 성장"이 투자 부문에서 새로운 만

트라가 된 것이다.

이와 같은 열의는 과연 정당화될 수 있는가? 하버드 대학과 로테르담 대학, 아라베스크 파트너스(Arabesque Partners), 옥스퍼드 대학 등에서 수행된 연구를 포함해 지난 2년 동안 이루어진 일련의 심층 연구들의 결과는 ESG를 자사의 가치 사슬 전반에 강력히 반영한 기업이 성과 측면에서 경쟁사를 능가하는 경향이 있음을 보여 준다. 총효율의 증대와 폐기물의 절감, 공급망의 순환성 구축, 탄소 발자국의 감축 등에 대한 그들의 헌신이 그러한 성과에 일부 기여했다. 그 모든 노력의 각 요소는 화석연료 문명에서 녹색 시대로 이행하는 것과 관련되어 있다.[3] 꽤 명백하지 않은가.

오늘날 경제의 모든 측면이 화석연료에서 생성되거나 동력을 얻는다. 화석연료는 1차와 2차 산업혁명 시대에 모든 경제적, 상업적 활동을 가능하게 만들었던 인프라의 생명소 역할을 해 왔다. 이들 탄소 기반의 인프라가 없었다면 비즈니스는 물론 사회 전체가 존재할 수 없었을 것이다. 요점은 화석연료 기반의 인프라가 지금까지 우리 사회 전반의 번영과 안녕을 지탱한 초석이었다는 것이다.

화석연료가 현재의 글로벌 경제를 지탱하는 생명소라는 것은 부인할 수 없는 사실이지만, 그렇다고 지금 우리가 화석연료 시대의 여명기나 부상 시기 혹은 안정기를 살고 있다고 믿는 사람이 과연 있을까? 그렇다면 화석연료 문화의 기저를 이루는 인프라에 대해서는 어떻게 생각할까? 그 누가 그 인프라는 여전히 강건하다고 주장할 수 있을까? 단언컨대, 역사의 한 장이 마무리되고 있음은 명백한 사실이다.

인프라는 살아 있는 유기체와 같다. 태어나고, 성장하고, 성숙해진 후 장기간에 걸쳐 쇠퇴하고, 결국 사멸로 끝난다. 탄소 기반의 2차 산업혁명이 걸어온 길과 정확히 일치한다. 다행히 디지털로 상호 연결된 탄소 후 3차 산업혁명 인프라가 새로운 총효율과 생산성 향상 그리고 탄소 발자국의 극적인 감소와 더불어 부상하고 있다. 이것이 바로 그린 뉴딜의 핵심이다. 새로운 인프라의 부상에 따라 21세기 녹색 경제의 구축 및 관리에 필요한 새로운 비즈니스와 인력이 필요해질 것이다.

저탄소 투자는 실로 사회적 책임은 충족시킬 수 있을지언정 재정적 성과는 미흡할 수밖에 없는가? 에스 앤드 피 다우 존스(S&P Dow Jones)에서 S&P 500 지수의 다양한 버전을 대상으로 탄소 리스크 노출 지수를 분석한 바 있다. 그 결과 "대부분의 경우 실제로 저탄소 버전이 5년의 기간 동안 기준점을 상회한" 것으로 나타났다.[4]

앞서 2장과 3장에서 2차 산업혁명의 인프라를 구성하는 핵심 부문들이 탄소 문명으로부터 분리되고 있음을 확인한 바 있다. ICT/텔레콤, 전기, 운송 및 물류, 건축물 등의 부문이 이제 막 시작된 그린 뉴딜 3차 산업혁명 인프라와 재결합하는 현상이 전 세계적으로 일고 있다. 세계의 연금 기금 신탁관리인들이 가입자 및 수혜자들을 위해 수익의 극대화 방안을 모색하고 있다면, 몰락하는 2차 산업혁명의 인프라와 그 좌초 자산 그리고 쇠퇴하는 비즈니스 모델에 투자를 묶어 두는 것은 이치에 맞지 않는 일이다.

그린 뉴딜은 인프라가 관건이다. 광대역 통신망, 빅 데이터, 디지털 커뮤니케이션, 제로에 가까운 한계비용, 탄소 제로 녹색 전기, 재생에너지로 가동되는 스마트 도로를 주행하는 자율 주행 자동차, 노드로 연결된 탄소 제로 전력 생산 건물 등 그린 뉴딜 인프라의 핵심 요소들이 각 지역에서 구축되고 확대되어야 하고 모든 지역에 걸쳐 연결되어야 하며 궁극적으로 전 세계의 모든 대륙을 뒤덮어야 한다. 지구의 온도 상승을 섭씨 1.5도 이하로 저지하고자 한다면 이러한 인프라의 전환이 시급하다. 적어도 일부 지역에서 부분적으로라도 조속히 이루어져야만 한다.

비용은 얼마나 들 것인가?

2차 산업혁명 인프라의 일부를 보수하고 좌초 자산으로 전락한 나머지는 해체하는 데 과연 얼마의 비용이 소요될 것인가? 또 새로운 스마트 제로 배출 3차 산업혁명의 인프라를 구축하는 데에는 어느 정도의 투자가 이루어져야 하는가? 옥스퍼드 이코노믹스(Oxford Economics)는 전 세계 모든 국가들이 GDP에서 인프라 투자 비율을 현재의 추세하에 예상되는 연간 3퍼센트에서 3.5퍼센트로 상향 조정해야 한다고 보고했다. 분명 실행 가능한 일이다.[5]

일부 국가들은 신속하게 앞서 나가고 있는 반면 지지부진하게 뒤처지고 있는 국가들도 있다. 매킨지(McKinsey)의 보고서에 의하면 미국은 고작 12위라는 부끄러운 순위를 보여 주고 있다. 2010년부터 2015년까지 인프라 투자가 GDP의 2.3퍼센트에 그쳤으며, 그 비율이 매년 지속적으로 감소하고 있다.[6]

최근 이루어진 국제적 설문 조사에서 응답자의 73퍼센트가 "인프라에 대한 투자는 [자국의] 미래 경제성장에 필수적이다."라는 반응을 보였으며, 59퍼센트는 "자국의 인프라 수요를 충족할 만큼 충분한 투자가 이루어지고 있다고 생각하지 않는다."라고 답했다.[7] 적어도 전 세계의 일반 대중은 전반적인 복지에 미치는 인프라의 중요성을 이해하고 있는 것으로 보인다.

지금 미국은 그 격차를 좁히기 직전에 있는지도 모른다. 정치권에서 거의 눈에 띄지도 않던 인프라 투자 관련 논의가 뜨거운 쟁점으로 부각되고 있기에 하는 말이다. 이는 전국적으로 붕괴되고 있는 인프라가 이제 한계점에 도달했고 그로 인해 미국 경제에 실제로 수십억 달러의 손실이 야기되고 있으며 국가 안보까지 위협받는 문제가 되었다는 인식이 커진 데 기인한다. 이 문제는 이미 약화된 인프라에 기후 관련 재난이 초래하는 피해로 인해 더욱 가중되고 있다.

트럼프 대통령은 향후 10년간 인프라 부문에 1조 5000억 달러의 예산을 편성하는 안을 옹호하고 있다. 주로 노후한 20세기 2차 산업혁명 인프라의 개보수에 투입될 예산이다. 그러나 보이는 것이 전부가 아니다. 백악관이 제안하고 있는 것은 연방 재정에서 고작 2000억 달러를 지원하는 안이다. 그 대부분도 세액공제의 형태이고, 큰 몫은 결국 주 정부들이 조달해야 하는 구조다.[8] 민주당은 연방 정부에서 재정을 대는 1조 달러 규모의 인프라 정책을 요구하고 있다. 여기에는 2차 산업혁명 인프라에 대한 개보수와 함께 미국이 탄소 제로 사회로 도약하고 기후변화에 대응할 수 있도록 스마트 디지털 녹색 3차 산업혁명 인프라를 구축하는 것도 포함된다.[9]

사실 트럼프 행정부의 계획은 보잘것없는 수준에 불과하다. 국가 인프라를 위한 연방 정부의 재정 지원이 최근 수년간 총비용의 평균 25퍼센트 수준이었고 나머지 투자 비용은 주 정부들에 맡겨져 왔다는 점을 고려하면 별로 달라진 게 없는 셈이다. 더구나 대통령이 내세우고 있는 연방 세제 혜택은 인프라 관련 프로젝트에 수반되는 시장경제를 활성화하거나 주 정부들을 지원하기 위한 연방 정부 차원의 관례적 지원에 가깝다. 또한 불행히도 백악관이 염두에 둔 세제 혜택은 거의 예외 없이 (머지않아 좌초 자산으로 전락하게 될) 노후화된 화석연료 인프라의 강화에 연결되어 있다. 보다 현명한 조치는 연방 정부가 그린 뉴딜 이행을 권장하는 차원의 세액공제와 세금 감면, 가산세, 보조금, 저금리 대출 등을 지원하여 시장과 주 정부들이 화석연료 문명에서 탄소 제로 사회로 신속히 전환하도록 돕는 것이다.

연방 정부는 주 정부와 더불어 3차 산업혁명의 중추가 될 전국적인 전력 그리드 구축을 위한 재정 확보에서 의미 있는 수준의 책임을 떠안아야 한다. 선례도 있다. 아이젠하워 시대인 1956년에 승인된 '전국 주간 방위 고속도로 법안(National Interstate and Defense Highways Act)'이 그것이다. 그렇게 2차 산업혁명의 근간이 마련되었던 것이다. 이 공공사업으로 인해 미국 전역이 상호 연결되었고 교외 지역이 생겨났으며 완전히 통합된 이동 및 물류 인프라가 구축될 수 있었다. 37년에 걸쳐 수천 마일의 도로를 건설하는 데 투입된 연방 정부의 재정은 (2006년 달러화 가치로) 4250억 달러로 추정된다.[10] 연방 정부가 유류세를 소폭 인상하는 방법으로 90퍼센트의 재정을 부담했고 나머지 10퍼센트는 주 정부들에서 감당했다.[11] 전국 각지의 재생에너지원에서 얻은 전력의 공유를 위해 원활한 디지털 상호 연결성을 제공하는 21세기 스마트 전력 그리드의 구축은 20세기에 미국 전역에 원활한 상호 연결성을 제공하여 이동과 운송에 획기적 변화를 일으켰던 주간 고속도로망의 구축과 여러 면에서 흡사하다.

유럽의 에너지, 전력, 엔지니어링 컨설팅 분야의 선두 주자였던 KEMA는 이 비유에서 한 걸음 더 나아가 "전력 에너지 부문에서 스마트 그리드는 커뮤니케이션 부문의 인터넷과 같으며, 따라서 그에 기초해 바라보고 지원해야 한다."라고 주장한 바 있다.[12]

3차 산업혁명 스마트 디지털 인프라와 주간 고속도로망 사이에는 또 다른 유사성이 존재한다. 드와이트 아이젠하워 대통령이 방대한 주간 고속도로 건설에 공을 들였던 데에는 그가 군인이던 시절에 겪은 개인적인 경험도 한몫했다. 1919년 젊은 육군 대령이었던 아이젠하워는 역사적인 링컨 고속도로를 따라 대륙을 횡단하는 차량 호송대에 참여했다. 링컨 고속도로는 당시 미국을 동서로 횡단하는 최초의 도로였다. 미국의 고속도로 환경 개선에 관심을 집중시키기 위해 계획된 차량 호송대의 여정은 두 달이 넘어서 완료되었다. 아이젠하워 대통령은 훗날 자서전에서 "여정은 어렵고, 힘겹고, 재미있었다."라고 당시를 회상했다. 국토 횡단의 여정을 지연시킨 갖가지 상황들에 대한 기억은 군인 재직 기간 내내 그의 머릿속에서 맴돌았다. 2차 대전 중 아이젠하워 대장은 독일의 아우토반을 접한 후 자신의 과거 경험에 대해 재차 곰곰이 생각하게 되었다. 당시 아우토반은 전국을 연결하는 고속도로망으로 전 세계에서 유일했다. 훗날 아이젠하워는 "옛날 호송대의 경험이 상태가 양호한 2차선 고속도로의 건설을 생각하게 만들었다면 독일은 나에게 전국을 연결하는 보다 넓은 도로망의 건설이라는 혜안을 갖도록 만들었다."라고 밝혔다.[13]

1953년 대통령에 당선된 아이젠하워는 미국의 모든 경제체와 사회를 연결하는 주간 고속도로망의 구축을 위한 "원대한 계획"을 이미 마음에 품고 있었다. 국방과 안보 문제도 따로 떼어서 생각할 수 없는 부분이었다. 그는 특히 핵 공격으로 인해 도시 인구가 대규모로 탈출하게 될 가능성 그리고 적의 침략 시 군사 장비를 원하는 장소로 신속하게 이동해야 할 필요성에 대해 고심했다. 주간 고속도로망의 구축은 국가 안보와 국방에 반드시 필요한 과업이었다. 그가 주간 이동성 인프라 프로젝트에 착수하게 된 이유는 그것만이 아니었다. 대통령은 1954년 전국 주지사 협회(National Governor's Association)의 연단에 올라 다수의 목표를 열거했다. 거기에는 도로에서의 공공 안전, 교통 혼잡의 완화, 상품과 서비스의 생산 및 분배를 위한 물류 기능의 향상 등이 포함되었다. 하지만 주지사들을 향한 연설에서 아이젠하워 대통령은 국방의 문제를 재차 강조하며 선출직 공무원들에게 "핵전쟁 발발에 따른 재앙을 제대로 다루지 못하거나 그에 대한 방어에 충분히 부응하지 못하는 경우의 끔찍함"을 경고하기도 했다. 1956년에 최종 승인된 법안의 공식 명칭은 연방 지원 고속도로법(Federal Aid Highway Act)이었지만, 대중에게는 "전국 주간 방위 고속도로법"으로 더 잘 알려졌다.

주간 고속도로 시스템과 마찬가지로 새롭게 부상하는 전국 스마트 전력 그리드는 미국의 경제와 사회를 디지털로 연결하며 국가의 효율성과 생산성, 경제적 복지 등을 향상시키고 있다. 완성된 이후에는 과거에 주간 고속도로망이 필요한 이유 중 하나였던 국가 안보의 문제에도 기여하게 될 것이다. 1950년대에는 핵전쟁이 위협으로 대두했지만, 오늘날 국가의 안보를 위협하는 것은 다름 아닌 사이버 전쟁이다. 긍정적인 부분은 전국적인 스마트 전력 그리드가 끊임없이 이동하는 플랫폼 위에서 밀도 높은 관계를 형성하는 수백만 참여자의 전례 없이 다양하고 복잡한 에너지 인프라를 관리하게 된다는 측면이다. 그러나 시스템의 그런 복잡성으로 인해 사이버 공격에 취약해질 수밖에 없다는 것도 사실이다. 이것은 단순히 이론적 쟁점에 그치는 것도 아니다. 국가의 전력 그리드와 전력 시스템은 이미 외국의 요원들에게 해킹을 당한 바 있다. 적대 세력과 테러 집단들은 미국의 대형 변압기와 고압 송전선, 발전소, 전력 분배 시스템 등을 무력화시키는 것을 목표로 삼는 추세다. 지역 전체 혹은 국가 전체에 대한 전력 공급이 몇 주 또는 몇 달 동안 중단된다면 경제는 무너지고 사회가 와해되며 정부의 기능이 사실상 모든 수준에서 마비되고 말 것이다.

이런 전망으로 인해 정계와 재계 및 군 당국은 사이버 공격이 발생할 가능성과 시점을 놓고 고민에 빠져 있다. 현 시점의 국가 전력 그리드는 그에 대한 대비에 충분치 않다는 사실을 잘 알고 있기 때문이다. 그에 따라 지방과 주, 연방 차원의 전력 및 전기 산업 부문에서 대형 변압기와 장거리 고압 송전선에서 최종 전력 분배 시스템에 이르기까지 부상하고 있는 전국 스마트 그리드의 모든 측면을 신속하게 강화하는 방법을 마련하기 위한 논의가 서둘러 이루어지고 있다. 최소한의 합의가 이루어진 한 가지 요소는 사이버 안보의 핵심이 탄력성의 증대에 있으며 따라서 분산형 전력 생산을 모든 지역사회에 확대해야 한다는 점이다.

마이크로 그리드의 설치는 국가 최전선의 보험이 될 것이다. 사이버 공격이 어디에서 발생하더라도 개별 가구와 사업체, 지역공동체들이 신속하게 전력 그리드에서 이탈해 인접 사용자들과의 재결합을 통해 전력을 공유할 수 있으면 사회의 기능은 마비되지 않을 것이다. 물론 전국적인 전력 및 전기 그리드를 겨냥한 사이버 전쟁의 위협이 그렇다고 국가 안보의 문제에서 멀어지는 것은 아니지만 말이다.

상존하는 사이버 공격의 위협이 끊임없는 경계를 요구하는 것과 마찬가지로, 전국적으로 그 빈도가 증가하며 지역의 생태계와 재산, 인명, 상업에 수백억 달러 상당의 피해 및 손실을 야기하는 파괴적인 기후변화의 위협 또한 그러하다. 사이버 공격의 위협과 기후변화로 인한 재난은 앞으로 점점 증가할 수밖에 없다. 그렇기 때문에 사이버 보안과 기후 재난에 대한 회복력 문제는 우리가 직면한, 근본적인 국가 안보 현안인 셈이다.

이제 핵심적인 질문을 던져 보자. 기후변화에 대처하고 미국의 경제와 사회를 변화시킬 스마트 탄소 제로 그린 뉴딜 인프라를 구축하는 데 어느 정도의 비용이 소요될 것인가? 또 연방 정부와 주 정부들은 어떻게 그 부담을 나누는 게 바람직할 것인가? 주간 고속도로 건설의 선례를 염두에 두고 재원을 필요로 하는 분야들에 대한 잠정적 개요를 뽑아 보기로 하자. 미국 전력 연구소(Electric Power Research Institute)가 전국적인 스마트 그리드의 구축 비용으로 제시한 4760억 달러라는 금액이 주간 고속도로 건설에 투입된 비용과 거의 일치하며, 이 또한 투입된 비용을 훨씬 상회하는 막대한 경제적 이익을 낳을 것으로 예상된다는 점이 매우 흥미롭다.[14] 전국적인 전력 그리드 구축 프로젝트의 초기 10년 동안 연방 정부가 투입해야 할 금액은 연간 약 500억 달러 수준에 불과하다.

10년간 이루어질 연방 정부의 노력에는 태양광 및 풍력 에너지 발전 시설의 확대와 전기 및 연료전지 자동차의 채택, 미국 내 기업과 근로자, 가정을 녹색 시대로 이끌어 갈 기타 총효율의 증진 등을 위해 세액공제와 세금 감면, 보조금, 저금리 대출 등의 형태로 연간 500억 달러 규모의 추가 지원도 포함되어야 한다. 비교하자면, 2016년 세액공제 형태로 제공된 재생에너지 부문 연방 조세 우대는 109억 달러로 추정되었고, 에너지 효율 및 송전 부문에 대한 조세 우대는 27억 달러로 추정되었다.[15] 또 2018년부터 2022년 사이 플러그인 전기 자동차를 위한 세액공제액의 규모는 75억 달러로 예상되고 있다.[16]

연방 세액공제 혜택과 여타의 인센티브는 태양광 및 풍력 에너지 발전 시설의 설치를 권장하는 방편으로 활용되어 왔으며 미국 내에서 녹색 에너지 시장을 창출해 내기도 했다. 태양에너지 투자 세액공제(Solar Energy Investment Tax Credit)를 통해 주택 소유자들은 태양 전지판 설치 비용의 30퍼센트에 해당하는 세금 감면 혜택을 받을 수 있다. 2018년 기준 500만 가구 이상이 태양에너지에서 얻은 전력을 사용하고 있다. 풍력 에너지 또한 그와 동일한 세액공제 혜택을 누릴 수 있다. 현재 미국 내에서는 1750만 가구에 전력을 공급하기에 충분할 정도의 풍력이 포획되고 있다. 과거의 조세 감면 정책이 태양광 및 풍력 에너지 시장의 생성, 에너지 효율의 증진, 전기 자동차의 도입에 기여했다면, 녹색 에너지 시대로의 전면적 전환을 이루기 위해서는 그와 같은 조세 감면 규모를 향후 20년에 걸쳐 적어도 세 배로 늘릴 필요가 있다.

마지막으로, 연방 정부는 연간 150억 달러의 예산을 별도로 책정해야 한다. 전국의 주거용, 상업용, 산업용, 기관용 건축물의 개보수를 위한 비용으로 말이다. 록펠러재단(Rockefeller Foundation)과 도이체 방크(Deutsche Bank)가 수행한 포괄적인 연구에 의하면 10년의 기간에 걸쳐 주거용, 상업용, 기관용 건축물을 개보수하는 데 약 2790억 달러의 비용이 소요될 것으로 추정되었다. 2012년에 진행된 연구의 결과가 그러하므로 지금은 그 비용이 3000억 달러를 초과할 가능성이 높다. 더욱이 우리의 글로벌 팀은 건축물 개보수의 범위와 규모로 볼 때 해당 과업이 성공적으로 완수되기까지 20년 이상이 소요될 가능성이 큰 것으로 예상하고 있다.

록펠러재단과 도이체 방크의 연구 결과는 건축물 개보수에 대한 투자만으로 10년 동안 1조 달러의 에너지 절감 효과를 얻을 수 있을 것으로 예상한다. 미국 내에서 전력에 투여되는 모든 비용을 연간 30퍼센트씩 절감할 수 있다는 얘기다. 또한 전국의 건축물에 대한 개보수 작업을 통해 330만 년의 누적 고용 연수(年數)를 창출하고 온실가스 배출량을 10퍼센트 감소시킬 수 있다.[17]

이를 종합하면 연방 정부가 '초기' 10년간 인프라에 투자할 총비용이 나온다. 전국적인 전력 그리드 구축을 위한 부분적 재정 지원금 연간 500억 달러, 태양광 및 풍력 발전 시설의 확대와 전기 자동차의 구매, 충전소 설치, 부상하는 3차 산업혁명 인프라의 여타 친환경 구성 요소 등을 위한 세액공제, 세금 감면, 보조금, 저금리 대출, 기타 인센티브 형태의 지원금 연간 500억 달러, 그리고 탄소 제로 경제로의 전환을 가속화하기 위해 전국의 주거용, 상업용, 산업용, 기관용 건축물 개보수에 투자하는 연간 150억 달러의 별도 예산 등을 합하면 연간 1150억 달러이므로, 10년간 인프라 개발에 투입되는 연방 예산의 총액은 1조 1500억 달러가 될 것이다. 이것으로 최소한 전국적인 스마트 그리드의 "뼈대"를 구축하고 그에 동반되는 인프라를 건립하고 작동시킬 수 있을 것이다.

펜타곤(미국 국방부)의 2019년 한 해 예산과 큰 차이가 없는 금액으로 말이다.

그렇다면 진정 10년 내에는 완수할 수 있는가? 브래틀 그룹은 전국 통합 전력 그리드의 핵심 구성 요소인 "주요 전송 인프라 프로젝트는 계획 수립과 개발, 승인, 건설까지 평균적으로 10년 또는 그 이상의 기간이 소요된다."라고 말한다.[18] 따라서 10개년 계획이라면 충분히 가능하지 않겠는가.

하지만 10년간 한 해 1150억 달러라는 연방 정부의 예산 부담은 여전히 완전한 모습을 갖춘 탄소 제로 스마트 녹색 경제로 전환하는 데 필요한 재원 중 착수금에 지나지 않는다. 3차 산업혁명의 인프라 건설에 상당한 규모의 추가 재원이 필요하다는 뜻이다. 앞서 암시한 바와 같이, 전환을 위한 재원 조달의 부담은 주로 주 정부와 카운티, 지방자치체의 몫이 될 것이다. 현재 워싱턴 정가에서는 전국의 새로운 인프라 구축과 운영에서 연방 정부의 역할을 두고 논쟁이 벌어지고 있다. 연방 정부가 국가 인프라의 유지 관리에서 작은 역할만 맡고 있는 것이 현실이다. (연방 정부가 아닌) 주 정부 및 지방자치체가 국가 인프라의 93퍼센트를 소유하며 유지 관리 및 개보수 비용의 75퍼센트를 부담하고 있다는 사실도 주목할 만한 부분이다.[19]

그린 뉴딜 인프라로의 전환에 소요되는 재정을 지금까지의 관례대로 주 정부와 연방 정부가 75대 25의 비율로 계속 분담한다고 가정하면, 연방 정부의 연간 투입 비용 1150억 달러를 기준으로 주 정부들의 연간 투자 규모는 대략 3450억 달러에 이를 것이다. 결국 10년 동안 투입될 인프라 비용은 연간 4600억 달러가 되는 셈이다. 브래틀 그룹이 추산한 바에 따르면 2031년과 2050년 사이에 전력 수요 충족을 위한 스마트 그리드의 '전송 인프라' 규모를 확대하는 데에만 연간 400억 달러의 새로운 투자가 추가로 필요할 것이다. 프로젝트가 예상보다 더 오랜 기간 진행될 것이며 그에 따라 추가적인 인프라 비용이 발생할 것이라고 예측한 연구 결과들도 있다.

현재 의회에서 논의 중인 인프라 구축을 위한 제안들은 10년 단위 프로젝트라는 점을 다시 한 번 강조할 필요가 있다. 최상의 시나리오대로 진행된다고 전제하면 10년 안에 '미숙한' 3차 산업혁명 인프라의 구축이 가능할 것이다. 그보다 '성숙한', 통합적이고 원활한 탄소 제로 스마트 그린 인프라가 완전히 갖추어지려면 또 10년이 추가로 필요할 것이다. 우리가 여기서 논의하는 것은 전국을 3차 산업혁명의 패러다임으로 전환하는 20년간의 세대 교체적 변혁이다. 연방 정부와 주 정부의 인프라 투자가 동일한 수준으로 10년 더 이어진다고 가정하면, 20년 동안 투입될 인프라 비용은 대략 9조 2000억 달러로 추산된다.

미국의 GDP가 계속 증가하지 않고 (2018년 수준인) 연간 200조 달러 정도에 머문다고 가정하더라도 총투자 금액은 현재 20세기의 낡은 인프라를 유지하고 수리하는 데 투입되고 있는 연간 GDP의 2.3퍼센트에 다시 연간 약 2.3퍼센트를 추가하면 조달할 수 있다. 연간 GDP의 4.6퍼센트를 투자하면 21세기의 복원력 있는 경제를 위한 최첨단 스마트 탄소 제로 디지털 인프라를 구축할 수 있다는 얘기다. 연간 GDP의 2.3퍼센트에 그치는 현재 수준의 인프라 비용을 그 두 배인 4.6퍼센트로 늘리는 방안에 관계 당국이 난색을 표할지도 모르는 터라 한마디 덧붙이고 싶다. 2010년부터 2015년 사이에 중국 정부가 지출한 연평균 인프라 비용은 GDP의 8.3퍼센트였다.[20]

이와 같은 숫자들은 인프라에 대한 연간 투자가 중국에 비해 훨씬 낮은 수준으로 유지된다면 앞으로 다가올 반세기 동안 미국이 맞닥뜨릴 현실이 어떤 것일지 그리고 세계경제에서 미국이 어디에 위치할 것인지를 말해 준다. 요약건대, 미국이 미래에도 세계를 이끌어 가는 선도적 국가로 남기를 원한다면 연간 인프라 비용을 반드시 적어도 두 배로 늘려야 한다. 20년이라는 기간 내에 스마트 탄소 제로 3차 산업혁명 경제로 전환하는 것은 모든 요건이 제대로 갖추어질 때 비로소 가능해진다. 다시 한 번 말하지만, 이 숫자는 급변하는 기술 환경 속에서 도출한 추산액일 뿐이며, 우리가 이 역사적인 인프라의 전환기를 거치는 동안 지속적으로 수정 및 갱신될 가능성이 높다.

20년간 전국적인 스마트 전력 그리드의 구축과 그에 수반되는 인프라의 확장에 필요할 것으로 예측한 9조 2000억 달러의 비용은 몇몇 다른 연구 결과에서 제시한 예상 비용보다 다소 낮은 수준이다. 우리가 그렇게 잡은 이유는 태양광 및 풍력 에너지 기술, 배터리 용량, 전기 및 연료전지 운송 수단 등의 비용 급락세가 IoT 환경이 수반하는 총효율의 증대와 더불어 20년 동안 결코 수그러들지 않고 지속될 가능성이 높으며 그로 인해 전국적인 스마트 그린 인프라 개발에 소요되는 전반적인 비용이 대폭 절감될 것이기 때문이다. 또한 전면적인 세액공제와 세금 감면, 보조금, 저금리 대출, 기타 인센티브와 같은 혜택과 등급에 따라 차별적으로 부과되는 벌금 등은 낮아지는 비용과 함께 각 가정과 사업장, 지역사회에서 인프라의 채택을 가속화할 가능성이 크다. 이는 태양광 및 풍력 에너지 기술이 등장해 실생활에 적용된 역사에서도 전개된 현상이며 머지않아 전기 운송 수단 분야에서도 나타날 현상이다.

강조할 필요가 있는 핵심은 바로 이것이다. 우리는 인프라라 하면 전통적으로 정부 차원에서 막대한 비용을 들여 일반 대중이 이용할 수 있도록 건설하는 도로 시스템, 전력 및 전화 망, 발전소, 상하수도 시설, 공항, 항만 시설 등과 같은 대단히 중요한 중앙 집중식 플랫폼을 떠올린다. 틀린 인식은 결코 아니다.

그러나 3차 산업혁명 인프라는 전국적인 스마트 전력 그리드를 필요로 한다. 주택, 자동차, 사무실, 공장, 지역사회에서 수백만의 참여자들이 공유하는 친환경 전력의 흐름을 조정하고 관리할 수 있는, 디지털 방식으로 운영되는 재생에너지 인터넷 말이다. 스마트 전력 그리드와 전력을 주고받는 실질적인 인프라 구성 요소의 상당수는 본질상 고도로 분산적인 형태가 되며 수많은 개인과 가구, 수십만의 소규모 사업장들이 그 비용을 지불하고 소유권을 보유한다. 태양광 지붕과 풍력 발전기, IoT에 연결된 건물, 축전지, 충전소, 전기 차량 등 하나하나가 모두 똑같이 인프라의 구성 요소가 된다는 말이다. 규모가 크고 하향식이며 고정적이고 일방적인 1차 및 2차 산업혁명 인프라와 달리 수평적으로 확장되는 분산형 3차 산업혁명 인프라는 본질적으로 유연하고 개방적이라는 특징을 보유하기 때문에 전 세계 수십억의 참여자들은 자신이 소유한 인프라의 구성 요소를 끊임없이 진화하는 블록체인 기반의 플랫폼에서 조합하고, 재조합하고, 해체하고, 결합할 수 있다.

후한 세액공제와 다양한 인센티브는 인프라 구성 요소 및 절차의 급격히 감소하는 비용곡선과 더불어 대다수 스마트 인프라의 온라인화를 가속화하는 요인이 될 것이다. 그린 뉴딜에서는 인프라가 각 지역의 민간 기업 거버넌스가 아닌 공유 거버넌스에 의해 감독되면서 참여적이고 민주적인 성격을 띠며 항상 새로운 패턴으로 변형될 가능성이 높다. 9조 2000억 달러라는 가격표는 향후 수십 년의 기간 동안 이와 같은 디지털 기반의 분산된 인프라가 등장하고 진화하는 방식을 반영하는 셈이다.

모든 것을 고려해 마지막으로 강조하고 싶은 것은, 인프라 개선에 투자되는 모든 비용에 미국의 GDP 측면에서 세 배의 보상이 따르고 수백만 개의 새로운 일자리가 창출된다는 사실이다.[21]

돈을 찾아라

그렇다면, 미국 전역에 그린 뉴딜 인프라를 구축하기 위해 연방 정부와 주 정부들은 20년간 집행할 9조 2000억 달러를 어떻게 마련해야 하는가? 연방 정부 차원의 논의부터 시작해 보도록 하자.

의회와 백악관의 자세가 바뀐다면 이른바 슈퍼 리치(super-rich)에 대한 보다 높은 차등 세율의 적용이 가능할 수 있다. 미국 역사상 가장 탁월한 성장과 번영을 누렸던 1950년대와 1960년대에 이미 존재했던 그것 말이다. 더욱더 빈곤해진 미국의 노동인구와 슈퍼 리치 사이에 빈부 격차의 골이 깊어지기만 하는 상황을 감안한다면 이것은 분명 합당하고 정당한 방법이다. 어번브루킹스 조세정책 센터(Urban-Brookings Tax Policy Center)의 책임자인 마크 마주르(Mark Mazur)에 의하면, 슈퍼 리치의 개인 소득세에 70퍼센트의 한계 세율이 적용된다면(연 소득 1000만 달러 이상의 개인에게 1000만 달러를 초과하는 부분에 대해서만 적용) 연방 정부는 연간 720억 달러의 세금을 추가로 확보할 수 있다.[22]

900억 달러의 자산을 보유한 세계 2위의 갑부 빌 게이츠(Bill Gates)와 840억 달러의 자산으로 3위인 워런 버핏(Warren Buffett)은 슈퍼 리치들에게 보다 높은 세율을 적용하는 방안에 동의하며 슈퍼 리치와 나머지 인구 구성원들 사이에 점점 커져 가는 불평등의 문제를 해결하기 위한 법안의 개정을 공개적으로 지지한다.[23] 2019년 2월 CBS 방송의 스티븐 콜버트(Stephen Colbert)와 한 인터뷰에서 게이츠는 "엄청난 부를 보유한 사람들에게 보다 많은 세금을 부과하는 조세 체계를 만들 수 있다고 생각한다."라고 말하며 이 문제에 대한 입장을 명확히 밝혔다. 그는 "그들이 소유한 부는 일반적인 소득에서 창출된 것이 아니기 때문에 형평성을 확보하기 위해서는 자본이득 세율과 유산상속세를 살펴볼 필요가 있다."라고 덧붙이기도 했다.[24] 버핏 역시 이에 동의하며 "일반 대중에 비해 갑부들은 상대적으로 세금을 더 적게 내고 있는 것이 사실이다."라고 말한 바 있다.[25]

슈퍼 리치에 대한 세율 인상을 통해 얻는 추가 세입은 경제 재건을 위한 그린 뉴딜의 재원으로 활용할 수 있으며 그렇게 해야만 한다. 그렇게 그린 인프라로 전환하는 과정에서 새로운 비즈니스 기회와 수많은 일자리가 창출될 것이다. 그러나 이 새로운 재원도 프로젝트의 완수를 위해서는 여전히 충분치 않다.

수십억 달러에 이르는 국방부 예산 중 일부를 재배치하는 방법도 있다. 이 또한 지극히 합당한 방법으로 보인다. 미국 토목공학 협회(American Society of Civil Engineers)는 전국의 인프라를 B 등급을 통과할 수 있는 수준으로 만드는 데만도 이미 지출하고 있는 인프라 구축 비용에 더하여 추가적으로 연간 2060억 달러의 비용이 필요할 것으로 예측하고 있다.[26] 미국의 경제를 재건하고 기후변화에 대처하기 위한 스마트 그린 3차 산업혁명 인프라로의 전환 작업에 착수하기에는 비교적 적은 금액으로 보인다. 특히 2017년 한 해에만 미국 내에서 기후 재난이 야기한 누적 손실액이 3000억 달러에 육박한다는 사실을 볼 때 그러하다.[27] 단 1년 동안의 누적 손실액이 그렇다는 말이다!

미국 정부가 전국의 인프라에 대한 의미 있는 개선 작업을 추진할 여력이 없다고 주장할 생각이라면 7160억 달러에 이르는 역대 최대 규모의 2019년도 국방 예산은 어떻게 설명할 것인가.[28] 연방 의회 예산국(Congressional Budget Office)에 따르면 무기 체계를 위한 자금이 국방부(DoD) 예산의 3분의 1을 차지하고 있다.[29] 미국의 국방 예산은 중국, 러시아, 영국, 프랑스, 인도, 일본, 사우디아라비아의 국방 예산을 모두 합친 것보다 규모가 크다.[30] 본토의 "안보"를 위해 재원을 배치하는 연방 정부의 방식에 심각한 문제가 있는 것이 분명하다. 결코 사용할 일이 없을 것임에도 불구하고 점점 증가하기만 하는 무기 체계를 위한 비용에 우선순위를 두는 국방부 예산 중에서 적어도 일부만이라도 군이 수행하게 될 새롭고 중요한 역할을 위해 재배치하는 방법을 고려해야 마땅하다. 사이버 전쟁으로부터 국가를 수호하고 기후 관련 재난에 대한 대응 및 구호 임무를 수행하는 새로운 군의 역할 말이다. 사이버 전쟁과 기후 변화가 앞으로 수십 년 동안 우리가 직면하게 될 무엇보다 중요한 국가 안보의 문제이며 그 심각성이 점차 커져만 갈 것이기에 그렇다. 국방부의 과도한 무기 체계 예산에서 12.6퍼센트를 삭감하는 간단한 방법을 통해 연방 정부가 부담할 그린 뉴딜 재정에 300억 달러를 추가할 수 있다. 그 정도의 삭감은 2019년 국방 총예산에서 약 4퍼센트를 빼내는 것에 불과하다. 회복력 있는 전국 스마트 전력 그리드를 확보하고 사이버 전쟁과 파괴적인 기후 재난에 대처하기 위해 현재의 국방부 예산에서 그 작은 부분에 대한 우선순위 재조정에 기꺼이 나서지 않는다면 우리 스스로 국가 안보를 심각한 위험에 빠뜨리는 것과 다름없다.

매년 석유와 가스, 석탄 산업에 제공되는 150억 달러에 가까운 연방 보조금을 중단한다면 연방 정부는 그만큼의 추가 재원을 확보할 수 있다.[31] 머지않아 좌초 자산으로 전락하게 될 화석연료 분야에 대한 보조금 지원을 정당화할 수 있는 근거는 더 이상 찾아볼 수 없다.

지금까지 살펴본 숫자들을 합산해 보면, 연방 정부는 슈퍼 리치에 대한 세금 부과를 통해 700억 달러, 무기 개발과 구매를 위해 편성된 예산을 12.6퍼센트 삭감해서 300억 달러, 화석연료 분야에 대한 보조금 중단을 통해 150억 달러, 이렇게 연간 총 1150억 달러를 확보할 수 있으며, 그것을 탄소 제로 그린 인프라 구축을 위한 연방 정부 분담금으로 활용할 수 있다는 결론이 나온다.

물론 이것은 향후 20년에 걸친 그린 뉴딜 인프라 확장을 위해 연방 정부가 부담해야 할 재원 확보에 관한 다수의 잠재적 시나리오들 중 하나에 불과하다. 그 밖에도 고려해 볼 수 있는 여러 방법들이 있다. 예를 들자면 이미 제안된 보편적 탄소세 세입 중 일부를 연방 정부는 물론 주 정부의 그린 뉴딜 정책 실현을 위한 재원으로 활용하는 방법이다. 세입의 나머지는 각 가정에 혜택이 돌아가도록 배분한다면 결국 탄소세의 부담은 계속 화석연료 산업계에 남지 않겠는가. 그러나 요점은 지금까지 언급한 재정 확보 방안은 슈퍼 리치가 보유한 막대한 부나 국방부의 준비태세, 수백만 가정의 재정 건전성을 심각하게 훼손하지 않으면서도 순조롭게 실행에 옮길 수 있다는 사실이다.

그에 못지않게 재원 확보의 전망이 밝은 또 다른 분야는 녹색 3차 산업혁명을 향한 전면적 전환에 수반되는 광범위한 투자 기회에 이제 막 관심을 기울이기 시작한, 수조 달러에 달하는 공공 및 민간 연금 기금이다. 거기서 적어도 일부 재원을 조달할 수 있다는 의미다. 연금 기금을 둘러싼 열띤 논쟁은 이미 미국 내에서 개시되었으며 양대 정당 정치인들의 입을 통해 그 열기가 고조되고 있다. 미국 정부의 동향을 전문적으로 다뤄 선출직 공무원과 연방 관료 그리고 로비스트들이 애독하는 간행물 《더 힐(*The Hill*)》은 2019년 2월 뉴욕 대학교 스턴 경영 대학원 금융학 명예교수인 잉고 월터(Ingo Walter)와 트레이드윈드 인터스테이트 어드바이저(Tradewind Interstate Advisors)의 경영 파트너인 클라이브 립시츠(Clive Lipshitz)가 공동 저술한 기고문을 게재했다. 「공공 연금과 인프라: 천생연분(*Public Pensions and Infrastructure: A Match Made in Heaven*)」이라는 제목의 글에서 저자들은 이렇게 말하고 있다. "전국 연금 기금의 막대한 재원이 정부와 열애에 빠져들고 있으며 이는 21세기 인프라의 업그레이드를 위한 재원 마련에 큰 도움이 될 것이다."[32] 이들 기금의 일부가 전국 전력 그리드 구축 및 연방 정부 소유의 물리적 자산의 녹색화에 투자될 것이다. 이것은 확실하다. 연방 정부의 인프라 전환에 대한 직접 자금 조달과 연금 기금 자본 및 기타 민간 자본을 통한 자금 조달 사이에 적절한 균형을 잡는 방법을 알아내는 것이 의회와 백악관에서 민주당과 공화당 사이에 벌어지는 일들의 중심 역학이 될 것이다. 그런 심사숙고의 과정은 탄소 제로 경제로의 불가피한 전환을 수행하기 위한 양당의 초당적 협력을 유도할 수 있을 것이다.

"천생연분"에는 한 가지 중요한 원칙이 수반된다. 그린 인프라에 대한 투자 및 연관 프로젝트에 노조의 연금 기금이 사용되는 경우 그 수행 과정에 반드시 노조 관계자가 포함되어야 한다는 원칙이 그것이다. 노동조합이 어디든 가능한 대목에서 프로젝트의 이행에 참여함으로써, 노동자들의 연금으로 이루어진 기금이 노조원의 일자리를 제거하려는 반노조 성향의 기업을 위한 재원으로 사용되는 일이 없도록 해야 하기 때문이다. 현재 미국의 전체 노동인구 중 단 11퍼센트만 노동조합에 가입되어 있기 때문에 조합 노동자로 업무량을 모두 채우지 못하는 그린 인프라 프로젝트가 발생할 것이다. 그런 경우, 최소한 자유로운 선택에 의해 노조를 조직하고 단체교섭에 나설 수 있는 노동자의 권리를 보장할 필요가 있을 것이다.

공공 및 민간 연금 기금과 그린 인프라의 구축 사이에서 중매쟁이 역할을 하는 것은 녹색 은행이다. 녹색 은행은 자본의 일정 부분을 대규모 3차 산업혁명 그린 인프라 구축 프로젝트를 위한 자금으로 제공한다는 명확한 목적을 지닌다. 지난 10년간 영국, 일본, 호주, 말레이시아 등을 비롯한 다수의 국가들에서 녹색 은행이 조직되었고, 그들의 녹색 에너지에 대한 투자 규모는 무려 400억 달러를 넘어섰다.[33] 국제노동조합연맹(International Trade Union Confederation)은 2012년부터 이에 가세해 노동자 소유의 막대한 글로벌 연금 기금 재원과 그린 인프라에 대한 투자를 결합하기 위한 정보 센터의 역할을 담당할 수 있는 녹색 은행의 창설을 촉구했다.[34]

미국 내에서는 2014년 당시 하원 의원이자 현재 메릴랜드 출신의 상원 의원인 크리스 반 홀렌(Chris Van Hollen)에 의해 녹색 은행 법안이 제출되었다. 관련 법률 중 연방 정부 차원에서 도입된 최초의 사례였다.(당시 크리스 머피(Chris Murphy) 코네티컷주 의원이 주 의회에 동일한 종류의 법안을 제출했다.) 이 법안에서는 은행의 초기 자본금을 구성하기 위해 100억 달러 상당의 미국 재무부 채권 발행을 제안했다. 그렇게 은행을 설립해 "대출, 대출 보증, 부채 증권화, 보험, 포트폴리오 보험, 그리고 그 밖의 금융 지원이나 리스크 관리 등을 제공하며 그린 인프라 확장 프로젝트를 위한 재원을 조달하고 그린 인프라로의 전환을 촉발하자."라는 내용이었다.[35] 반 홀렌의 법안은 법률로 제정되지는 못했지만 미국 내에서 녹색 은행이라는 아이디어가 생명력을 얻게 하는 데는 성공을 거두었다. 2016년까지 뉴욕, 코네티컷, 캘리포니아, 하와이, 로드아일랜드, 몽고메리 카운티, 메릴랜드에서 녹색 은행이 설립되어 운영에 들어갔으며 여타 지역에서도 설립 절차가 진행 중이다.[36]

대부분의 인프라에 대한 책임이 주 정부에 있다는 점을 감안하면 국립 녹색 은행의 제도화를 위한 연방 정부의 시도는 이미 순조롭게 진행 중인 다수의 주 단위 녹색 은행 설립에 맞추어 그 절차를 수정해야 한다는 점이 명백해졌다. 2016년 반 홀렌 의원이 국립 녹색 은행의 설립을 위한 법안을 다시 발의했을 때 새로운 법안에서는 그린 인프라에 대한 연방 정부의 직접적인 자금 지원을 허용하지 않았다. 그 대신에 국립 녹색 은행은 주 또는 시 단위의 녹색 은행에 자금을 빌려주는 한정된 역할만 수행하고 지역별 녹색 은행이 직접 녹색 인프라 이니셔티브를 지원할

책임을 지게 한다는 내용이었다.[37]

2019년, 녹색 은행의 설립이 전 세계로 확산되었다. 2019년 3월, 세계 인구의 56퍼센트, GDP의 26퍼센트를 차지하며 이산화탄소 배출량의 43퍼센트에 대한 책임이 있는 선진 23개국의 관계자들이 파리에 모여 각자 자신들의 녹색 은행을 설립할 목적으로 녹색 은행 설계 정상회담을 개최했다.[38] 기관투자자들도 동석했으며 연금 기금을 비롯한 여타의 투자 자금들도 준비 태세를 갖추었다.

개발도상국에서 녹색 은행의 설립과 스마트 3차 산업혁명 인프라로의 전환을 위한 새로운 추진력이 발생하는 것은 그린 뉴딜이 제시하는 비전이 보편적 호소력을 지녔음을 보여 주는 명확한 신호다. 이러한 스마트 그린 인프라 혁명이 개발도상국에서 보다 신속하게 전개될 수 있는 것은 그들의 경우 부채가 곧 자산이기 때문이라는 데 의견이 모아지고 있다. 다시 말해, 개발도상국은 기존 인프라가 부족하기 때문에 노후화된 2차 산업혁명 인프라를 해체 혹은 제거해야 하는 선진국에 비해 신생 그린 인프라와 그에 수반하는 적절한 형식, 규정, 기준 등을 보다 신속하게 배치할 수 있다는 사실을 깨닫고 있다는 얘기다. 태양광 및 풍력 발전 시설 또한 이들 개발도상국 전반에 걸쳐 급속히 퍼져 나가고 있다.

지난 2011년, 나는 당시 유엔 산업 개발 기구(UNIDO) 사무총장이었던 칸데 윰켈라(Kandeh Yumkella) 박사와 함께 개발도상국들이 스마트 3차 산업혁명의 비전을 수용하고 실행할 수 있는 방법에 대해 논의하기 시작했다. 우리는 격년제로 개최되는 2011년 UNIDO 총회에서 그 기본 개념을 공동 발표했다. "우리는 지금 3차 산업혁명의 출발점에 있다고 확신합니다."라고 선언한 윰켈라 사무총장은 "이 혁명을 현실화하는 데 필요한 지식을 공유하는 방법, 전 세계의 자본과 투자를 공유하는 방법은 무엇이겠습니까?"라는 질문을 던졌다.[39] UNIDO는 3차 산업혁명에 관한 논의를 시작했고 유엔과 개발도상국들의 관심을 탄소 이후 시대의 그린 내러티브와 인프라 구축으로 끌어모았다.

녹색 은행은 개발도상국과 선진국에서 모두 확장되고 있다. 재원이 어떻게 구성되든 결국 변혁의 원동력이 되는 것은 연금 기금의 자본일 것이다. 그것이 그린 뉴딜의 전개를 위한 원원 방안이다.

수천만의 노동자가 가능한 한 조합원들을 보호하고, 노동자들의 조직할 권리를 지키고, 투자에 대한 안정된 수익을 확보하면서 자신의 연금을 국가의 미래를 위해 투자하게 될 것이다. 또한 기후변화 문제에 정면으로 맞서고, 부상하는 녹색 시대에 국가 인프라의 전환이 수반할 방대한 신규 비즈니스 기회와 고용 창출을 촉진하게 될 것이다.

국립 녹색 은행을 위한 법안이 법률로 제정되는지 여부와 상관없이 공공 연금 기금은, 심지어 증가하고 있는 민간 연금 기금까지도 그린 뉴딜을 위한 연방 정부의 재원 확보에서 중요한 견인차 역할을 하게 될 것이다. 그러나 연금 기금의 주요 관심사는 그보다 훨씬 규모가 큰, 향후 20년간 해마다 무려 3450억 달러가 투입될 주와 지방 단위의 그린 인프라 투자 계획일 것이다.

그에 앞서 손보아야 할 훼방꾼이 하나 있다. 지금부터 그에 대한 설명을 하고자 한다. 인프라는 본질적으로 시민 누구나 접근하고 사용하는 공공재이므로 인프라 서비스는 지역, 주, 중앙 정부에 의해 제공되는 공공서비스라는 것이 일반적인 생각이었다. 그러나 주와 지방의 인프라 전환이 시작되면서 갈수록 더 많은 기존 인프라가 민간에 매각 또는 임대되고 있으며, 새로운 인프라는 아예 처음부터 민영화되고 있다. 이른바 "민관 합작 투자 사업(public-private partnership)"이라 불리는 것들이다. 이러한 변화는 부분적으로 마거릿 대처(Margaret Thatcher)와 로널드 레이건(Ronald Reagan) 정권이 민영화와 규제 완화 정책을 추진하던 1980년대 초반부터 시작된 정치 환경의 변화에 기인한다. 이러한 정책 기조의 근거는 정부 재정에 의존하여 관리되는 인프라를 감독하고 운영하는 정부 기관들이 절박한 경쟁에 쫓길 일이 없다 보니 결국 관료주의의 타성에 젖고 혁신에 둔감한 형편없는 관리자가 된다는 것이다.

바로 그것이 핵심 인프라 서비스를 '개방형 시장'이 달려들어 운영하도록 하는 민영화 정책에 우호적인 신자유주의 이념의 본질적인 부분이다. 하지만 나는 여기서 민간에 의해 운영되는 인프라 서비스가 더 우수할 것이라는 주장을 뒷받침할 그럴싸한 증거는 단 한 번도 제시된 적이 없다는 사실을 덧붙이고 싶다. 철도와 전력 그리드, 우편제도, 공중 보건 서비스, 공영방송 등을 포함한 여타의 정부 주도 시스템들이 매우 효과적으로 그 기능을 발휘하고 있지 않은가. 적어도 선진국에서는 그렇다는 말이다. 그럼에도 공공 인프라의 정치 쟁점화는 늘 대중의 주목을 끌었다. 적어도 대처와 레이건에서 시작되어 블레어와 클린턴으로 이어진 신자유주의 정권이 대담하게 공공 인프라에 대한 전통적인 책임 중 다수를 민간 부문과 변덕스러운 시장에 넘기도록 만들기에 충분할 정도의 관심사였다. 나는 이러한 역사가 보다 광범위하게 펼쳐지면, 이미 기존 시장에 자리 잡은 민간 부문이 다른 대안이 없는 소비자가 저절로 딸려오는, 잠재적으로 수익성이 높은 공공 인프라 서비스를 결코 놓치려 하지 않을 것이라 생각한다. 시장에는 신나는 제안이 아닐 수 없다.

보다 최근에 또 한 차례 인프라의 민영화 물결이 몰려왔던 적이 있다. 주로 공공 부채의 증가에 대한 대응 방안이었다. 몇몇 국가에서는 임금수준, 특히 중산층과 노동자 계층의 임금수준이 생계비를 쫓아가지 못하던 시대에 세금 부담을 줄이려는 대중의 요구에 의해 민영화가 이루어지기도 했다. 결국 지방자치체와 주 정부가 점점 더 많은 공공 인프라의 민영화를 추진해 온 것도 그리 놀랄 일은 아니다. 하지만 인프라를 관리하는 민간 기업들은 수익 창출에서 훨씬 공격적으로 나오는 경우가 많다. 그들에게 그것은 제공해야 할 서비스가 아니라 비즈니스일 뿐이기 때문이며, 결과적으로 종종 업계의 감시자들이 말하는 소위 "회사 자산 수탈(asset stripping: 자산이 많은 경영 부진 기업에서 그 자산을 매각하여 이익을 꾀하는 행태 — 옮긴이)"이 발생하기도 한다. 이와 같은 현상은 민간에 의해 운영되는 교도소, 유료도로, 학교 등에서 반복적으로 발생하는 일반적인 문제점이다.

인프라를 되찾아라

인프라 투자에 연금 기금이 진입하면 새로운 범주의 소유주가 등장하게 된다. 인프라와 맺는 관계에서 민간 기업들과는 여러 측면에서 사뭇 다른 소유주들이 등장하는 것이다. 연금 기금의 신탁관리인들은 스스로를 관리인으로 간주할 가능성이 높다. 그렇기 때문에 투자 방식을 선택할 때 사회적 책임이 보다 강조되는 접근법을 선택하기 마련이다. 특히 공공 연금 재정의 신탁관리인들은 사회적 책임 투자의 환경·사회·거버넌스(ESG) 원칙을 적용하는 데에서 선구자적 역할을 수행하고 있는데, 이는 대부분이 구성원들과 노조 지도자들의 촉구에 의한 결과다. 또한 이런 분위기는 민간 연금 기금으로도 확대되고 있다. 이들 연금 기금은 이전과는 다른 사고방식을 조장하며 인프라 프로젝트에 '사회적 자본'을 투자하는 데 더 큰 호응을 보일 가능성이 높다.

지난 몇 년 동안 연금 기금은 주식 투자의 비중이 큰 과거의 투자 형태에서 벗어나 포트폴리오를 재구성하기 시작했다. 주식은 종종 그 가치가 과대평가되며 위험성 또한 높은 것으로 인식된다. 또한 과열된 상승세와 갈수록 깊어지는 침체 사이를 오가는 변동성으로 인해 단기 투자 방식으로 여겨진다. 불안정성이 비교적 낮고 보다 안전한 장기 투자, 말하자면 예측 가능한 수익을 보장하는 그런 채권에 대한 연금 기금 관리자들의 관심은 나날이 증가하고 있으며 인프라 투자는 그에 꼭 들어맞는다. 프라이스워터하우스 쿠퍼스(PwC)와 글로벌 인프라 투자자 협회(Global Infrastructure Investor Association, GIIA)에서 수행한 「글로벌 인프라 투자(*Global Infrastructure Investment*)」라는 제목의 최근 연구는 이와 동일한 논지 아래 이렇게 기술하고 있다. "과거 10년 동안 세계의 경제 인프라에서는 변혁이 목도되었다. …… 장기간에 걸친 안정적 수익을 추구하는 자본의 유입이 그 원동력이 되었다." 물론 유입된 자본의 상당 부분은 연금 기금에서 나온 것이다.[40]

공무원 연금 기금의 경우 공공 인프라에 대한 투자는 어렵지 않은 결정이 된다. 연금 수혜자가 공공 분야에 종사하는 근로자들이기 때문에 공공서비스의 중요성에 대해 더 친밀한 공감대가 형성되어 있다. 특히 인프라가 있는 곳이 그들의 거주지와 직장이라면 공공뿐 아니라 민간 연금 기금까지도 인프라 투자에 호응할 가능성이 더 크다. 투자에 따른 부수적 혜택으로 자신과 가족들이 보다 향상된 인프라 서비스를 누릴 수 있기 때문이다.

이는 이미 일어나고 있는 현상이다. 막대한 규모의 퀘백주 연금 기금(Caisse de dépôt et placement du Québec, CDPQ)은 몬트리올 경전철 개발 및 운영을 위한 충분한 재원을 조성한 바 있다.[41] 네덜란드 연금 기금은 지역의 건설 기업들과 협력 관계를 맺고 지역 내 신규 도로 건설 프로젝트에 투자했다.[42]

장기적 관점에서 연금 기금의 공공 인프라 투자는 글로벌 기업이 인프라를 민영화하여 오로지 수익 창출을 위한 비즈니스로 운영하는 것보다 훨씬 나은 방향일 것이다.

지금부터는 '글로벌 기업에 의한 인프라의 민영화 대 공공 인프라 구축에 대한 연금 기금의 직접투자'라는 문제를 이렇게 파고들었던 이유에 대해 지극히 개인적인 소견을 밝히고자 한다. 기업이 궁극적으로 도심 지역 거주 인구 전체의 일거수일투족을 감시하게 될 스마트 인프라의 건설 및 운영 전반에 대한 민영화를 희망했던 토론토의 구글 이니셔티브를 기억하는가. 그리 유쾌한 일은 아니지만 거대 인터넷 기업과 ICT 기업에 그것은 차세대 시장이다. 구글의 공동 창업자 래리 페이지(Larry Page)는 "디지털 기술의 내재적 효율성과 그로부터 얻는 혜택에 지나치게 현혹된 나머지 대중이 스마트 도시라는 개념에 대해 혐오감을 느낄 수도 있다는 생각은 꿈에도 해 본 적이 없다."라고 토로했다. 유럽 전역의 다수 지역과 협력하며 그들을 위한 장기적인 그린 인프라 구축 계획을 수립한 경험에 근거하여 단언하건대, 공공 인프라를 거대 글로벌 기업의 손에 맡기는 민영화, 특히 인터넷, ICT, 텔레콤 기업에 의한 민영화는 일반적으로 성공할 가능성이 희박하다.

한편 인프라에 대한 공적 자금의 투입 또한 그 나름의 문제점을 동반한다. 무엇보다 먼저 정부는 회계장부상 GDP 대비 부채 비율을 최소화할 필요가 있다. 유럽 국가들은 반드시 그렇게 해야만 한다. 미국의 경우, 지방자치체와 주 정부들 역시 이와 동일한 제약 조건에 신경을 쓰고 있으며 인프라 구축에 필요한 유형의 투자는 세금을 그에 상응하는 수준으로 인상하거나 부채 비율을 높이는 것만으로 해결될 수 없다는 사실 또한 인지하고 있다. 그렇다면 우리는 어떻게 이 미로를 빠져나가 21세기 스마트 그린 인프라의 재원 확보를 위한 실용적 해법을 찾아낼 것인가? 금융계 전반에 걸쳐 점차 공감대를 확장해 가고 있는 메시지는 이런 것이다. 여전히 미개척지로 남아 있는 공공 및 민간 연금 기금의 자금에서 나오는 수조 달러에 육박하는 투자 기회에 관심을 기울여야 한다.

연금 기금의 입장에서도 적극적으로 투자하기를 원한다. 그러나 여기에도 문제는 있다. 현실적인 문제는 투자의 대상으로 삼을 만한(그리고 언론의 관심을 끌 만한) 대규모 3차 산업혁명 인프라 프로젝트가 부족하다는 것이다. 이는 단지 미국 내 시장의 독특한 현상이 아니라 전 세계적인 문제이다. 도시와 지역 그리고 개별 국가에서 인프라의 전환을 확대하려는 시도는 거의 하지 않으면서 수천 개가 넘는 소규모의 개별적인 시범 사업들만 만지작거리고 있기에 하는 말이다. 예를 들자면 영국 내에서 현재 진행 중이며 연금 기금 컨소시엄의 자금으로 추진되는 대규모 인프라 프로젝트는 단 한 건밖에 없다. 42억 파운드 규모의 런던 "초대형 하수도" 프로젝트인 템스 타이드웨이 터널(Thames Tideway Tunnel)이 그것인데, "빅토리아 시대 이후 수도의 폐수처리 시스템에 대한 가장 큰 정비 작업"으로 간주되고 있다.[43]

120억 파운드에 달하는 랭커셔 카운티 연금 기금을 운영하는 지역 연금 파트너십(Local Pensions Partnership)의 최고 투자 책임자인 크리스 룰(Chris Rule)은 단도직입적으로 말한다. "저는 연금 기금이 영국 내 인프라에 대한 투자에 대해 매우 수용적이라고 생각합니다. [문제는] 공급과 수요입니다. 투자 기회를 찾는 자금이 투자 대상보다 더 많다는 것이죠. 수익률 감소의 원인이기도 합니다." 대형 인프라 개발 프로젝트에 대한 투자 기회를 탐색하고 있는 또 다른 주요 투자자 중 하나인 알리안츠 글로벌 인베스터스(Allianz Global Investors)의 인프라 채무 팀 책임자로 있는 에이드리언 존스(Adrian Jones)는 "인프라 개발에 필요한 재원 확보를 위해 근본적 개혁이 필요하다고 생각하지 않습니다. 우리에게 필요한 것은 투자할 만한 프로젝트입니다."라고 말했다.[44] 그의 말은 연금 투자자와 보험회사의 견해가 다르지 않음을 보여 준다. 연금 기금 관리자들로부터 나오는 보편적 불만은 이런 것이다. '시범 사업은 더 이상 필요하지 않다! 일정 기간 동안 투자할 수 있고 안정적 수익을 보장하는 대규모 3차 산업혁명 인프라 개발 프로젝트만 있다면 당장 투자할 수 있다.'

요약하자면, 미국 전역의 지방자치체와 카운티, 주 정부에서 GDP 대비 부채 비율 상승이나 대규모 인프라 프로젝트를 위한 세금 인상을 부담스러워하고 있고 연금 기금 분야는 대규모 투자 기회를 열망하고 있는 상황을 감안할 때, 미국 전역을 신속하게 탄소 제로 그린 공공 인프라로 전환시킬 수 있는 장기적 협력을 위한 조건은 이미 마련되어 있는 셈이다.

미국이 그린 뉴딜의 출발선에 서기에 앞서 해결해야 할 또 다른 장애가 있다. 미국 내에서 이루어지는 지역 단위 인프라 투자의 대부분은 지방자치체의 면세부 채권을 통해 자금을 조달하고 있는데, 이것이 문제를 야기할 수 있다. 지방정부는 민관 합작 사업으로 민간 기업과 재무 협약을 맺기보다 공공 조달을 통해 인프라 프로젝트의 재원을 확보하는 쪽을 선택하는 경우가 많다. 왜냐하면 지방자치체 면세부 채권을 발행하는 것이 비교적 저렴하고 보다 구미에 맞을 뿐 아니라 인프라의 민영화에 두려움을 느끼는 일반 대중을 상대로 채권을 판매하기도 수월하기 때문이다. 하지만 민간 기업의 입장에서는 면세부 채권으로 인해 낮아진 입찰가와 경쟁할 수도 없고 민관 합작 사업의 수주를 위해 어쩔 수 없이 수용해야 하는 낮은 수익성도 정당화할 수 없다는 불만을 토로한다.

그 반면에 연금 기금은 지방자치체의 녹색 채권에 대해 기꺼이 투자 의사를 밝히고 있다. 지방정부와 협력 관계를 맺을 수만 있다면 수익률이 낮더라도 기꺼이 수용한다는 입장이다. 연금 기금의 주요 관심사가 연금 수혜자들을 위한 안정적인 수익 보장에 있기 때문이다. 그렇다고 연금 기금이 지자체의 면세부 채권 시장 진입에 전적으로 열광하는 것은 아니다. 연금 기금 자체가 면세 대상이기 때문에 면세부 채권 투자로 인해 얻을 수 있는 추가적 가치는 없기 때문이다. 이에 연금 기금 자문가들은 새로운 제안을 내놓고 있으며, 그 제안은 공공 및 민간 연금 기금이 공공 녹색 채권을 구매하도록 유인하고자 하는 다수의 도시와 주 정부의 노력에 의해 견인력을 얻고 있다. 그것은 바로 공공 녹색 채권에 투자하는 연금 기금에 대해 세액공제 형태의 인센티브를 제공하자는 제안이다.

메르카토르 어드바이저스(Mercator Advisors)의 데이비드 셀처(David Seltzer)는 2017년 공공 고용 및 퇴직 시스템에 대한 국민 회의(National Conference on Public Employment Retirement Systems)에서 이 개념을 소개했다. 셀처는 "연금 기금이 부채나 자산 투자에 수반되는 세액공제를 현금화할 수 있게 하는 개념"이라며 "연금 기금은 환불 불가 세액공제를 미국 재무부에 대한 채무를 상계하는 데 적용함으로써 현금화할 수 있고, 그것으로 은퇴자가 받는 연금 수당의 원천징수세를 면제해 줄 수 있다."라고 설명했다.[45]

글로벌 기업과 수많은 정부 보조 산업, 금융계, 아주 부유한 사람 등을 위해 연방 세법에서 규정하고 있는 방대한 세금 우대 제도와 달리 이 세액공제 혜택은 비록 그 규모는 비교적 작지만 연금 기금들이 미국의 인프라 프로젝트를 위한 녹색 채권에 투자할 수 있도록 충분한 수익성을 보장하기 위해 고안된 것이다. 수십억 달러의 연금 기금이 화석연료 산업으로부터 투자를 회수해 그린 뉴딜 3차 산업혁명 인프라에 재투자할 수 있도록 세액공제 혜택이 적용된다면 7300만 미국 노동자의 안정된 은퇴 생활을 보장하는 데 기여할 뿐 아니라 기후변화의 시대를 살아갈 후손들의 복지까지 보증한다는 부수적인 이득도 따를 것이다.

세액공제 혜택으로 지방자치체의 녹색 채권 투자에 대한 연금 기금의 망설임은 상쇄될 수 있지만 도시와 주 당국이 점점 증가하는 공채의 부담을 떠안게 되는 것은 여전히 문제가 아닐 수 없다. 공채 부담의 완화를 위해 도시 및 주 정부는 일정 형태의 민관 협력 사업도 추진해야 할 것이다. 그러나 정부와 민간 기업 사이에 인프라의 민영화에 대한 합의가 이루어지는 것을 둘러싼 갖가지 괴담이 떠오르는 것도 사실이다. 수준 이하의 조악한 성능과 관리, 비용의 초과, 수익 유지를 위한 자산 수탈, 파산 등의 괴담 말이다. 공공 인프라를 민영화한 기업의 최우선 관심사는 수익성 확보에 있다. 그것은 곧 비용 절감이라는 이름으로 어디서든, 언제든 삭감 조치를 취할 수 있다는 의미다. 인프라의 건설 및 관리와 함께 그들에게 부과된 효율적 운영을 희생하더라도 말이다.

ESCO: 그린 뉴딜을 위한 비즈니스 모델

하지만 그린 뉴딜의 민관 합작 투자 사업이 번성할 수 있는 대안적 경로가 있다. 25년 동안의 성공적인 실적을 보유한 그 비즈니스 모델은 바로 (에너지 사용자를 대신해 에너지 절약 시설에 투자하고 그에 따른 에너지 절감액으로 투자비를 회수하는) '에너지 서비스 기업(energy service company)', 즉 ESCO다. 이것은 수익성 확보를 이른바 "성과 계약"에 의존하여 비즈니스를 수행하는 급진적 접근법으로 자본주의의 핵심적 기본 원리인 판매자/구매자 시장의 토대를 뒤엎는 반직관적 비즈니스 형태이다.

성과 계약은 판매자/구매자 시장 전체를 일소하고 공급자/사용자 네트워크로 대체한다. ESCO가 투자 재원의 100퍼센트를 책임지고 약정된 그린 에너지 및 에너지 효율성 창출의 성공률에 기초하여 자본 투자에 대한 수익을 확보하는 방식이다.

새롭게 출현한 정부와 ESCO 간의 민관 합작 투자 사업은 기술적 전문성과 민간 기업의 성공 사례를 공공서비스 분야에 윈윈 방식으로 적용함으로써 공공과 민간 부문 사이에 강력하고도 새로운 역학을 창출하고 있다. 결국 연금 기금은 이와 같은 형태의 민관 합작 투자 사업의 재원 조달을 위한 최상의 파트너가 된다. 재원 조달은 수백만 미국 노동자들의 유예된 급여로부터 이뤄질 것이며, 그 혜택은 안정적이고 신뢰할 수 있는 연금 투자수익률이 되어 그들에게 되돌아가게 될 것이다. 새롭게 부상하는 그린 경제를 통해 창출되는 수백만 개의 신규 일자리와 후손들을 위한 탄소 배출량 제로에 가까운 녹색 미래 또한 연금 수혜자들에게 돌아갈 혜택이다. 이 새로운 경제모델 덕분에 사상 처음으로 지방자치체와 주 정부, 기업 그리고 미국의 노동자들이 강력한 협력 관계를 형성하고 각 당사자가 상대방으로 인해 사회계약의 본질을 변화시킬 수 있는 장이 마련되는 것이다.

새로운 협력 관계의 작동 방식은 이렇다. 먼저 지방 및 주 정부가 입찰 계획을 공표하면 ESCO는 인프라의 전체 또는 일부분을 건설하는 프로젝트의 수주를 위해 응찰한다. 입찰 참여의 전제 조건은 이런 것이다. 최종 낙찰자로 선정되는 ESCO는 인프라 건설의 재원 확보에 대한 책임을 진다. ESCO의 투자 수익은 태양광 및 풍력 에너지 기술의 설치와 녹색 전기의 생산, 전국 스마트 전력 그리드의 구축 및 관리를 통해 획득하는 송전의 효율성, 상하수도 체계의 개선을 통해 창출되는 에너지 효율성은 물론이고 여타 형태의 성과 계약 관련 작업들에 의해 창출되는 에너지 효율성 등으로 발생하는 수입에서 나온다. 성과 계약 관련 작업에는 기후 관련 재난에 보다 탄력적으로 대응하기 위한 건물 개보수 작업, 에너지 저장 장치의 설치, 에너지 효율 향상 및 모니터링을 위한 IoT 센서의 설치, 전기 차량을 위한 충전소의 설치, 비즈니스 운영의 각 단계별 총효율 증대를 위한 생산 시설, 절차, 공급망의 재조정 등이 포함된다.

정부와 ESCO 사이의 성과 계약은 여러 방식으로 변형될 수도 있다. 예컨대 정부 기관이 ESCO의 협조를 얻어 성과 계약을 위한 재원을 확보할 수도 있는데, 그런 프로젝트의 자금 조달에는 대개 개방적 경로가 활용된다. 이러한 변형 계약에서는 조달된 자금에 대한 상환 책임은 정부 기관이 담당하고 ESCO는 프로젝트 대금의 지급액과 비용에 상응하는 저축 보증의 의무를 진다. 손실이 발생하면 결국 ESCO의 부담이 된다는 뜻이다. 이와 같은 계약의 장점은 정부 기관이 공공 프로젝트에 대한 세금 감면 혜택을 누릴 수 있으며 그로 인해 ESCO와 정부 기관 양쪽 모두에게 보다 매력적인 방법이 된다는 것이다.[46]

성과 계약은 또한 프로젝트가 실행되는 중에, 그리고 ESCO가 투자 자금을 완전히 회수하기 이전에 고객들이 창출된 그린 에너지와 가시적인 에너지 효율성의 혜택을 공유하도록 허용할 수도 있다. 그와 같이 수정된 성과 계약을 "에너지 성과 보증 계약(energy savings contracts)"이라고 부른다. 일반적으로 ESCO가 투자 자금을 완전히 회수하고 계약이 종료될 때까지 창출되는 에너지와 달성되는 에너지 효율 중 상당 부분을 취하고(대개 85퍼센트이다), 그 이후에 창출되는 모든 혜택은 고객들에게 돌아가게 된다.[47] 시나 카운티 또는 주는 프로젝트 수행에 필요한 자본 투자나 재정 손실 없이 효율적인 스마트 저탄소 인프라를 구축하게 되는 셈이다. 선행을 통해 성장하는 사회적 책임 투자에 집중하는 연금 기금은 그린 에너지의 생산과 에너지 성과 보증 사업을 수행하는 ESCO에 적합한 재정 메커니즘이다.

ESCO는 공공 영역뿐 아니라 민간 영역에도 적용된다. 개인 소유의 주거용 부동산, 특히 저소득층과 중산층 소유의 주택을 비롯해 사회적 혜택을 받지 못하는 지역에 속하는 경우가 많은 노후화된 상업 지구와 산업 및 기술 단지들도 그린 3차 산업혁명 패러다임과 보조를 맞추어 소유하고 있는 인프라를 전환해야 할 것이다. ESCO 비즈니스 모델은 정부 부문에서든, 상업적 영역에서든, 시민사회에서든 동일한 방식으로 작동한다. 모든 지방자치체와 카운티, 주 정부 차원에서는 그린 뉴딜 변혁을 권장하기 위해 주거, 상업, 산업, 기관 등의 인프라 전환에 대한 후한 세액공제와 차등 세율 및 벌금 체계를 수립해야 할 것이다.

지저분한 화석연료 기반 사회의 인프라 전환에 관한 논의가 이루어지는 것이 공공 부문이든 민간 부문이든 상관없이, 그 과정에서 가장 열악한 지역이 가장 취약해지고 소외될 수밖에 없다는 것이 압도적인 현실이다. 지방정부와 ESCO 간의 민관 합작 투자 사업이 가장 큰 영향력을 발휘할 수 있는 지점 또한 이곳이다. 위기에 직면한 지역사회의 그린 뉴딜 인프라 전환을 지원함으로써 그들에게 새로운 비즈니스와 고용 기회를 제공함과 동시에 기후변화로 촉발되는 공중 보건의 비상사태를 해결할 수 있기 때문이다.

기후변화가 미국 내 모든 지역사회에 어떠한 영향을 미칠 가능성이 높은지를 파악하기 위해 몇몇 카운티를 표본으로 삼아 실시한 기념비적 연구의 결과가 2017년 《사이언스(*Science*)》를 통해 발표되었다. 저자들은 남부와 중서부 남쪽 지역에 있는 가장 빈곤한 지역사회들이 기온 상승으로 인해 가장 크게 고통 받을 것이라고 결론 내렸다. 금세기 말까지 GDP의 손실이 많게는 수입의 20퍼센트에 이를 수 있다는 것이었다. 논문의 주요 저자이자 캘리포니아 대학 버클리 캠퍼스의 공공 정책과 교수인 솔로몬 시앙(Solomon Hsiang)은 "분석 결과에 의하면 현재 상태가 지속될 경우 결과적으로 빈곤층으로부터 부유층으로 미국 역사상 최대 규모의 부의 이동이 나타날 수 있다."라고 경고했다.[48]

기후변화가 미국의 공중 보건에도 강력한 영향을 미치고 있음은 더 이상 충격적인 사실이 아니다. 이 영역에서도 구성원의 대다수가 적절한 의료 서비스는 물론이고 기후변화로 인한 재난이 야기한 손실에 대한 복원과 적응 노력을 수행하는 데 필요한 재정적 수단에 대한 접근성이 현저히 떨어지는 가장 빈곤한 지역사회가 가장 크게 영향을 받고 있다. 기후의 급격한 변화가 공중 보건에 미치는 부정적 영향은 이미 점점 증가하고 있다. 온실가스 배출이 야기하는 오존과 미세먼지 공해 그리고 확산되는 산불에서 발생한 연기에 대한 노출이 폐 기능의 저하를 유발하고 있으며, 그 가장 뚜렷한 결과가 천식 발병의 증가이다. 계절 기온의 상승으로 인해 알레르기 유발 물질에 대한 노출도 늘어났으며, 열사병과 심혈관 질환을 포함하는 열 관련 질병 및 사망률 또한 증가했다. 곤충의 지리적 다양성의 변화로 인해 매개체 질병에 노출될 가능성도 높아지는 등 무수히 많은 부작용이 이미 발생하고 있다는 얘기다.

기후변화와 점차 커지고 있는 공중 보건 비상사태의 심각성은 불가분의 관계이며 미국뿐 아니라 전 세계에서 태풍, 홍수, 가뭄, 산불 등 기후변화로 인한 재난을 직접 경험한 수백만의 사람들에게 그것은 코앞에 닥친 현실이었다. 이런 재난에 의한 직접적인 생명의 위협은 말할 것도 없고 수질오염으로 인한 간접적 영향 또한 간과할 수 없다.

미국 내 다수의 오래된 지역사회는 복합 하수도 시설을 갖추고 있다. 폐수처리 시설로 이어지는 오폐수관과 빗물 배수관이 하나의 관로로 설계되어 있다는 의미다. 하지만 전에 없이 강력해진 폭풍과 태풍은 하수·배수 인프라의 범람을 야기한다. 처리되지 않은 하수와 유출된 우수가 한계량을 초과하여 주택과 사무실 등으로 넘쳐흐르고 전국의 강과 하천으로 유입된다. 공중 보건의 심각한 위협 요인이 아닐 수 없다. 기후변화가 날로 극심해지고 있어 그 영향력도 커질 수밖에 없을 것이다.

불행히도 이런 현상은 지방자치체가 수도 위생 시설을 민간 기업에 매각하는 일과 동시에 일어나고 있으며, 민간 기업은 이윤 감소를 우려하여 낡은 수도와 하수 및 배수 시설의 교체를 꺼리고 있다.

미국을 비롯한 각국의 도시들은 노후화된 수도, 하수, 배수 시설과 기후변화가 야기하는 홍수의 결합으로 인한 공중 보건 및 안전의 위협에 눈을 뜨고 있으며, 최근 들어 이들 주요 인프라를 다시 관영화하기 시작했다. 전통적으로 사회 구성원의 공중 보건에 대한 안전장치로서 정부가 관리하던 가장 중요한 공공서비스 중 하나였던 그것에 대한 공권력을 되찾기 위해서 말이다.

여기서도 마찬가지로 빈곤층이 가장 취약할 수밖에 없다. 그들이 거주하는 지역사회가 대체로 가장 노후화되고 위태로운 인프라를 보유하기 때문이며, 적절한 공중 보건 서비스에 대한 접근성이 현저히 떨어지고 재난 복구 및 적응 계획의 손길이 가장 적게 미치기 때문이다.

이런 이유로, 지역 및 주 정부가 참여하는 공공 부문 및 민간 부문에 대한 ESCO의 개입은 가장 낙후된 지역과 극빈층을 위한 사업에서 우선적으로 이루어져야 한다. 성과 계약은 지역사회의 경제적, 사회적 삶의 모든 측면에서 회복력을 구축함으로써 공중 보건에 관한 한 누구도 소외되지 않도록 하는, 기후변화에 대한 적응의 문제임과 동시에 효율성과 생산성 그리고 GDP의 문제이기도 하다. 실제로 성과 계약의 맥락에서 이들은 구분이 어려울 정도이다.

이것은 자본의 투자 대상이 되는 사업 계획 내에 사회적 책임을 혼합시키는 새로운 유형의 자본주의다. ESCO는 투자 수익을 안겨 줄 새로운 기술과 경영 방법을 지속적으로 모색하기 마련이며, 지역사회는 그 과정에서 발생하는 혜택을 다양한 방식으로 누릴 수 있다. 주거지와 업무 시설에 부과되는 보다 저렴한 공공요금, 제로에 가까운 한계비용으로 공급되는 친환경 재생에너지, 전기 및 연료전지 차량을 위한 녹색 전기, 공중 보건의 증진을 위한 보다 깨끗한 환경, 지역사회의 경제적·사회적 복리 강화를 위해 수익과 혜택을 지역사회로 재순환하는 데 따르는 새로운 비즈니스와 고용의 기회 등이 그 혜택이다.

마지막으로, 앞서 언급한 그 어떤 것 못지않게 중요한 점은 성과 계약의 성공이 온전히 잠재적으로 수백만에 이르는 반숙련 및 숙련 노동 인력과 전문 인력에 대한 훈련과 배치에 달려 있다는 사실이다. 미국 전역의 주거용·상업용·산업용·기관용 건축물의 개량과 전국 스마트 전력 그리드의 구축, 태양광 및 풍력 발전 설비의 설치, 광대역 케이블과 IoT 기술의 설치, 전기 및 연료전지 차량의 생산, 전기 충전소와 에너지 저장 시설의 제작과 설치, 전국에 걸친 스마트 태양에너지 도로의 건설 등을 직접 수행하게 될 사람들에 대한 교육과 활용이 관건이라는 얘기다. 성과 계약을 기반으로 운영되는 ESCO는 노동 인력과 지역사회 모두에 동등한 유익을 안겨 줄 것이다.

성과 계약은 단순히 자본주의의 새로운 보조적 기능에 그치지 않는다. 21세기 사회가 경제적 삶을 구성하는 방식에 패러다임의 전환을 강제한다는 측면에서 자본주의를 근본적으로 파괴하는 기능도 한다고 볼 수 있다. 나는 1963년 와튼 스쿨 재학 시절의 첫 번째 마케팅 수업을 아직도 기억한다. 당시 교수님은 '*caveat emptor*'라는 라틴어 구절을 써 놓고 학생들에게 자기 수업을 듣고 아무것도 배우지 못할지라도 적어도 이 기본 원칙만큼은 기억해야 할 것이라고 말했다. 바로 '구매자 위험 부담 원칙'이라는 것이다. 이는 경제학자들이 흔히 "정보의 비대칭"이라고 부르는 것과 연관이 있다. 판매자는 상품 혹은 서비스에 대해 자신이 보유한 모든 정보를 구매자에게 알리고 싶어 하지 않는다는 의미다. 실제 원가, 실질적 성능, 제품 수명 등의 정보를 포함해서 말이다. 일종의 체계로 굳어진 이런 투명성의 결여는 구매자가 명확히 불리한 입장에 서도록 만든다. 계약관계의 비대칭성 중 일부는 기업이 제공하는 보증으로 완화될 수 있으나, 그런 것조차 필연적으로 구매자의 완전한 보호에는 미치지 못하기 마련이다.

성과 계약은 시장 안에 존재하는 판매자와 구매자를 모두 제거하고 전통적인 자본주의 모델을 네트워크상에 존재하는 공급자와 사용자로 대체함으로써, 불평등하고 이익이 언제나 판매자에게 편중되게 돌아가는 판매자와 구매자 간 시장 거래의 편향성을 원천적으로 차단한다.

거듭 말하지만 성과 계약에서 ESCO는 오직 약정된 성과의 달성을 통해서만 투자금을 회수할 수 있다. 예컨대 에너지 생산과 총효율이 충분히 증가했을 경우에 한해 투자 수익이 발생한다는 의미다. 사용자는 그로부터 발생하는 혜택을 누리기만 하면 된다. 그것도 무료로 말이다. ESCO의 투자 자금에 대한 수익이 모두 회수된 시점부터 사용자는 구축된 설비와 그에 따라 자리를 잡은 효율적 절차에 의해 안정적으로 누적 생산되는 그린 에너지와 에너지 효율성을 누리기만 하면 되는 것이다.

ESCO의 근본적인 특징은 그들이 제공하는 서비스가 고객의 비즈니스 운영에서 총효율, 생산성, 창발성을 증대시키도록 설계된다는 데 있다. 결과적으로 고객의 비즈니스 운영의 모든 측면에서 고정비용과 한계비용의 절감, 탄소 발자국 감소, 순환성과 회복력의 연마 등이 달성될 수 있는 것이다. 다수의 ESCO들이 사용자에게 제공하는 서비스를 지속적으로 업그레이드하며 최초의 성과 계약 종료 이후에도 서비스를 연장하고 있다. 특히 상업 및 산업 분야에서 그런 현상이 두드러진다.

지금까지 ESCO는 소규모의 사일로 프로젝트가 주를 이루는 시장에서 대안적 역할을 수행해 온 편이다. 그러나 이제 한 세대가 끝나기 전에 지역사회와 도시, 지방, 전국에 걸쳐 그린 뉴딜 3차 산업혁명 인프라를 확장하는 일이 시급한 상황인 만큼 이 새로운 비즈니스 모델의 성가와 위상 또한 그만큼 높아지고 있다.

2017년 내비건트 컨설팅(Navigant Consulting)은 현재 운영 중인 ESCO의 등급을 발표한 바 있다.(내비건트는 TIR 컨설팅 그룹 컨소시엄의 협력사이다.) 상위 10위권에 이름을 올린 기업은 (1) 슈나이더 일렉트릭(Schneider Electric), (2) 지멘스(Siemens), (3) 아메레스코(Ameresco), (4) 노레스코(NORESCO), (5) 트레인(Trane), (6) 허니웰(Honeywell), (7) 존슨 컨트롤스(Johnson Controls), (8) 매킨스트리(McKinstry), (9) 에너지 시스템 그룹(Energy Systems Group), (10) 에이컴(AECOM) 등이다.[49] 슈나이더와 지멘스는 지난 10여 년간 TIR 컨설팅에서 수행한 지역별 로드맵 작성 작업에 참여해 왔다.

2013년, 지멘스의 CEO 피터 뢰셔(Peter Löscher)는 자사의 연례 회의에 나를 초청했다. 당시 나는 지멘스의 이사회에서 그리고 그 이후에는 20여 명의 글로벌 부문 책임자들과 함께 3차 산업혁명 인프라 확장을 위한 비즈니스 모델 창출과 사업 기회의 확대 방안에 대해 논의했다. 각 부문의 책임자들과 이야기를 나눈 후 그들이 사업 운영의 거의 대부분을 독자적으로 수행하고 있음을 명확히 파악할 수 있었다. IT, 에너지, 물류, 인프라 등으로 구분된 지멘스의 사업 부문은 스마트 그린 인프라의 전개에 필요한 핵심 구성 요소들이다. 우리의 만남이 이뤄진 타이밍은 더 이상 좋을 수 없었다. 당시 지멘스가 지속 가능한 스마트 도시의 건설을 지원하는 "솔루션 제공자"로서의 이미지를 새롭게 구축하는 과정에 있었기 때문이다. 인프라의 확장은 지멘스의 다양한 사업 부문이 각자의 사일로에서 벗어나 보다 응집력 있고 포괄적인 솔루션 제공자로 거듭날 수 있는 기본 토대를 제공해 주었다.

당시 회의에서 도심 및 교외 지역 스마트 인프라의 확장을 위한 새로운 비즈니스 메커니즘으로 ESCO 성과 계약 모델이 논의되었다. 그로부터 5년 후, 지멘스는 황금기를 맞이할 태세를 완비했다. 2018년 2월 8일, 지멘스는 뉴욕에서 자사의 클라이언트, 고객, 개발자, 인프라 조직의 구성원, 투자은행, 정책 자문가 등을 위한 설명회를 개최하며 나를 3차 산업혁명에 대한 해설자로 그 자리에 초청했다. 그들의 콘퍼런스에는 "미래를 위한 투자: 북미 도시의 디지털화(Investing in Tomorrow: Digitalizing North American Cities)"라는 적절한 명칭이 붙여졌고, 콘퍼런스의 일부는 3차 산업혁명의 출범을 위한 성과 계약에 할애되었다.

지멘스는 2018《포춘》선정 500대 글로벌 기업 중 66위에 오른 기업이다. 하지만 도시와 지역, 국가의 건설 현장을 20년간 운영하며 세계경제를 탄소 제로 3차 산업혁명 패러다임으로 전환시키는 과업을 단독으로 수행할 수 있는 기업은 어디에도 없다. 보다 개연성이 있는 것은 지멘스를 비롯한 여타의 대기업들이 수천 개의 지역 첨단 기술 중소기업들과 협력체를 구성하는 방안이다. 이들 협력체가 지방자치체 및 지역 정부와 함께 글로벌 및 국가 연금 기금 컨소시엄을 통해 재원을 조달하는 ESCO 성과 계약 비즈니스 모델을 운영하며 스마트 그린 뉴딜 인프라 구축을 제공하게 될 가능성이 높다는 얘기다. 주어진 시간이 15~20년밖에 되지 않는 시간적 제약을 감안할 때, 이와 같이 분산된 ESCO 협력체 비즈니스 모델이 지역 및 지방 경제체에서 신속한 전환을 위해 선호하는 접근 방식이 될 것이다.

글로벌 기업이 민간 투자의 형식으로 전형적인 비즈니스 관행을 적용하여 새로운 그린 인프라 구축 및 관리 사업을 단독으로 수행하고 인프라는 물론 그에 수반되는 서비스에 대한 영향력과 통제권을 모두 넘겨받는, 구식의 신자유주의 모델은 오늘날 외면당하고 있다.

그와 대조적으로, 새로운 성과 계약 모델은 인프라의 건립과 관리의 성공을 보장하기 위해 재원 확보의 책임은 민간 ESCO에 부담시키며 새로운 인프라에 대한 통제권과 소유권은 모두 지방자치체나 카운티, 주 정부가 지역사회의 일반 복지를 위해 사용하는 '공유 자산'으로서 보유하는 하이브리드 사업 모델이라 할 수 있다. 판매자/구매자 시장의 '구매자 위험 부담 원칙'이 공급자가 "선행을 통해 성장"하는 공급자/사용자 네트워크에 자리를 내주고 있는 셈이다.

그것이 바로 '사회적 자본주의'의 본질이며 단기간 내에 탄소 제로 시대로 전환할 수 있는 실용적인 비즈니스 모델을 대표하는 것이다. 판매자/구매자 시장이 화석연료 문명과 '진보의 시대'에 적합한 비즈니스 모델이었다면, 성과 계약에 의해 운영되는 ESCO 공급자/사용자 네트워크는 새롭게 부상하는 '회복력 시대'에 지속 가능한 녹색 문명을 구축하고 관리할 수 있는 시그니처 비즈니스 모델인 것이다.

7

사회 동원령:
지구의 생명체를 구하라

현재 그린 뉴딜은 아메리카와 유럽은 물론 전 세계로 퍼져 나가고 있다. 매우 고무적인 일이 아닐 수 없다. 훌륭한 아이디어는 이 정도로 파급효과가 크다. 인간은 이야기를 만들고 전달하는 스토리텔링 생물종이다. 우리는 나름의 내러티브와 서로 공유하는 스토리에 따라 살아가며 그럼으로써 집단적 사회의 일원으로 스스로를 인지하게 된다. 그린 뉴딜은 수년에 걸쳐 정교하고 미묘한 의미를 더하며 진화와 성숙의 과정을 거친 일종의 '스토리 라인'이다. 지금 인류는 극심한 고통 속에서 종말을 향해 나아가느냐 아니면, 바라건대, 새로운 시작에 돌입하느냐의 기로에 서 있다. 그린 뉴딜은 인류에게 집단적 목소리와 공동의 사명감을 제공한다. 지금 우리에게 절박한 것은 그 스토리 라인을 앞으로 나아가기 위한 강력한 내러티브로 전환하는 일이다.

그렇게 하기 위해서는 미국의 참여가 무엇보다 중요하다. "할 수 있다."라는 자세가 미국 문화의 DNA라면 그것을 촉발시키는 것은 "미국의 정신"이다. 지난 세월 고귀한 목적을 위해서라면 현실적 고충과 장애를 무모할 정도로 무시하면서까지 목숨과 재산, 신성한 명예까지도 기꺼이 바칠 수 있었던 그 정신은 언제나 더 나은 미래를 위한 희망이었다. 우리는 경제 시장뿐 아니라 시민사회에서도 기업가 정신이 촉발되는 사례를 반복적으로 목도하고 있다. 미국인의 가장 독특한 특징은 본질적으로, 금전적 문제에서건 사회적 문제에서건 실패를 두려워하지 않는 자세에 있다. 나는 종종 다른 나라에 거주하는 친구나 동료를 방문한다. 그들의 대화는 언제나 위험을 감수하고 기꺼이 실패하고 다시 시작하며 패배에서 교훈을 얻고 결코 포기하지 않는 미국인의 태도에 관한 이야기로 흘러가곤 한다.

다가올 기후변화로 인한 재앙을 무사히 헤쳐 나가기 위해 지금 인류에게 필요한 자세가 바로 그것이다. 미지와 직면했을 때 발휘되는 두려움을 모르는 회복력과 선두에 서서 기꺼이 그것을 맞이하는 태도, 밀려 넘어졌을 때 다시 일어서는 자세 말이다. 하지만 이번에는, 우리의 미래가 과거 우리가 경험했던 것과는 사뭇 다를 것이다. 사회의 친환경화를 사탕발림으로 치장하며 그린 뉴딜이 지금까지 우리가 알던 삶의 방식을 그대로 보존해 줄 것이라고 말하는 사람이 있다면 실없는 소리에 불과하다. 우리의 미래는 지역사회와 생태계 그리고 공동의 생물권에 막대한 대가를 안겨 주는, 점차 증가하는 기후변화의 재앙에 빈번히 시달릴 것이다.

우리는 지금 새로운 종류의 전선으로 진입하고 있다. 자연이 다시 야생으로 돌아가고 있기에 우리는 매 순간 닥쳐오는 상황에 적응하며 불확실성과 함께 살아가는 방법을 터득해야만 한다. 인류의 목적을 위해 아무리 조작해도 무방한, 인간의 삶을 이롭게 하는 자연이라는 개념들은 모두 버려야 한다. 이제 우리는 조직을 재편하고 집단의 힘을 모아 우리가 가진 지혜로 살아갈 방법을 터득해야만 한다. 넓은 우주의 조그맣고 푸른 오아시스 위에서 인류를 비롯한 여타의 생명체들이 생존하고 미지의 미래를 헤쳐 나가기 위해서는 우리의 내부로부터 뿌리 깊은 회복력을 찾아내야만 한다는 얘기다. 미국의 젊은 세대와 전 세계의 젊은 이들이 기후변화에 맞서는 전투에 기꺼이 임하는 작금의 갑작스러운 움직임은 환영할 만한 국면 전환이며 오랫동안 바라 마지않던 변화이다.

유럽에서 날아온 공문

미국의 경우, 강력한 그린 뉴딜의 의지를 담은 분명한 메시지는 2019년 초부터 젊은 세대의 활동가들과 지방, 주, 전국 단위에서 새롭게 선출된 공무원들에게서 나오기 시작했다. 여기서 일단 유럽 그린 뉴딜의 최신 동향을 살펴보기로 하자. 이 책의 집필을 시작하기 바로 몇 달 전 EU 집행위원회에서 내놓은 공식 발표에 관한 내용이다. 이를 통해 유럽과 미국의 활동가들이 앞으로 전개될 대동원에 보조를 맞추게 되기를 바란다.

2018년 11월 28일, EU는 유럽 대륙의 탈탄소화와 보다 지속 가능한 미래를 위한 여정의 다음 단계를 밝혔다. EU 집행위원회는 2050년까지 탄소 제로 생태 사회를 유럽 대륙 전체로 확장하는 기후 중립 유럽의 완수를 촉구한다는 것이다.[1] 28개 회원국 모두가 동참해서 이루어 낼 목표이다. 일부는 더 열성적으로 참여하고 일부는 다소 불평도 내놓지만, 지금은 뒤로 물러날 때가 아니라 오히려 두 배의 노력을 쏟아부어야 할 때라는 사실은 모두가 인지하고 있다.

유럽 기후 중립 2050 계획에 이를 때까지의 과정을 간략히 정리하면 이렇다. 2016년 8월, 2018년 말까지 제안될 새로운 기후 목표에 대해 EU 회원국들에게 알리고 각 회원국이 그것에 익숙해지도록 한다는 것이 시작이었다. 나는 2016년 7월 9일 슬로바키아에서 마로슈 셰프초비치(Maroš Šefčovič) EU 집행위원회 부의장과 합류했다. 슬로바키아가 EU 이사회의 의장직을 수행하던 시기였다. 셰프초비치는 2030년부터 2050년까지 달성해야 할 새로운 재생에너지 목표, 에너지 효율성 목표, 이산화탄소 절감 목표를 포함해 스마트 유럽의 시작을 위한 EU 에너지 연맹의 새로운 방향과 목표를 개괄적으로 소개했다. 내 역할은 금세기 중반 이전에 EU를 탄소 후 시대로 인도할 스마트 인프라 전환의 논거를 제시하는 것이었다.[2]

다음 해인 2017년 1월 31일 후속 작업이 이어졌다. 나는 유럽 중앙은행에서 이루어진 "미래의 역사 — 2025년의 세계(A History of the Future — The World in 2025)"라는 제목의 프레젠테이션 자리에서 금융계 인사들에게 유사한 메시지를 전달했다.[3]

일주일 후인 2월 7일, 셰프초비치 부위원장과 나는 지역 위원회(Committee of the Regions) 회장인 마르쿠 마르쿨라(Markku Markkula)와 함께 위원회가 주최한 고위급 회의에 참석했다. 회의의 제목은 "유럽에 대한 투자: 스마트 도시 및 지역 연합의 건설"이었다.[4] 유럽의 탈탄소화 및 2050년 녹색 시대 전환 계획의 궁극적 성공 여부가 각 지방에 최적화된 맞춤형 스마트 그린 인프라의 확장과 에너지 효율성의 증대, 탄소 발자국의 감소에 달려 있던 만큼 EU 내에서 강력한 영향력을 보유하고 있지만 종종 간과되는 350개 자치단체들의 동참은 매우 중요한 일이었다. 셰프초비치는 지속 가능한 미래는 "지역 및 도시의 목표 달성"에 달려 있다고 강조했다. EU가 설정한 재생에너지 사용의 증가, 에너지 효율성 촉진, 탄소 발자국 감소라는 목표 말이다. 우리는 지역 대표단에게 당시 진행 중이던 오드프랑스, 네덜란드의 로테르담에서 헤이그에 걸친 23개 도시, 그리고 룩셈부르크 등 세 개의 시범 지역에서 이루어 낸 성과를 간략하게 소개했다.

EU 이사회와 유럽 중앙은행, 지역 위원회 등에서 회의를 마치고 한껏 고무된 셰프초비치는 팀원들과 함께 이후 22개월 동안 상당 부분 예견되었던 EU 집행위원회의 2050년 계획서 작성 작업에 매달렸고, 마침내 2018년 11월 28일, 미겔 아리아스 카녜테(Miguel Arias Cañete) 기후 활동 및 에너지 담당 위원, 비올레타 불츠(Violeta Bulc) 운송 담당 위원과 함께 그 내용을 발표했다.

셰프초비치 부의장은 EU 회원국들에 "우리의 전략에 의하면 2050년까지 유럽의 기후 중립을 이루고 번영하는 일은 실현 가능하다."라고 보고했다. 카녜테 위원은 EU의 중대한 시도가 가지는 역사적 중요성을 언급하여 이렇게 말했다. "오늘 우리는 유럽이 2050년까지 기후 중립을 달성하는 세계 최초의 주요 경제체가 되기 위한 전략을 제안하며 그것을 위한 노력에 박차를 가하고자 한다."[5] 보고서에 따르면 재생에너지의 소비는 2005년 9퍼센트에서 2018년 17퍼센트로 급증했고, 예정대로 20-20-20 목표 달성도 가능하다. 2020년까지 28개 회원국의 재생에너지 소비율 20퍼센트, 에너지 효율성 20퍼센트 증가, 이산화탄소 배출량 20퍼센트 감소 등의 목표 말이다.[6]

계획의 차질 없는 진행을 위해서는 에너지 효율성, 재생에너지의 배치, 깨끗하고 안전하며 연결이 원활한 이동성, 산업 경쟁력과 순환 경제, 인프라와 상호 연결성, 바이오 기술 기반의 경제와 자연적인 탄소 흡수계, 잔여 배출량을 해결하기 위한 탄소 포집 및 저장 등 일곱 가지 전략적 영역에 대한 협력이 필요하다.

2020 목표의 달성이 가시화되고 있는 상황에서 EU는 2030년까지 재생에너지 소비 32퍼센트 증가, 에너지 효율성 32.5퍼센트 증진, 온실가스 배출 45퍼센트 감축, 그리고 2050년까지 제로에 가까운 탄소 시대 등, 보다 공격적인 신규 목표를 설정했다.[7] 그러나 보고서는 EU가 전 세계를 탄소 후 시대로 이끌고 있기는 하지만 새롭게 발표된 IPCC 보고서에서 세계 각국이 경제를 탄소 문명에서 벗어나게 하거나 아니면 지구 온도의 섭씨 1.5도 이상 상승이라는 리스크를 감수하고 필연적인 자유낙하에 돌입해 여섯 번째 대멸종을 맞이하거나 하기까지 남은 시간이 고작 12년밖에 없다고 경고한 점을 감안할 때 투입되는 노력의 속도가 여전히 너무 느리다는 점 역시 인정하고 있다.

미국 전역에서 움직이고 있는 그린 뉴딜 활동가들의 메시지와 공명할 것이라 생각되어 EU 집행위원회 보고서의 첫 부분을 공유하고자 한다.

> "따라서 우리의 전략은 녹색 시대로의 전환에 필요한 경제적 그리고 사회적 비전을 개괄적으로 보여 주고 있다. 2050년까지 온실가스 배출량 제로에 도달하는 전환을 완수하기 위해 경제와 사회 모든 분야의 참여가 필요하다. 또한 이 전환의 과정에는 (EU의 시민 누구라도 혹은 어느 한 지역이라도 소외시키지 않는) 사회적 공정성이 동반되어야 한다. EU의 경제와 산업은 글로벌 시장에서 경쟁력을 갖추며 양질의 일자리와 지속 가능한 성장을 추구한다."[8]

특히 공감이 가는 내용이 담긴 부분이다. EU는 무수히 많은 프로젝트가 난립하던 과거에서 새로운 시대의 안내자가 되어 줄 "경제적 및 사회적 변화의 비전"을 명확히 설명하는 쪽으로 돌아섰다. 미국을 비롯한 전 세계의 그린 뉴딜 활동가들에게 유럽이 전하는 핵심 메시지가 바로 그것이다. 도시, 지방, 국가의 상당수는 여전히 다른 분야로부터 격리된 독자적 그린 프로젝트의 수렁에 빠져 있으며 새로운 시도는 낡아 빠진 20세기 화석연료 기반의 경제적 패러다임과 그에 수반하는 비즈니스 모델, 거버넌스 사이에 파묻혀 제대로 찾아볼 수조차 없다.

공청회를 통해 면밀히 검토되고 있는 녹색 선언문, 성명서, 보고서, 연구 결과 등의 다수는 잘해 봤자 뼈대만 잡힌 수준이며 최악의 경우 그저 쇼핑 목록에 지나지 않는다. 각각을 떼어 놓고 보면 지극히 기술적이며 빈약하기까지 하다. 목전의 여정을 시작하도록 만들 인식의 변화를 이끌어 내기에는 부족하다는 뜻이다.

생물종처럼 사고하라

역사상 매우 중대한 이 시기에 그린 뉴딜의 스토리 라인은 인류에게 생물종의 하나로서 집단적 정체성을 부여하고 글로컬 감성에 기초한 새로운 세계관을 제공하는 일관성 있는 경제적, 철학적 내러티브로 통합될 필요가 있다. 스토리가 없으면 아이디어들은 뒤죽박죽 섞여 있는 아이템들에 불과하며 상호 간의 연결성도 찾아볼 수 없다. 그런 아이디어는 모두 결론에 이르지 못하고 불합리한 추론의 논쟁을 야기하며 역사의 다음 단계로 넘어가는 데 필요한 창의적 도약의 힘을 약화시킨다.

이 모든 것은 결국 우리를 1장의 논의로 돌아가게 만든다. "문제는 인프라야, 바보야." 인류의 역사에서 패러다임의 대전환을 가능하게 하는 것은 시간적·공간적 지향성, 경제모델, 거버넌스의 형태, 인지 방식, 그리고 인류의 세계관을 바꾸는 인프라 혁명이다. 경제와 사회를 관리하고 동력을 부여하며 작동시키는 새로운 커뮤니케이션 기술, 새로운 에너지원, 새로운 이동 및 물류 방식으로의 전환이 우리를 둘러싼 주변 세상에 대한 사고방식을 바꾸어 놓는다.

20만 년 인류 역사의 대부분을 지배했던 약탈·사냥 기반의 원시적 인프라는 놀라울 정도로 유사한 내러티브를 보유했으며, 인류학자들이 말하는 "신화적 의식"과 부족 단위의 거버넌스를 보여 주었다. 1만 년 전 농경 사회의 도래로 중동의 수메르와 인도의 인더스 계곡, 중국의 양자강 유역 등에서 부상한 수력학적 농경 인프라는 "신학적 의식"과 중앙 집권적 제국을 탄생시켰다. 19세기에는 1차 산업혁명 인프라로 인해 "이념적 의식"과 국내시장 및 국민국가 거버넌스가 촉발되었고, 20세기의 2차 산업혁명 글로벌 인프라는 "정신적 의식"과 글로벌 시장 및 글로벌 거버넌스의 태동을 야기했다. 21세기에 부상하고 있는 3차 산업혁명 글로컬 인프라는 "생물권 의식"과 피어 어셈블리(peer assembly: 동배 협의체) 거버넌스의 태동을 불러일으키고 있다. 대기권과 대륙, 대양을 아우르는 생물권은 지구상의 모든 생명체들이 삶을 영위하고 상호작용을 하며 번성하는 곳이다.

이들 패러다임의 대전환은 그때마다 인류가 가진 보다 큰 집단성과 세계관에 대한 감정적 진화를 동반했다. 약탈·사냥 기반의 사회에서 공감 능력이 확장될 수 있는 한계는 혈족과 친족 등 선조로부터 물려받은 공통의 세계관을 공유하는 집단까지였다. 수력학적 농경 문명에서는 그것이 공통의 종교를 공유하는 집단으로 확장되었다. 이 시대에 형성된 종교 집단은 신앙적 결속에 기초한 비혈연관계의 "비유적 가족"을 만들어 냈다. 예컨대 모든 유대교 개종자들은 같은 유대교도 모두가 자신의 확장된 비유적 가족이라고 인식하기 시작했다. 힌두교, 불교, 기독교, 이슬람교의 신자들 또한 마찬가지였다. 19세기의 1차 산업혁명 시기에는 모국 혹은 조국을 향한 집단적 애국심에 기초한 비유적 가족으로까지 공감 능력이 확장되었다. 시민들은 국가의 정체성을 토대로 상호 간의 감정적 연대를 형성하기 시작했다. 20세기의 2차 산업혁명 시대는 전 세계적으로 국가 간의 경계가 점점 희미해지고 생각과 뜻을 같이하는 코즈모폴리턴(세계시민)과 전문성에 기초한 유대 관계로 공감 능력이 확장되었다. 부상하고 있는 3차 산업혁명 시대를 살아가게 될 디지털 문화에 능숙한 신세대들은 글로벌 교실에서 스카이프(Skype)로 수업을 듣고 페이스북(Facebook)과 인스타그램(Instagram)으로 상호작용하며 가상공간에서 게임을 즐긴다. 현실 세상을 여행하며 즐기는 일에 몰두하기도 하는 그들은 또한 스스로를 공동의 생물권에서 거주하는 행성계 집단의 일원으로 간주하고 있다. 아울러 포괄적인 방식으로 공감 능력을 확장하여 스스로를 위협받고 있는 생물종의 일원으로 간주하고 불안정한 지구에서 겪는 공통의 역경에 마음으로부터 공감하기도 한다. 한 걸음 더 나아가 진화의 유산을 공유하는 다른 모든 생명체에까지 공감 능력을 확장하기 시작하는 신세대의 수가 점점 늘어 가고 있다.[9]

기후변화에 시달리는 신세대들은 불안감을 주는 동시에 계시적인 현실을 깨닫고 있다. 우리는 지구가 무수히 많은 상호작용 권역들 속에서 움직이고 있다는 사실을 이해하기 시작했다. 수권, 대륙권, 대기권, 생물권, 자기권의 상호 연결된 움직임, 1일 24시간, 달의 주기, 1년 365일이라는 지구가 보유한 리듬과 계절의 변화라는 시간적 연쇄성, 무수히 많은 생명체들의 끊임없는 상호작용에 의해 주기적이고 반복적으로 변화하는 자연, 이 모든 것들이 일련의 피드백 속에서 상호 교차하고 있다. 그 과정이 너무나 미묘하기 때문에 우리는 각각의 상호작용이 전체 시스템의 역학에 어떤 변화를 초래하는지 이해하기조차 어렵다. 그럼에도 지구는 마치 행성 전체가 하나의 유기체인 것처럼 진화하고, 적응하고, 조정하고, 균형을 유지하는 일을 중단하지 않는다. 적어도 지금까지는 그랬다!

우리는 불현듯 이전 지질시대의 매장지를 파헤친 행위에 따른 결과를 인식할 수밖에 없는 상황에 놓이게 되었다. 한때 이 행성에 생명체로 존재했지만 이제는 석탄과 기름, 천연가스로 변형된 과거 생명체들의 잔해를 우리가 땅속에서 꺼내 놓지 않았던가. 그렇게 에너지로 변형된 채 저장되어 있던 '사체'에 의존해 인류는 지난 200여 년 동안 풍요를 누려왔다. 그 과정에서 발생된 이산화탄소라는 형태의 쓰레기는 모두 대기권의 한쪽 구석으로 밀어 둔 채로 말이다. 대혼란은 지구의 상호작용 권역 전반에 걸쳐 실재적 피드백을 촉발했고 인류는 지구 역사상 여섯 번째 멸종이라는 위협 앞에 놓이게 되었다.

이제 우리는 지금까지 열두 세대를 거치는 동안 탄소 기반의 산업 문명을 건설하기 위해 사용했던 모든 석탄과 석유, 천연가스가 현재 지구의 역학을 바꾸어 놓는 결과를 낳았다는 사실을 잘 알고 있다. 기후변화로부터 우리가 얻는 교훈은 우리가 하는 모든 행동이 지구상에 있는 다른 모든 것의 행동에 영향을 미치며 그 결과가 이 행성에 함께 살고 있는 모든 생명체의 평화로운 삶에 영향을 미친다는 사실이다.

인류의 존재에 직접적 영향력을 행사하는 지구의 상호작용 권역들에 대한 인식은 우리를 겸손하게 만드는 경험이자 기후변화가 우리에게 주는 핵심적인 교훈이다. 그런 지구의 상호작용 권역들을 지배하는 것이 아니라 그 속에서 어울려 살아가는 법을 터득하는 것은 인류가 지배자에서 관리자로, 인간 중심적인 분리주의자에서 살아 숨 쉬는 지구와 함께하는 진정한 참여자로 바뀔 수 있는 기회이다. 이것이 바로 우리에게 생물권적 의식을 갖도록 만든 시간적·공간적 지향성의 대전환이다.

이와 같은 근본적인 인식의 변화는 한 줄기 희망이다. 우리가 그것을 진정으로 내면화하고 깊이 새긴다면 기후변화로 인한 몰락으로부터 성공적으로 탈출할 수 있는 창의적 돌파구가 열릴 것이다. 어쩌면 그것으로 인해 인류가 생존하는 것은 물론, 앞으로 다가올 새로운 세상에서 새로운 방식으로 번성하는 것도 가능할지 모른다. 물론 그 새로운 세상은 오늘날 우리가 알고 있는 그것과는 매우 다를 것이다.

방 안의 코끼리 세 마리

최근까지 탄소 제로 녹색 경제로의 전환을 주도한 것은 5억 800만 명의 인구가 모여 사는 EU였다. 이어서 근래 몇 년 사이에 14억 명에 가까운 인구를 보유한 중국이 탄소 후 시대로의 전환 계획을 앞세우며 요란하게 등장했다. 그리고 이제 인구 3억 2700만 명의 미국이 그 대열에 합류할 태세를 갖추고 있다. 여기서 중요한 사실은 이것이다. 이 세 마리 코끼리가 최적의 방식을 공유하며 공통의 형식, 규칙, 기준, 인센티브 등을 마련하고 나머지 인류 전체를 이끌고 나가기 위해 서로 보조를 맞추어 행진하지 않는다면, 20년 내에 탄소 제로 문명에 도달하기 위한 경주는 중도에 와해되고 말 것이다.

EU와 중국의 지도층과 함께 작업하며 기후변화에 대처하는 두 정부의 방침이 다르지 않다는 것을 확인할 수 있었다. 모든 산업 분야를 2차 산업혁명 인프라에서 신속하게 분리하여 새롭게 부상하는 3차 산업혁명 인프라와 재결합시키는 것이 주어진 사명이라는 점을 두 정부 모두 분명히 이해하고 있다는 의미다. EU의 3차 산업혁명은 "스마트 유럽(Smart Europe)"이다. 중국에서는 "중국 인터넷 플러스(China Internet Plus)"라고 부른다. 이 두 가지는 유사한 계획이다. 사소한 다툼과 의견의 불일치 그리고 때로 서로에게 의심을 품는 상황이 벌어지기도 하지만 두 정부는 공통점을 보유하고 있다.

첫째, EU는 중국의 최대 무역 상대국이며 EU에게 중국은 제2의 무역 상대국이다. 비교적 빠른 시일 내에 EU와 중국은 서로에게 최대의 교역 상대가 되어 두 자이언트를 공통의 상업적 영역으로 결속시킬 가능성이 높다.[10] 둘째, EU와 중국은 상하이에서 로테르담까지 이어지는 유라시아 대륙을 공유하고 있다. 셋째, EU와 중국 양측 모두 세계 역사의 한 장이 될 지금 이 순간 기후변화에 대처하고 지구상의 생명체를 보존해야 한다는 자신들의 역할을 명확히 인지하고 있다. 넷째, EU와 중국은 국경을 초월해 다른 지역의 탄소 후 문명 전환을 지원하고 있다. 여기에서 중국은 일대일로(一帶一路) 이니셔티브로 진두지휘에 나서고 있다. 일대일로는 시진핑 주석이 2013년 발표한 정책으로, 중국과 아시아 그리고 서방세계를 잇는 고대 문물 교류의 경로였던 실크로드에서 영감을 얻은 것이다.[11]

유라시아 대륙 전체를 21세기 스마트 디지털 인프라로 연결해 역사상 최대 규모의 통합적 상업 공간을 창출하는 것을 비전으로 삼고 있는 일대일로 정책은, 단순히 적절한 운송 및 물류 경로를 확보하고 유라시아 전역에 걸친 공급망과 시장의 상거래 속도를 향상시키기 위해 기존의 인프라 투자를 강화하는 새로운 글로벌 무역 이니셔티브에 그치지 않는다. 오히려 중국의 입장에서는 이른바 "생태학적 문명"의 구축이라는 보다 큰 철학적 명분의 일부인 것이다.[12]

2012년, 중국 공산당은 "생태학적 문명"이라는 용어를 당헌의 핵심으로 규정하고 12차 5개년 계획과 이후에 추진될 모든 5개년 계획의 주요 사업으로 삼으면서 당의 거버넌스와 세계관에서 특별한 변화를 알렸다. 실제로 중국 정부는 향후 중국에서 이루어지는 모든 경제개발 계획은 자연과 지구의 운영체제의 기본 원칙에 준거하며 그와 조화를 이루어야 한다고 규정했다.

생태학적 문명은 중국의 국내 정책뿐 아니라 일대일로 정책의 핵심이기도 하다. 그렇게 중국은 19세기와 20세기의 1차 및 2차 산업혁명을 통한 화석연료 문명 시대에 국가 정책을 지배했던 지정학적 세계관으로부터 벗어나 생물권적 세계관으로 이동하고 있다. 생물권적 세계관은 생태학적 시대의 여명기에 전개되는 21세기 3차 산업혁명에서 국제 문제 해결의 지침으로서 점점 더 그 위상이 높아지고 있다.

물론 일대일로 정책과 함께 전통적인 지정학이 갑작스럽게 사라질 것이라는 의미는 결코 아니다. 중국과 EU, 미국 그리고 전 세계의 나머지 국가들에서 경험하게 될 전통적 지정학과 생물권적 정치 이념 사이의 갈등은 21세기의 잔여 기간 내내 지속될 것이다. 그러나 확실한 것은 화석연료 문명을 고집하는 지정학적 세계관은 저물어 가고 있고 생태학적 문명의 생물권적 세계관이 새롭게 부상하면서 인류 여정의 다음 단계를 대변하고 있다는 사실이다. 이것이 바로 중국과 EU에서 부상하고 있는 녹색 비전과 내러티브, 변화의 큰 그림이다. 그리고 미국을 비롯한 전 세계의 나머지 국가들에서도 이제 막 순조로운 출발을 보이고 있다.

2018년 9월, EU 집행위원회와 외교·안보 정책 연합 고위 대표부(High Representative of the Union for Foreign Affairs and Security Policy)는 원활한 유라시아 스마트 인프라 구축에 관한 EU 계획의 윤곽을 보여 주는, 「유럽과 아시아 연결 전략」이라는 제목의 공동선언문을 발표했다. 중국의 일대일로 정책과 마찬가지로 유라시아 전역의 지역사회 및 국가를 지원하기 위한 EU의 노력은 텔레콤과 인터넷의 연결을 망라하는 스마트 디지털 네트워크의 구축, 재생에너지 생산의 활성화, 운송 분야의 탈탄소화 및 이동의 디지털화, 건축물의 에너지 효율성 최우선화, 3차 산업혁명의 모든 인프라 구성 요소 등에 집중될 것이란 점을 분명히 밝히고 있다.[13]

EU의 공동선언문은 디지털 방식으로 연결된 스마트 유라시아 인프라의 성공에 반드시 필요한 것이 "투명성"의 원칙에 입각하여 참가국 모두가 동의하는 보편적으로 수용 가능한 형식과 규정, 기준, 인센티브, 불이익 등에 관한 규칙 제정이라는 점을 강조한다. 그것으로 세계에서 가장 넓은 땅덩어리 전체에 통합적 스마트 상업 공간을 배치하는 일이 가능해질 것이다.

EU와 중국의 협력은 화석연료 문명에서 벗어나 생태학적 문명에 대한 재투자로 옮겨 가는 데에서 무엇보다 중요하다. 두 강대국 모두 그 전환 과정에서 상당 부분 진척을 보이고 있다. 비평가들은 중국이 일대일로 프로젝트 수행 과정에서 여전히 화석연료 기반의 인프라에 막대한 투자를 하고 있다고 주장할 수 있다. 하지만 중국은 3차 산업혁명의 패러다임을 형성하는 재생에너지, 스마트 전력 그리드, 전기 운송 네트워크 등으로 신속하게 방향을 전환하고 있다.

2017년 5월, 중국 환경보호부와 외교부, 국가 발전 개혁 위원회, 상무부는 전례 없이 「그린 일대일로 촉진을 위한 지침서」를 발행했다. 일대일로 정책의 기초가 되는 이 지침서는 생태학적 문명 건설을 위한 글로벌 협력 사업에 여타 국가와 지방, 지역 등의 참여를 이끌어 낸다는 목표를 설정하고 있다. 아시아 전역에 걸쳐 출범시키는 대규모 그린 인프라 프로젝트로, 중국은 계획을 행동으로 입증하고 있는 중이다.[14]

나는 국가 발전 개혁 위원회와 국무원, 중국 국립 과학원, 산업·정보기술부 등에서 이루어진 그린 일대일로 정책의 추진을 위한 초기 토론회에 여러 차례 참여하여 EU 집행위원회와 EU 회원 국가에서 수행한 그린 3차 산업혁명 전환 노력을 중국의 지도층에 소개했다. 그리고 2017년 중국 산업·정보기술부의 요청으로 『디지털 실크로드: 일대일로에서 디지털 경제를 개발하기 위한 기회와 도전(*Digital Silk Road: The Opportunities and Challenges to Develope a Digital Economy Along the Belt and Road)*』이라는 출간물에 서문을 써 주었다. 이 출간물에는 유라시아 전역의 국가 및 지방에서 이루어질, 디지털로 연결된 탄소 제로 그린 인프라 전환 사업을 지원하기 위해 1조 달러 이상을 투자한다는 중국 정부의 계획이 담겨 있다.[15]

일대일로 정책은 향후 반세기 동안 전 세계의 인종을 연결하게 될 대변혁의 시작일 뿐이다. 재생에너지의 공유를 위해 대륙 전역에 디지털 스마트 고압 전력 그리드를 구축하는 사업에 대한 타당성 조사와 배치 계획은 이미 개시되었다. 잠정적으로 2030년까지 완성을 목표로 제안된, 북미 지역의 알래스카부터 남미의 칠레에 이르는 범미 지역 간 전력 그리드 구축 프로젝트에 대한 2019년의 타당성 조사는 이 대륙 간 기술 통합 프로젝트가 해당 지역 국가들의 경제와 사회생활, 거버넌스에 어떤 영향을 미칠 것인가에 대한 논의를 촉발시켰다.[16] 2019년에 발표된 또 다른 보고서는 태양광 및 풍력 발전으로 생산된 그린 전력을 대서양을 가로질러 수송하기 위한 유럽과 북미 지역 간 해저 전력케이블 설치 계획을 구체적으로 소개하고 있다.[17] 아프리카 대륙 전역에 걸친 전력 그리드 구축과 유럽과 아프리카를 연결하는 전력 그리드 구축에 대한 유사한 타당성 조사 및 배치 계획도 진행 중에 있다.

우리는 지금 전 세계가 하나로 연결된 전력 그리드, 이른바 디지털 판게아 구축의 초기 단계에 있으며, 디지털 판게아는 지금부터 2030년대 후반까지 서서히 그리고 조금씩 온라인화될 가능성이 높다. 역사상 처음으로 인류를 하나로 연결해 주면서 말이다. 개인과 가족, 공동체, 나아가 국가 전체가 제로섬게임의 갈등과 전쟁을 특징으로 하는 석유 시대의 지정학으로부터 벗어나 지구가 주는 풍부한 태양광 및 풍력 에너지를 무상으로 공유하며 깊은 협력 관계를 형성하는 생물권적 정치에 참여하는 일이 점점 더 늘어날 것이다.

인류를 글로컬 범주에서 스마트 디지털 인프라를 통해 서로 연결하는 것은 지금까지 인류가 경제적 문제를 다루는 일이나 사회적 삶 그리고 거버넌스를 이행하는 방식에서 경험한 바 없는 매우 특이한 일이다. 여전히 우려의 목소리를 내거나 심지어 두려움을 느끼는 사람들이 있다. 중국이 이 역사적 순간을 장악하고 스마트 인프라를 구축해 감시와 간섭의 도구로 활용하며 대다수 사람들에 대한 통제권을 행사하려는 숨은 의도를 품고 있을지도 모른다고 생각하기 때문이다. 내 개인적인 경험을 말하자면 그것은 그들의 의도가 아니다. 설사 그렇다 하더라도, 일대일로 정책에 참여하는 지역, 지방, 국가에서 시작 단계부터 세심한 주의를 기울이고 인프라의 구축 및 그에 따른 관할 지역 내의 소유권과 유지관리 권한을 자국 정부의 엄격한 통제권하에 둔다면 그런 수작은 실패로 돌아갈 수밖에 없다.

또한 3차 산업혁명 인프라는 본질적으로 중앙 집중식 통제보다 통제권의 분산을 선호한다는 사실을 상기할 필요가 있다. 네트워크는 폐쇄적이고 독점적인 것이 아니라 개방적이고 투명한 것일 때 효율적일 수 있으며, 총효율 및 순환성의 극대화를 위해 수직적이 아니라 수평적으로 확장한다. 3차 산업혁명 인프라를 위해 생성된 플랫폼은 유연성과 다중성을 선호한다. 이 두 가지가 바로 기후변화의 시대에 대처하기 위한 회복력 구축의 핵심 요소들이다.

어느 한 국가 혹은 이탈 세력이 감시와 통제를 위해 네트워크를 이용하고 손상을 가하거나 해체하려는 의도를 가지고 있다면 최종 사용자 단계의 시스템 내부에 장착된 저렴하고 단순한 기술적 요소로 인해 가족, 이웃, 지역공동체, 사업체, 지역 및 지방정부 전체가 즉각적으로 전체 전력 그리드로부터 이탈하고 분산했다가 다시 결합하여 작동할 수 있다. 하나의 절대 권력이 수백만 개의 지역사회에 있는 수십억 인구를 볼모로 삼고 유라시아 전력 그리드 혹은 글로벌 전력 그리드에서 이탈하여 독자적으로 태양광 및 풍력 에너지를 수확할 수 있는 일종의 숨겨진 경로 따위는 존재하지 않는다.

인류는 글로컬 시대로, 디지털로 상호 연결된 녹색 시대로 나아가고 있으며 EU와 중국이 현재 그 선두에 서 있다. 미국도 동참할 필요가 있다. 방 안의 세 마리 코끼리가 협력을 시작할 필요가 있으며 안전과 확신이 보장된 상태에서 인프라 구축이 이루어질 수 있도록 지원해야 한다. 그래야만 비로소 그린 뉴딜로의 전환이 가능해질 것이다. 생물권 시대의 정치는 필연적으로 형식, 규칙, 운영 기준을 중심으로 이루어질 수밖에 없을 것이다. 형식과 규칙, 운영 기준 등은 새롭게 떠오르는 디지털 인프라와 그에 동반되는 네트워크 전반에 투명성을 제공하며 언제나 모든 지역 및 지방의 자율성에 초점을 맞추어 그들이 공익을 위해 인프라를 사용할 수 있도록 한다.

이 사안에 관해 마지막으로 하고 싶은 말이 있다. 세 마리 코끼리가 이전의 지정학적 세계관을 뒤로하고 생물권적 변화에 따른 협력을 시작하지 못한다면, 인류가 풍전등화의 지구상에 살고 있는 위태로운 생물종이라는 사실을 인지하지 못한다면, 우리에게 희망은 없다. 각자의 충성과 헌신의 대상은 다양하겠지만 기후변화는 인류가 사상 처음으로 스스로를 "멸종 위기의 생물종"으로 인식하도록 강요하고 있다. 그와 같은 새로운 현실에 직면한 상황은 인류가 지금까지 한 번도 경험해 보지 못한 공동의 유대감을 갖도록 만들고 있다.

젊은 세대는 이미 깨닫고 있다. 그들은 환경문제의 잠재적 위험을 직시하고 있다. 그들은 그린 뉴딜은 비현실적이거나 환상에 지나지 않는 것이며 인생은 제로섬게임에 불과하다고 말하는 실용주의적이고 변화에 둔감한, 심지어 냉소적이기까지 한 기성세대에 귀를 기울이지 않는다. 역사의 한 순간이 될 지금, 우리는 서로를 신뢰할 필요가 있다. 우리 모두가 정치적 경계를 넘어 인류를 하나의 생물종으로 인지하기 시작해야 한다는 얘기다.

그린 뉴딜의 내러티브도, 프로세스도 아직 온전히 수용하지 않고 있는 국가들과 미국 내에서 그린 뉴딜을 둘러싸고 점점 고조되고 있는 흥분감은 무엇을 의미하는가? 우리는 어떤 교훈을 얻을 수 있는가? 무엇보다 먼저, 기후 위기는 지금 우리 눈앞에 닥쳐 있고 탄소 제로 사회로의 전환이 시급하다는 점이다. 우리에게 남은 시간이 얼마 없기 때문이다. 다음으로, 1932년과 현재 사이에 분명히 작지 않은 격차가 존재한다는 사실을 깨달아야 한다. 1930년대 뉴딜의 재현을 원하는 행동가들이라면 받아들이기 어려울 수도 있다. 그러나 지금은 그때와 같은 방식의 뉴딜은 일어나지 않을 것이다. 오늘날 시장 세력은 화석연료 문명을 해체하고 있다. 붕괴의 속도와 범위는 유례를 찾기 어렵다. 구식의 화석연료 에너지가 만들어 내고 있는 탄소 거품은 인류 역사가 경험한 어떤 경제적 붕괴에서도 찾아볼 수 없는 현상이다. ICT·텔레콤·인터넷, 전력, 운송, 건물 등 경제의 핵심 분야들이 빠르게 화석연료로부터 떨어져 나와 재생에너지와 재결합하며 3차 산업혁명으로 이어지는 경로를 구축하고 있다.

경제의 각 부문들이 차례로 화석연료로부터 분리되어 보다 깨끗한 재생에너지 및 녹색 기술과 재결합하는 현상은 인류를 화석연료 문명으로부터 더 빠르게 벗어나도록 만들고 있다. 몇몇 연구에서는 빠르면 2023년에 티핑 포인트에 도달할 것으로 추정하며, 또 다른 연구에서는 늦어도 2035년이면 거기에 도달할 것으로 보고 있다. 다양한 시나리오와 예상들을 종합하여 짐작건대, 변곡점은 2028년 전후에 화석연료 문명의 붕괴와 함께 도래할 가능성이 높다.

염두에 두어야 할 것은 화석연료 문명의 붕괴가 그것을 미연에 방지하기 위한 화석연료 산업계의 노력에도 불구하고 피할 수 없는 현실이라는 점이다. 시장의 힘은 화석연료 업계의 교묘한 로비 책략보다 훨씬 강력하다. 이 또한, 시장은 결코 대중의 편에 선 적이 없다는 생각을 버리지 않는 행동가들에게는 수용하기 어려운 말일지도 모른다. 물론 나 역시 지금까지 그러면서 시장 자본주의의 여러 측면을 비판해 온 사람이기도 하다. 그러나 화석연료 문명이 붕괴되고 있는 이번만큼은 시장이 인류 전체의 수호천사 역할을 하고 있다.

그러나 보이지 않는 손 하나만으로는 인류가 회복력 시대로 접어들 수 없다. 무너진 잔해로부터 새로운 생태학적 문명을 건설하기 위해서는 보다 광범위한 집단적 대응이 필요할 것이다. 거버넌스의 모든 단계에서 공공 자본, 시장 자본, 사회적 자본 등을 동원하고 정치적 통일체, 즉 국가 전체가 깊이 참여하는 집단적 대응 말이다.

진보의 시대에서는 누구든 혼자 힘으로 시장에서 성공을 이루어 낼 수 있었다. 적어도 권력자들은 사람들이 그렇게 믿기를 원했을 것이다. 그러나 지금 우리 눈앞에 도래한 기후변화의 시대에, 우리는 진보의 시대가 이미 지나간 역사이며 우리의 미래는 회복력 시대에 있다는 사실을 잘 알고 있다. 그 회복력 시대는 인류가 지구에 존재한 짧은 역사상 한 번도 경험한 적 없는 규모로 모든 공동체가 참여하는 집단적 노력을 필요로 하고 있다.

지금부터 게임의 명칭은 "신중한 속도"이다. 산업 분야가 화석연료에서 이탈함으로써 촉발한 녹색 시대로의 전환 과정에 속도를 더해야 하며, 미국을 포함한 전 세계에서 그린 뉴딜 탄소 제로 인프라의 구축을 가속화해야 한다.

그린 뉴딜의 스물세 가지 주요 이니셔티브

그린 뉴딜로의 여정을 시작하기 위해 동시에 진행해야 할 스물세 가지 핵심 주제 및 이니셔티브에 대한 의견 합치가 이루어지고 있다. 스물세 가지 핵심 안건은 다음과 같다.

첫째, 연방 정부는 즉각적이고 전면적으로 공격적인 탄소세 인상을 추진해야 한다. 탄소세로 거두어들인 수입 중 상당 부분은 일괄 리베이트로 미국 시민들에게 되돌려 주어야 한다. 그렇게 하면 일반 가정, 특히 가장 취약한 가정이 에너지 비용으로 지출하는 금액보다 탄소 배당금을 더 많이 받을 수 있을 것이다. 나머지 세수는 연방 및 주 정부가 그린 뉴딜 인프라를 위한 재원으로 활용할 수 있다.

둘째, 연방 정부는 연간 150억 달러에 이르는 화석연료 보조금을 신속하게 단계적으로 삭감하거나 아예 없애야 한다.

셋째, 연방 정부는 전국의 스마트 3차 산업혁명 인프라에 원활히 동력을 제공할 수 있을 정도의 용량을 갖춘 전국 스마트 전력 그리드의 준비와 배치를 위해 50개 주와 협력해야 한다. 연방 정부가 전국 스마트 전력망의 구축을 위한 재정의 상당 부분을 제공하고 주 정부에서 나머지를 해결하면 된다. 전국 스마트 전력 그리드 인프라는 2030년까지 기본적 형태를 갖추고 운영에 돌입해야 한다. 그리고 완성 단계의 보다 원숙한 전력 그리드 인프라는 2040년 이전에 온라인화해야 한다.

넷째, 연방 정부, 주 정부, 지방자치체, 카운티 당국은 제로에 가까운 한계비용으로 탄소 제로 그린 에너지를 생산하는 시대로 전환하기 위해, 실행 가능한 곳에서, 건조 환경과 건축물에 대한 태양광 및 풍력 발전 설비의 설치를 권장할 수 있는 세액공제와 그 밖의 인센티브를 제공해야 한다. 태양광 및 풍력 발전 시설의 혼합 설치는 동네와 마을 공동체의 마이크로 그리드 단계에서 우선적으로 실시되어야 한다. 그래야 인프라 내에 유연성과 회복력을 구축할 수 있기 때문이다. 마이크로 그리드 단위는 기후 재난 또는 사이버 공격이 발생했을 때 혹은 그 이후에 주 전력 그리드로부터 쉽게 분리할 수 있어야 하고 지역 단위로 생산되는 태양광 및 풍력 발전 에너지를 공유할 수 있어야 한다. 연방 정부는 또한 공유지의 사용에 대한 우선순위를 재설정하고 모든 화석연료와 관련된 이권의 단계적 삭감과 태양광 및 풍력 발전 설비의 설치를 위한 지원의 단계적 증대 조치를 즉각적으로 취해야 한다.

다섯째, 연방 정부, 주 정부, 지방자치체, 카운티 당국은 주택, 상업용 건물, 산업 및 공공 기관의 시설에 대해 에너지 저장 시설의 설치에 따른 세액공제 혜택을 마련해야 한다. 에너지 저장 시설은 전력 그리드 전반의 간헐적 에너지를 관리하기 위해 백업 전력을 제공하거나 기후 재난 혹은 사이버 테러 공격으로 전력 그리드가 제 기능을 발휘하지 못할 경우 현장에서 비상 전력을 공급하는 데 사용된다.

여섯째, 연방 정부, 주 정부, 지방자치체, 카운티 당국은 무선 또는 유선 연결이 각각 건강과 환경에 미치는 잠재적 영향력을 고려해 광대역 통신망과 IoT를 보급해야 한다. 주 정부는 시골 지역과 빈곤 지역을 위한 광대역 통신망의 설치에 우선순위를 두어야 한다.

일곱째, 데이터 센터를 이용하는 모든 산업은 2030년까지 데이터 센터 운영에 필요한 동력을 100퍼센트 재생에너지로 전환하고 그에 따른 연방세 공제 혜택을 받을 수 있어야 한다. 100퍼센트 재생에너지 기반의 데이터 센터는 기후 재난 혹은 사이버 테러가 발생하여 전력 그리드가 제 기능을 발휘하지 못할 경우 완전히 독자적으로 전력을 수급할 수 있으므로 데이터의 보안을 확보할 수 있다.

여덟째, 전기 자동차 구매에 따른 연방 및 주 정부 차원의 세액공제 혜택을 보장하고 내연기관 차량의 구매에 대해서는 차등 세율을 적용해 세금을 인상해야 한다. 전기 차량 구매에 사용할 수 있는 바우처를 제공해 노후 차량(내연기관 차량)의 보상 판매를 유도하면 그 속도를 높일 수 있을 것이다. 바우처는 내연기관 차량의 보상 판매 가치를 초과하는 금액이어야 한다. 연방 정부는 2030년의 특정 일자를 신규 내연기관 차량(승용차, 트럭, 버스 등)의 판매 및 등록을 전면적으로 중단하는 날짜로 정해야 한다.

아홉째, 연방 정부, 주 정부, 지방자치체, 카운티 당국은 주거용, 상업용, 산업용 건물 주변의 전기 차량을 위한 충전소 설치에 대해 세액공제 혜택을 제공해야 한다. 다수의 거주자가 사용하는 주거용 건물을 소유한 부동산 기업이나 소유주들에게 충분한 용량을 갖춘 충전소를 설치하도록 권장하고 그에 따른 세액공제 혜택을 제공함과 동시에, 그렇게 하지 않을 경우 기간별 차등 세율을 적용하여 인상된 세금을 부과해야 한다.

열째, 연방 정부는 2030년까지 그린 비즈니스를 활성화할 수 있는 조달 업무를 활용해 모든 연방 자산을 탄소 제로 그린 자산으로 전환하기 위한 업무 지시를 하달하고 그에 필요한 재정을 확보해야 한다. 연방 정부, 주 정부, 지방자치체, 카운티 당국은 에너지 효율성 향상, 탄소 배출량 감소, 기후 관련 재난에 대한 회복력 증대를 목표로 전국의 주거용, 상업용, 산업용, 공공 기관용 건축물의 개량, 그리고 가스와 석유 난방 방식에서 전력 그리드로부터 공급받는 재생에너지를 사용하는 전기 난방으로의 전환을 권장하기 위한 전면적인 세제 혜택을 즉각적으로 시행해야 한다. 세제 혜택에는 세액공제, 세금 감면, 보조금, 저금리 대출 등이 포함되어야 한다. 저임금 및 중간 소득 임대 부동산·주택 소유주들이 건물 개량에 참여할 수 있도록 추가로 보조적 세제 혜택을 제공할 필요도 있다. 연방 정부의 모든 세액공제 혜택은 주 정부의 목표에 부합하도록 이루어져야 한다. 주 정부는 2030년까지 기존 주거용 및 상업용 건물의 온실가스 배출량을 1990년 수준의 40퍼센트 이하로 절감하고 2040년 이전에 100퍼센트 재생에너지를 사용하는 제로 순에너지 건물로 전환하며 모든 신규 주거용 건물은 2025년까지, 신규 상업용 건물은 2030년까지 제로 순에너지 건물로 건설한다는 목표를 세워야 한다.

열한째, 연방 정부와 주 정부는 석유화학 농업을 단계적으로 폐지할 수 있는 계획을 수립하고 실행에 옮겨야 한다. 또한 유기농 생태학적 영농법을 보급하고 2040년까지 100퍼센트 유기농 인증을 목표로 삼아 20년의 기간에 걸쳐 지역 시장을 통해 지역 농산물의 소비가 활성화될 수 있도록 해야 한다. 연방 정부와 주 정부는 이와 같은 전환 작업에 속도를 더할 수 있도록 막대한 보조금과 강력한 인센티브를 제공해야 한다.

열두째, 연방 정부와 주 정부는 농부들이 탄소 농업 기술을 활용하여 경작 한계지에 숲을 가꾸고 다시 야생의 상태로 복원하여 대기 중의 이산화탄소를 포획하고 분리하는 탄소 포획 저장고의 기능을 하도록 만드는 과정을 장려하기 위해 세액공제 및 기타 인센티브를 제공해야 한다. 또한 연방 정부는 적용 가능한 지역에서 삼림 복원을 통해 공유지 사용의 우선순위를 조정하고 배출되는 이산화탄소의 포집 및 분리에 활용해야 한다.

열셋째, 연방 정부, 주 정부, 지방자치체, 카운티 당국은 점점 더 심각한 수준으로 공공 보건을 위협하는 기후변화로 인한 태풍과 폭풍, 홍수 피해 이후의 회복력을 구축하기 위해 2040년까지 모든 상수도와 하수도, 우수 배관의 개선 작업을 우선순위에 따라 진행하며 그에 소요되는 재정을 확보해야 한다. 가뭄이 발생하기 쉬운 지역에서는 건조 환경 전반에 걸쳐 물탱크를 활용한 용수 저장 시설을 설치하기 위해 측정 작업을 수행해야 한다. 기후 재난 혹은 사이버 공격으로 인해 전력 그리드가 손상될 경우 비상용 식수 공급원으로 사용할 수 있기 위해서다. 가능하다면, 민영화되었던 물 공급 관련 시스템을 다시 관영화하여 수자원에 대한 공적 관리 및 통제권을 확보해야 할 것이다.

열넷째, 연방 정부, 주 정부, 지방자치체, 카운티 당국은 2030년까지 모든 공급망과 모든 산업 분야 내에 순환성 프로세스를 구축하도록 지시해야 한다. 순환성 프로세스가 구축되면 탄소 배출량을 급격히 감소시킬 수 있으며 경제, 시민사회, 거버넌스 등의 모든 측면에서 기후변화에 대비한 회복력을 구축할 수 있고 적절한 인센티브 및 불이익도 제공할 수 있다.

열다섯째, 연방 정부는 주 정부와 협력하여 국가 혹은 주의 안보를 침해하지 않는 범위 내에서 점점 증가하고 있는 군사 비용을 재배치해야 한다. 과도한 군사 비용을 조정함으로써 초기 대응부터 장기적인 복구 임무에 이르는 기후 재난 관련 대응 및 구호 임무를 수행하는 연방 병력과 주 방위군을 위한 재정을 확보할 수 있을 것이다.

열여섯째, 연방 정부는 주, 카운티, 지방자치체의 녹색 은행에 재정을 지원할 수 있는 전국 단위의 국립 녹색 은행 설립을 위한 법률을 제정해야 한다. 하위 녹색 은행들은 그 재정을 활용해 그린 인프라 구축의 확대를 위한 충분한 자금, 특히 공공 및 민간 연금 기금과 여타의 투자 자본을 확보할 수 있을 것이다. 국립 녹색 은행이 주와 지방자치체, 카운티 녹색 은행에 재정을 공급하는 기준은 지역 및 주 정부가 2030년까지 관할권 내 전력 생산량의 50퍼센트를 태양광과 풍력 및 기타 적절한 재생에너지로 대체하고 2040년까지 전력의 100퍼센트를 재생에너지로 전환한다는 의무 규정을 두는 경우로 제한해야 한다.

열일곱째, 노동조합 연금 기금의 자본을 연방, 주, 지방자치체, 카운티의 3차 산업혁명 인프라 프로젝트에 동원할 경우, 가능한 모든 영역에서 노조원의 고용이 이루어져야 한다. 미국의 근로자들 중 단 11퍼센트만이 노조에 가입되어 있기 때문에 3차 산업혁명 인프라 프로젝트는 근로자의 조직 결성의 자유를 보호하고 단체교섭권을 보장해야 한다. 주 정부, 지방자치체, 카운티 당국은 화석연료의 추출, 정제, 배급 등에 경제적으로 의존하고 있는 공동체를 위한 "공정 이행" 자금을 제공하며 이들 좌초 산업을 새로운 그린 비즈니스로 전환하고 3차 산업혁명의 고용 기회를 제공하는 데에 우선순위를 부여해야 한다.

열여덟째, 지금의 학생들은 그린 뉴딜 경제 내에서 스스로 새로운 비즈니스를 창출하고 유급 고용될 수 있는 재능을 개발하고 기술을 익힐 필요가 있을 것이다. 연방 정부와 주 정부는 평화봉사단(Peace Corps), 빈민 지구 파견 자원봉사 활동(VISTA), 미국 지역사회 봉사 단체인 아메리코(AmeriCorps) 등과 유사한 형태의 서비스 프로그램을 수립해야 한다. 녹색 봉사단(Green Corps), 기후 봉사단(Climate Corps), 자연보호 봉사단(Conservation Corps), 인프라 봉사단(Infrastructure Corps) 등과 같은 프로그램을 연방 및 주 정부의 재정 지원으로 운영해, 전국의 지역사회에서 고등학교 및 대학교 졸업자들에게 견습생 수준의 최저생활임금으로 21세기 스마트 인력이 갖추어야 할 기술을 터득할 수 있는 기회를 제공하면 된다. 이와 같이 연방 및 주 정부가 관리하는 새로운 젊은 인재 지원 기구는 그들이 새롭게 획득한 기술을 재난 대응 및 복구 임무에 활용하고 지역사회에서 연방 정부군 및 주 방위군과 함께 재난 시 응급 대응 인력으로 활약하며 이후 이루어지는 복구 노력에서도 능력을 발휘할 수 있도록 훈련시키는 기능을 수행하게 될 것이다.

열아홉째, 연방 정부, 주 정부, 지방자치체, 카운티 당국은 가장 빈곤한 지역사회에 그린 뉴딜 비즈니스 기회의 우선권을 부여하고 그들이 그린 인프라의 확대에 동반되는 새로운 고용 기회를 누릴 수 있도록 적절한 직업훈련 또한 제공해야 한다. 모든 공공 보건 서비스의 질적 향상을 위한 관대한 세액공제 혜택과 보조금, 저금리 대출, 기타 인센티브 또한 기후변화가 야기하는 공공 보건의 위기에 직면한 가장 빈곤한 공동체에 우선적으로 제공되어야 한다.

스무째, 보다 공정하고 정의로운 사회를 만들기 위해 연방, 주, 지역 차원에서 막대한 부를 소유한 슈퍼 리치와 나머지 인구 간의 엄청난 격차를 줄일 수 있는 더 공평한 세법의 제정이 필요하다. 누적된 세입은 그린 뉴딜을 구성하는 범주 내에서 전환 과정에 진전을 이루어 내는 데 사용되어야 한다.

스물한째, 연방 및 주 정부의 다양한 부서와 기관들은 각자의 재정 지출 우선순위를 재조정하고 녹색 기술 및 3차 산업혁명 인프라 개발로의 전환을 동반하는 모든 영역에서 연구 개발에 대한 지원을 실질적으로 증대시켜야 한다. 정부의 모든 기관이 화석연료 기반에서 생물학적 기반의 프로세스 및 제품으로의 전환을 가속화하기 위해 쇠퇴하도록 내버려 둘 수 없는 분야에 대한 연구, 개발, 배치를 위한 재정 확보에 특별한 관심을 기울여야 한다. 정부는 공립 및 사립 대학과 연구 기관에 있는 최고의 전문 지식과 인재들을 활용해 공동 연구 개발 협력 사업을 추진하고 그린 뉴딜 3차 산업혁명의 그린 에너지와 지속 가능한 기술로의 전환에 진전을 이루어 내야 할 것이다.

스물두째, 연방 정부의 다양한 부서와 기관들은 주 정부와 협력하여 광대역 통신망, 재생에너지의 생산 및 분배, 자율 주행 전기 및 연료전지 차량 운송, IoT로 연결된 탄소 제로 건축물 등의 원활한 통합이 가능하도록 관련 규칙, 형식, 기준 등을 매우 짧은 시간 내에 수립해야 한다. 아울러 전국에 걸쳐 상호 연결되고 연속적인 스마트 IoT 3차 산업혁명 인프라가 그 기능을 수행하도록 만드는 데 필요한 모든 규칙과 형식, 기준 또한 단시간 내에 수립되어야 할 것이다.

스물셋째, 미국 정부는 EU와 중국 그리고 기꺼이 참여하고자 하는 다른 모든 국가와 함께 스마트 그린 글로컬 인프라의 배치 및 운영에서 전 세계의 상호 연결성과 투명성을 보장하기 위해 갖추어야 할 보편적 형식, 규칙, 기준, 인센티브와 불이익 등을 파악하고 지원하며 시행하기 위한 공식적인 협력 사업에 동참해야 한다.

대통령과 의회의 새로운 임기가 시작되는 2021년 초반 6개월 동안 미국 의회는 미합중국 대통령이 서명한 그린 뉴딜 법안을 통과시켜야 한다. 향후 20년 동안 시급히 구축해야 할 미국 전역의 탄소 제로 그린 3차 산업혁명 인프라 프로젝트를 촉발시키는 데 필요한, 지금까지 언급한 스물세 가지 이니셔티브를 모두 포함하는 그린 뉴딜 법률의 제정이 반드시 필요하다.

피어 어셈블리 거버넌스

앞서 우리는 비즈니스 모델을 활성화하고 제한하는 인프라의 설계와 구축 그리고 그것에 동반되는 거버넌스의 형태에 관해 살펴본 바 있다. 1차 및 2차 산업혁명의 사례를 상기해 보자면, 인프라는 투자자에게 충분한 수익을 되돌려 줄 수 있는 규모의 경제를 창출하기 위해 중앙 집중식으로 구축되었고 지적재산권에 묶여 있었으며 수직적으로 통합되었다. 석탄, 석유, 천연가스를 탐색, 추출, 운송, 정제 과정을 거쳐 최종 사용자에게 전달하는 프로세스의 구축에 막대한 초기 투입 비용이 발생했기 때문이다. 그 외 다른 모든 분야들도 공급망과 가치 사슬, 제품 및 서비스의 생산 체계를 그와 유사한 형태로 구축해야만 했다. 동일한 에너지원과 인프라 역학에 전적으로 의존하고 있었기 때문이다. 1차 산업혁명 인프라의 시간적·공간적 범위는 내수 시장과 그것을 감독하는 국민국가 거버넌스를 유발했다. 2차 산업혁명 인프라는 글로벌 시장과 각국의 협력을 통해 그것을 공동 관리하기 위한 국제연합, 세계은행, 경제협력개발기구(OECD), 세계무역기구(World Trade Organization)와 같은 국제기구의 설립을 이끌어 냈다.

앞서 설명한 바와 같이, 3차 산업혁명 인프라는 이전과는 사뭇 다른 설계 및 구축 기술을 동반하고 있다. 인프라의 기반은 중앙 집중식이 아니라 분산된 운영 방식에 중점을 두고, 지적재산권으로 폐쇄하는 대신 네트워크 효과를 창출하기 위해 개방성과 투명성을 유지할 때 비로소 시스템의 최적화가 가능해진다. 마지막으로, 분산되고 개방되며 투명한 시스템은 그 운영이 수직적으로 통합되지 않고 수평적으로 확장될 때 가장 효율적이고 또 생산적일 수 있다는 특징을 지닌다.

거대 인터넷 기업들은 초기에 수직적으로 확장된 글로벌 독점 서비스의 플랫폼 다수를 장악했지만 그것은 오래 지속될 가능성이 희박하다. 그들은 궁극적으로 핵심 역량을 블록체인화하고 협력적으로 운영하며 공동의 거버넌스로 관리 감독하는 수백만 개의 첨단 중소기업들과 경쟁할 수 없기 때문이다. 후자의 조직 형태는 훨씬 기민하게 작동하며 훨씬 적은 간접비로도 기능을 발휘하는 동시에 발생된 수익이 외부 투자자의 수익 형태로 대부분 빼돌려지는 것이 아니라 협동조합 사업체와 그들이 거주하는 공동체 내부에 남아 있게 한다.

그렇더라도, 공정한 경쟁의 장을 확보하기 위해 연방 정부는 강력한 독점금지법을 시행해야 한다. 과거에 기업이 번성할 수 있도록 개방된 상업 공간을 확보하기 위해 ICT 기업, 전력 기업, 운송 및 물류 기업 등의 활동을 규제할 때 사용했던 것과 동일한 기준을 적용해야 한다.

3차 산업혁명 인프라에 내장된 분산적이고 개방적이며 수평으로 확장되는 설계와 구축의 원리는 상업에 대한 이 새로운 접근법을 실행 가능하게 만들고 조정할 수 있는 분산적이고 개방적이며 투명하고 수평적으로 확장되는 규제 제도를 촉진한다. EU에서 활동한 20여 년의 경험으로 볼 때 대륙 전체의 그린 인프라의 운영을 위해 마련되는 형식과 규칙, 기준 들은 회원국과 EU 집행위원회의 책임으로 남을 것이다. 그러나 그린 뉴딜 경제의 구축과 확장은 궁극적으로 유럽의 350여 개 자치 지역 및 도시가 담당해야 할 책임이 될 것이다. EU 전역에 적용되는 형식, 규칙, 기준의 제약 범위 내에서 각자 제 나름의 목표와 결과물, 염원에 따른 맞춤형 인프라를 구축함으로써 경계를 초월한 일관성 있는 유럽 대륙의 스마트 인프라로 상호 연결될 수 있을 것이다.

이것은 저렴한 수력발전 전력을 생산하고 미국 전역으로 배급하기 위해 거대한 댐과 연방 정부 건물의 건설이 필요했던 루스벨트의 뉴딜 정책이 아니다. 21세기의 분산형 그린 뉴딜은 지역에서 수확한 재생에너지를 중심으로 구축되며 와이파이와 같이 경계를 초월해 연결되는 지역 인프라에 의해 관리된다. 21세기에는 미국의 모든 주, 도시, 카운티 그리고 전 세계의 모든 지역이 그린 에너지의 생산과 회복력 구축에서 상대적 자급자족 역량을 갖출 수 있다. 태양은 세계 어디에서나 똑같이 빛나고 바람 또한 어디에서든 불지 않는가. 일부 지역은 하루, 주, 달, 또는 연중 한 계절의 특정한 시간에 태양광과 풍력이 풍부해지는 축복을 받을 수도 있다. 여분의 전력은 저장해 두었다가 추후 태양광과 풍력 부족 현상을 경험하는 다른 지역과 공유할 수 있을 것이다. 그렇게 하면 대륙 전역에 존재하는 모든 공동체가 소비하고도 남을 충분한 양의 에너지를 확보하는 셈이다.

3차 산업혁명 인프라는 수평으로 확장되고 다수의 소규모 참여자들이 서로 연결될 때 가장 효과적이고 가장 효율적이 된다. 앞서 2장에서 언급한 바와 같이, 독일의 4대 전력 및 전기 기업들은 이 교훈을 어렵게 깨달았고, 태양광과 풍력 에너지가 등장한 이후 12년도 지나지 않아 수십억 달러의 좌초 자산을 떠안게 되었다. 독일의 경우, (농부, 중소기업, 주민 협회 등의) 소규모 참여자들이 전기 협동조합을 설립하고 은행 대출을 통해 자금을 확보해 실제로 태양광 및 풍력 발전 시설을 갖추었다. 주 전력 그리드로부터 이탈하여 생산된 녹색 전력의 일부를 실제로 사용하고 있으며 잉여 전력은 주 전력 그리드로 되팔고 있다. 오늘날 태양광 및 풍력 에너지는 독일의 전체 전력 공급량 중 거의 25퍼센트를 차지하고 있는데 그 녹색 에너지의 대부분이 소규모 협동조합에서 생산되고 있다.[18] 독일의 4대 전력 및 전기 기업들이 생산하는 녹색 전기는 전체의 5퍼센트 미만에 그치고 있다. 재생에너지의 생산에서 대부분 제외되고 있는 셈이다.[19]

에너지 생산의 분산은 거버넌스의 분산과 밀접하게 연관되어 있다. 이것이 바로 우리가 말하는 "파워를 국민들에게"의 진정한 의미다. 스마트 첨단 중소기업들로 구성된 50개 주의 경제체가 수평적으로 확장된 협동조합으로 편성되고 모두 스마트 그린 3차 산업혁명 인프라에 연결되어 낮은 고정비와 제로에 가까운 한계비용으로 가치 사슬을 통해 상품과 서비스를 관리하고 동력을 공급하며 이동시키면 결과적으로 탄소 발자국이 제로에 가까워진다. 각 주에 3차 산업혁명의 구축과 확장이라는 과업이 부과되겠지만 그 목표와 결과물은 관할권에 따라 특정한 수요를 반영한 맞춤형이 될 것이다. 그러나 효과를 달성하기 위해서는 모든 주가 경계를 초월해 연결되어야 하고, 수평적 규모의 경제와 네트워크 효율성을 창출하기 위해 전국 스마트 전력 그리드 내에서 협력할 필요가 있다.

이 점을 감안해 전국 주지사 협회, 전국 주 의회 회의(National Conference of State Legislatures), 미국 시장 회의, 전국 카운티 협회(National Association of Counties)에서는 각 주의 그린 뉴딜 '피어 어셈블리'의 자발적 설립을 요구하는 결의안을 통과시켜야 한다. 그린 뉴딜 피어 어셈블리는 도시 및 카운티의 선출직 공무원과 지역 상공회의소, 노동조합, 경제개발 기관, 공공 및 민간 대학 그리고 시민 단체의 대표들로 구성되어야 한다. 주, 지방자치체, 카운티 정부의 감독을 받는 이들 피어 어셈블리에는 지역의 경제와 공동체를 녹색 시대로 전환하기 위한 그린 뉴딜 로드맵을 수립하는 과업이 부과될 것이다. 모든 주가 시작 단계부터 일제히 동참해야 하는 것은 아니지만 적어도 몇몇 선도자들은 있어야 할 것이다. 임계 효과 창출을 위해 앞으로 나서 줄 선도자들 말이다. 지역 내에서 그린 뉴딜의 구축을 위한 대중의 압력이 점점 커진다면 나머지 주 또한 신속하게 동참할 확률이 높다.

중앙정부의 권력자들은 스마트 그린 뉴딜 전환을 위한 계획 수립 및 그 이행의 권한을 주 정부와 지방자치체, 카운티가 움켜쥐는 상황을 미심쩍은 눈으로 볼 수도 있다. 그러나 그것은 이미 시작되었다. 지난 수년 동안 중앙정부의 시야에서 벗어나 전국의 각 주에서 조용한 혁명이 진행되어 왔다. 중앙정부가 관심을 기울이지 않는 사이에 29개 주와 3개 자치령에서 재생에너지 공급 의무화 제도(Renewable Portfolio Standards, RPS)를 도입했다. RPS는 해당 지역의 유틸리티들이 공급하는 전력 중 일정 비율을 재생에너지원에서 생산하도록 규정하고 지키도록 강제하는 제도이다.[20] 주 정부는 태양광 및 풍력 에너지 발전 시설의 설치를 권장하기 위해 재생에너지 공인 인증서를 제공하며 RPS를 지원하고 있다.

미국 정부는 기후변화에 대응하기 위해 채택된 파리 기후 협약을 탈퇴했지만, 19개 주와 푸에르토리코 자치령은 지금까지 규약의 준수에 동의하고 있으며 다른 주들 또한 머지않아 뒤따르게 될 것으로 기대된다.[21] 적지 않은 수의 주지사들이 현재 탄소 제로 공급원으로부터 전력의 100퍼센트를 생산하기 위한 개발 계획을 수립하고 있다. 캘리포니아와 하와이는 이미 목표 달성의 기한을 2045년으로 정해 두었고 콜로라도, 뉴욕, 뉴저지, 일리노이의 주지사들은 전례를 따르겠다고 선언한 바 있다.[22] 현재 미국은 꽤 분주하게 움직이고 있다.

이 추진력을 유지하기 위해 연방 정부가 할 수 있는 일들이 있다. 의회의 입법자들은 연방 정부의 보조금만큼 주 정부도 상응하는 재정을 투입하는 데 동의하는 조건으로 각 주에 3년 동안 소비할 수 있는 6000만 달러의 일회성 보조금을 제공하는 데 동의해야 한다. 이 자금은 주 정부가 도시와 카운티에 피어 어셈블리를 조직하고 구성한다는 단 한 가지 목적을 위해 운영 센터를 설립하고 인력을 배치하는 데에만 사용되어야 한다. 피어 어셈블리는 각 지역의 목표와 요구, 기존의 녹색 지속 가능성 프로그램 및 이니셔티브들을 고려한 맞춤형 그린 뉴딜 로드맵의 작성이라는 분명한 목적을 가지고 출범해야 한다.

다시 말하지만, 연방 정부가 인프라 재정의 일부를 지원한다 해도 주 정부와 지방자치체, 카운티들이 감당해야 할 재정적 책임은 전체 소요액의 75퍼센트에 이른다. 미국과 같은 연방 공화국에서 인프라의 개발은 대부분 각 주 정부의 주도하에 이루어진다. 누구라도 이 사실을 인지하지 못하고 연방 정부가 일방적으로 인프라의 전환을 주도하며 각 주에 책무를 부과할 것이라 믿는다면 불편한 진실을 마주하게 될 것이다.

주 정부가 관리 감독의 주체가 된다는 개념은 분산형 3차 산업혁명의 구축을 위한 이상적인 관리 체제를 제공한다. 미합중국의 탄생 시점부터 주 정부와 시민들은 각자가 선택하는 방식으로 관리하는 자신들의 기본적 권리를 지키는 데 열성적이었고 연방 정부에 의해 그 자유가 침해당하는 것을 경계해 왔다. 그와 동시에 각 주는 다른 주들과 치열한 경쟁을 벌이며 주민들에게 새로운 비즈니스와 고용의 기회를 비롯한 여타의 혜택을 제공하고자 노력해 왔다. 현재 뉴욕, 캘리포니아, 텍사스 등 미국에서 가장 규모가 큰 세 개의 주들은 녹색 경제와 사회를 향한 경주를 펼치고 있다. 그에 따르는 모든 혜택을 감안할 때 다른 주들도 참여하게 될 가능성이 높다. 의지에 반하여 강요할 필요가 없다는 말이다.

EU에서의 경험을 통해 우리는 3차 산업혁명 인프라의 분산적 특징은 그것이 실제 배치될 공동체와 지역에 의해 자체적으로 개념화되고 도입될 때 신속한 적응과 확산이 이루어질 가능성이 높다는 결론에 도달했다. 그렇더라도 분산형 그린 인프라를 신속하게 설치하고 각 관할권을 상호 연결하는 데 필요한 운영 형식과 규칙, 기준을 결정하는 일은 주 정부 간에 그리고 연방 정부와의 협력을 토대로 이루어져야 한다.

분산형 그린 뉴딜의 핵심은 에너지 서비스 기업(ESCO)의 확대와 50개 주 모두에 그 기업들을 배치하기 위한 재정적 메커니즘에 있다. 이런 취지에서 2020년 총선 이후에 전국 주지사 협회, 전국 주 의회 회의, 미국 시장 회의, 전국 카운티 협회 등은 일주일 정도의 일정으로 긴급회의를 소집할 필요가 있다. 중소기업부터 《포춘》 500대 기업에 이르기까지, 3차 산업혁명 인프라의 구축과 확장에 필요한 핵심 역량을 보유한 주요 산업 및 비즈니스 관계자들을 모두 한자리에 모아야 한다. 여기에는 전국의 금융, 은행, 보험 업계 관계자들과 더불어 ICT, 텔레콤, 전력 산업, 전력 설비, 운송 및 물류, 부동산, 시설 관리, 건설, 제조업, 농업, 생명과학, 여행 및 관광 산업 등의 관계자까지 모두 포함되어야 한다.

주 정부와 지방자치체, 카운티 차원에서 모든 경제 분야를 망라하는 산업계를 한자리에 모으는 국가 긴급회의의 목적은 ESCO 비즈니스 모델의 확립과 3차 산업혁명 인프라 개발에 필요한 자금 조달을 위한 주 및 지역 녹색 은행의 설립에 있다.

2017년 기준으로 글로벌 ESCO 시장의 규모는 약 150억 달러에 이른다. 이 시장은 8.3퍼센트의 연평균 성장률로 성장할 것이며 2026년까지 308억 달러 규모의 시장으로 확대될 것으로 기대된다.[23] 평상시였다면 경의를 표할 만한 성장률임에 틀림없다. 그러나 기후변화의 급속한 가속화가 야기하는 시간적 제약을 감안해야 하는 유사시인 탓에, 미국을 포함한 글로벌 인프라를 탄소 제로의 시대로 전환하는 과업에는 충분한 수준이라 할 수 없다.

지금 우리에게 필요한 것은 10년의 기간 동안 열 배의 성장률이다. 평화 시대의 경제체제에서 전시 경제체제로 전환하기 위해 가능한 모든 물자를 총동원했던 2차 대전 당시의 그것에 필적할 만한 성장률이 필요하다는 얘기다. 그때와 마찬가지로 지금은 모든 산업, 분야, 핵심 역량들을 한곳으로 집중할 필요가 있다. 우선은 모든 주에서 ESCO에 의한 비즈니스 운영의 틀을 형성하는 데 집중해야 한다. 기존의 ESCO는 새로운 ESCO 성과 계약 비즈니스 모델이라는 큰 틀 내에서 핵심 역량 전반을 재편하기만 하면 된다.

지방자치체, 카운티, 주에서 인프라 구축 및 확대를 가속화하기 위해 세심하게 주의를 기울여 능률화하는 형식, 규칙, 기준과 후한 세액공제 혜택은 (전시체제와 유사한 상황에서) 새로운 비즈니스 모델로의 이동에 없어서는 안 될 필수 요소가 될 것이다.

관대한 세액공제 혜택의 제공에 반대하는 입장이라면 매년 수십억 달러 상당의 세액공제 혜택과 여타의 인센티브가 주 정부와 지자체에 의해 스포츠 경기장이나 콘퍼런스 센터의 보조금으로, 그리고 지역 내에 생산 시설이나 상업 시설을 유치하기 위해 겨우 수천 개에 불과한 지속성 없는 일자리 창출의 대가로 기업에 제공하는 보조금으로 남발되고 있다는 사실을 상기해야 할 것이다. 지역 경제와 세수에 별로 득이 될 것이 없는 미미한 수익성에도 불구하고 말이다. 주 정부와 지자체가 모든 지역사회에서 인력을 재배치하며 중소기업에 엄청난 기회를 제공할 탄소 제로 스마트 그린 경제로의 전환을 가속화하기 위한 세액공제 혜택을 제공한다면 훨씬 큰 도움을 받을 수 있을 것이다.

EU에서 피어 어셈블리를 설립한 경험을 통해 얻은 결론은 전환 과정의 각 단계에 즉각적으로 참여하고 의견과 피드백을 제공하는 지역 시민 300명으로 구성하는 것이 최적이라는 사실이다. 피어 어셈블리는 포커스 그룹이나 이해관계자 집단이 아니라, 논의되는 사안과 밀접하게 연관되며 자신이 속한 공동체의 그린 뉴딜 로드맵에 통합될 제안과 이니셔티브의 준비에도 긴밀하게 관여할 대중의 수평적 협의체이다.

주지사와 시장 그리고 카운티의 고위 관계자는 조력자의 역할을 담당하고 참여자의 선정과 관할권 내의 피어 어셈블리 운영에 대한 관리 감독 책임을 맡는다.

각 피어 어셈블리를 위한 기술적 지원도 확보되어야 한다. 주립 대학들은 자체 연구소와 민간 대학, 지역 전문대학, 상업 및 기술 연구소, 싱크 탱크, 연구 기관, 지역의 자선재단 등으로부터 전문가와 기술 인재들을 규합하고 학계 및 전문가 집단이 보유한 소중한 지식을 피어 어셈블리에 제공하는 과업을 수행할 수 있을 것이다.

그린 뉴딜 피어 어셈블리가 구성되는 6개월의 기간 내에 각 주의 주지사와 주 의회는 도시 및 카운티의 피어 어셈블리 대표자들이 참석하는 긴급회의를 소집해야 한다. 일주일 일정의 그 긴급회의에서는 도시 및 카운티를 위한 로드맵, 자금의 배치, 주 전역에서 수집한 최적의 운영 방식, 전문가의 기술 지원 등을 포함해 그린 뉴딜에 동원되는 다양한 사회적 자원에 관한 논의가 이루어져야 한다.

그린 뉴딜은 상세한 3차 산업혁명 로드맵의 준비와 함께 시작되며 그 과정에 대개 10개월의 시간이 소요된다. 도시 및 카운티의 피어 어셈블리는 각각 주의 로드맵과 일치하는 그 나름의 로드맵을 준비해야 한다. 로드맵의 성패는 그 진행 과정이 시작 단계부터 진정한 협력과 개방성, 다양한 학문 분야의 활용 등을 보장하느냐 여부에 달려 있다. 도시 및 카운티의 피어 어셈블리 참여자로 선정된 모든 사람들은 경쟁보다는 협력을, 특정한 이해관계나 목적을 위한 로비가 아닌 공정한 활동을 펼친다는 사회적 책임 윤리 서약서를 작성해야 한다. 참여자 개개인은 시민 의식을 가지고 공동체의 이익을 우선하는 자세로 과업에 임할 필요가 있다. 피어 어셈블리가 성공적이기를 원한다면 말이다. 로드맵은 지역사회에 대한 소속감과 단결력을 만들어 낸다. 참여자들이 스스로 자신의 가족과 공동체 그리고 이후 세대에까지 영향력이 미치는 보다 큰 대의를 위해 노력하고 있다는 생각을 가지게 된다는 얘기다.

도시 및 카운티 피어 어셈블리의 의장들은 주지사와 주 의회 관계자들이 참여하는 정기적인 회의에서 로드맵의 진행 과정과 달성된 성과물을 보고하고 피드백과 지원을 받아야 한다. 10개월의 활동 기간이 끝나면 각 지자체와 카운티의 피어 어셈블리에서는 맞춤형 그린 뉴딜 계획과 자금 조달 및 대형 그린 인프라 프로젝트의 지역 내 배치에 관한 향후 실행 계획을 구체적으로 담고 있는 포괄적인 로드맵을 공식 발표하게 될 것이다. 주 의회 및 주 당국에서 그린 뉴딜 3차 산업혁명 패러다임으로의 본격적 전환을 신속하게 이행하기 위해 마련하게 될 형식, 규칙, 기준, 인센티브와 불이익 등에 대한 피어 어셈블리의 견해 또한 포괄적 로드맵을 통해 공유하게 될 것이다.

로드맵 프로젝트는 선호하는 녹색 프로젝트들만 골라서 담아 놓은 복주머니를 창출하기 위한 것이 아니라, 향후 20년에 걸쳐 주 전역에 배치할 포괄적이고 체계적인 3차 산업혁명 인프라에 대한 계획을 수립하기 위한 것이다. 이와 같은 인프라 확대를 위한 통합적 접근은 지금까지 상정된 그린 뉴딜 제안서에서 유일하게 누락되어 있던 요소이다. 주 전역에서 시간이 지남에 따라 진화하고 상황의 변화에 맞추어 다방면으로 범위를 넓혀 가는, 수세대에 걸쳐 진행될 건설 현장을 보여 줌으로써 3차 산업혁명의 구축 계획을 시각화하는 작업은 매우 중요하다. 로드맵이 지향해야 할 사명을 이해하지 못한다면 중도에 와해되고 말 것이며 결과적으로는 변화를 만들어 낼 만한 영향력도 없이 좋아하는 것들만 모아 놓은 소규모의 서로 단절된 녹색 프로젝트로 전락하고 말 것이다. 오드프랑스의 산업 지구와 로테르담 및 헤이그 등 23개 도시 권역, 그리고 룩셈부르크에서 준비를 마치고 현재 실행에 옮겨지고 있는 세 개의 3차 산업혁명 로드맵은 누구나 접근하여 활용할 수 있도록 자료가 공개되어 있다.[24]

미국 내 많은 도시와 카운티에서 지속 가능한 그린 로드맵을 준비해 왔는데, 그중 몇몇은 형식상의 차이는 있으나 일종의 피어 어셈블리까지 고려하고 있다. 이들 지자체들이 성공 사례를 공유하는, 중요한 전문 지식의 공급원이 되어 줄 것이다. 지방자치체, 카운티, 주 정부 차원에서 이미 실행 중에 있는 기존의 녹색 개발 계획 중 어느 것도 3차 산업혁명 로드맵의 진행 및 그에 따르는 실행 과정에서 폐기된 바 없다. 오히려 막힘없는 새로운 경제 패러다임에 이들 프로젝트들을 서로 연결하는 그린 인프라에 스며들어 가고 있다. 이렇게 도시, 카운티, 주를 아우르는 통합적 비전이 없으면 의도는 좋지만 쇠락하고 있는 20세기의 화석연료 인프라에서 벗어나지 못하는 수천 개의 개별 녹색 프로그램으로 되돌아가고 말 것이다.

도시, 카운티, 주 정부에서는 전국의 그린 뉴딜 로드맵과 관련한 심의 내용과 전개 상황을 실시간으로 공유할 수 있는 웹 사이트의 개설을 고려해야 한다. 성공 사례와 그것이 수반하는 기회 및 도전에 관해 전 국민이 참여하는 토론의 장이 펼쳐진다면 정치적 경계를 넘나드는 수많은 공동 작업이 이루어질 수 있을 것이다. 그렇게 된다면 선거에서 투표권 행사를 통해 대표자를 선출하는 것을 능가하는 완전히 새로운 정치적 역학이 발생할 수도 있다. 이것이 바로 피어 어셈블리 거버넌스의 본질이다.

피어 어셈블리는 로드맵 단계 이후까지 탄소 제로 그린 인프라로의 전환이 완전히 마무리되는 전체 기간 동안 계속적으로 활동을 이어 간다. 그 과정에서 2년 혹은 4년마다 이루어지는 선출직 공무원의 교체에 따른 업무 공백을 상쇄하고 어느 쪽이 집권을 하든 혹은 누가 선출직 공무원이 되든 상관없이 피어 어셈블리의 프로세스 자체가 답보 상태에 빠지는 일이 없도록 참여자들이 교대로 또는 세대를 교체하며 참여해 연속성을 이어 갈 것이다.

기후변화가 야기하는 실제적 위협은 인류가 지금까지 한 번도 마주해 본 적이 없는 가공할 만한 수준이다. 그에 대처하기 위해서는 여러 세대를 통합하는 형태의 일반 대중 거버넌스가 필요하며 그것은 무한한 미래까지 지속될 수 있어야 한다. 기후변화에 대한 두려움은 코앞에 닥친 현실이다. 게다가 지구의 생존 환경은 점점 악화될 것이며 분명 현재의 우리가 상상할 수 있는 그 이상으로 악화될 것이다. 도시, 카운티, 주, 연방 정부는 모두 마감 기한이 없는 정치적 프로세스에 돌입해야 할 것이다.

EU에서 관여했던 일곱 개 로드맵의 진행 및 그에 따른 실행 과정을 통해 깨달은 것은, 정부가 피어 어셈블리를 구성하더라도 내각과 정부 관료 그리고 특수 이해관계자들이 피어 어셈블리의 존재를 불편해하거나 자신들의 영역을 공유하는 과정에서 적의를 드러내는 경우가 종종 발생한다는 점이다. 그들은 공개적으로 입장을 밝히는 것은 꺼리면서(원칙적으로 피어 어셈블리에 반대한다고 말하고 싶은 사람이 누가 있겠는가?) 피어 어셈블리의 프로세스, 건의, 실행 등을 약화시킬 수 있는 미묘한 술책을 찾아내곤 한다. 그들은 자신들의 행정 어젠다나 입법 어젠다를 강화하는 데 활용할 수도, 남용할 수도 있는 포커스 그룹이나 이해관계자 집단을 훨씬 편안하게 생각한다.

하지만 피어 어셈블리를 출범시키고 관리 감독하는 주체가 바로 피어 어셈블리의 추천 사항, 프로젝트, 계획, 제안 등을 법률과 제도, 이니셔티브 등으로 전환할 궁극적 책임을 맡고 있는 지자체, 카운티, 주 정부의 행정부와 입법부 관계자들이다. 피어 어셈블리는 대중의 목소리를 프로세스에 반영하고 선출직 공무원과 정부 기관이 맡은 바 임무의 수행에서 보다 기민하고 통합적인 자세를 취하며 지역사회에서 대두되는 다양한 관점에 더 체계적이고 세심한 주의를 기울이도록 유도하기 위한 비공식 협의체이다. 피어 어셈블리는 공공복지의 증진을 위한 정부의 노력에 대중이 지속적으로 관여하도록 함으로써 거버넌스에 방향성을 제시한다. 피어 어셈블리가 존재할 수 있는 전제 조건은 젊은 세대의 선출직 공무원 및 정부 공무원이다. 배타적 권한 행사보다는 거버넌스의 비공식적 공유를 편안해 하는 공무원들 말이다.

기후변화는 국가 전체가 지속적으로 관여해야 할 문제가 될 것이다. 선출직 공무원 한 사람 혹은 하나의 정부 기관이 단독으로 대응할 수 있는 사안이 아니라는 뜻이다. 비상시 동원되는 재난 대응 및 구호 활동이 그와 유사한 사례에 속할 것이다. 긴급 상황이 발생하면 지역 기반의 조직, NGO, 종교 단체, 학교, 주민 협회, 비즈니스 부문 등 지역사회 전체가 힘을 합치지 않는가. 재난과 비상사태에 대한 대비는 선출직 공무원과 임명된 관리들의 맡은 바 임무에 속하지만 재난 상황은 대개 예측 불가능하며 너무나 소모적이기 때문에 사회 구성원 전체의 완전하고도 적극적인 관여를 필요로 하며 그 기간이 몇 주나 몇 달, 심지어 몇 년씩 지속될 수도 있다. 재난 발생 이후부터 다시 재난이 발생할 때까지의 기간 동안 시민사회 단체와 경제계는 과거의 재난으로부터 교훈을 얻고, 성공 사례를 공유하며, 새로운 아이디어와 프로그램, 대응 체계를 하나로 통합하여 계획 수립에 반영하고 공공복지의 수호라는 사명을 위해 끊임없이 논의를 이어 가며 앞으로 닥쳐올 또 다른 재난에 대비하는 등 관계 당국과 지속적으로 협력한다.

오늘날 기후변화는 지속적으로 재난을 발생시키며 전 세계의 모든 지역을 위태롭게 하고 있다. 이것이 현재 있는 그대로의 진실이다. 만약 인류가 폭주하는 기후변화에 맞서 싸우기를 원한다면 머지않아 피어 어셈블리는 전 세계적으로 반드시 필요한 존재가 될 것이다. 퇴임을 며칠 앞두고 기후의 급격한 변화는 "뉴 애브노멀(New Abnormal: 시장 변동성이 상존하여 불확실성이 증폭되는 상태)"과 다름없다고 말한 전 캘리포니아 주지사 제리 브라운(Jerry Brown)은 그 의미를 정확히 이해한 셈이다.[25]

요약건대, 피어 어셈블리가 없다면 미국을 포함한 전 세계의 시민들은 자신들의 목소리가 전달되지 않는다고 느낄 것이다. 버림받았다고 느낄 것이고 스스로의 힘으로 살아남아야만 한다고 생각하게 될 것이다. 또한 정부로부터 한층 더 멀어질 것이다. 그 두려움과 고립감의 조합을 서서히 끓어오르도록 방치한다면 어느 순간 폭발할 가능성이 높다. 그렇게 되면 인류의 문명화된 생활은 그 기본 구조부터 아주 쉽게 파괴될 수 있다. 피어 어셈블리는 기후변화에 직면했을 때 지역사회가 느끼는 무력감을 생물권 전체가 나누어 가질 공동의 책임감으로 바꿀 수 있는 방책이며 미래를 살아갈 인류에게 반드시 필요한 수단이다.

여기에서 글로컬 그린 뉴딜과 스마트 3차 산업혁명으로의 전환을 위한 시간표를 명확히 못박아 두고자 한다. 1차 산업혁명을 위한 초기 인프라가 미국 전역에 걸쳐 구축되는 데 1860년부터 1890년까지 30년의 시간이 소요된 바 있다. 2차 산업혁명의 초기 인프라는 1908년부터 1933년까지 25년에 걸쳐 구축되었다. 2차 산업혁명 인프라가 이미 가동 중이던 1차 산업혁명 인프라의 기반 위에 구축되었다는 사실은 부분적으로 소요 기간이 단축될 수 있었던 이유가 되었다. 이 점을 감안한다면, 3차 산업혁명 인프라는 이미 존재하며 부분적으로는 전환을 용이하게 만들어 줄 역량을 보유하고 있는 1차 및 2차 산업혁명 인프라의 기반 위에서 20년 내에(한 세대 동안) 완성될 가능성이 높다.

그것은 불가능한 일이라고 말하는 사람이 있다면 묵살해도 좋다. 범국가적 역량을 모아 투지와 결의를 가지고 모두가 각자의 몫을 다하고 주어진 책임을 완수한다면 우리는 2040년까지 반드시 그 목표에 도달할 수 있다.

그린 뉴딜은 녹색 이니셔티브를 위해 법안을 통과시키고 곳간을 열어 인센티브를 나누어 주라고 정부를 압박하기 위해 대중을 동원하는 것이 아니다. 그것은 지구상에 존재하는 생명체의 역사 중 가장 암울한 순간에 모든 지역사회에 각자의 미래를 직접적으로 관장하도록 힘을 부여할 수 있는 새로운 종류의 정치 운동과 일반 대중 거버넌스를 창출하기 위한 첫 번째 동원령이다.

두 세기가 넘는 시간 동안 석탄기 시대의 화석연료 매장량에 의존해 온 생활 방식은 인류에게 미래는 어떠한 제약도 없이 무한하며 모든 것이 가능하고 지불해야 할 대가도 미미할 것이라는 잘못된 인식을 심어 주었다. 우리는 스스로 운명의 주인이며 지구는 인류에게 끝없이 내주기만 하는 존재라고 믿어 버렸다. 우리가 살고 있는 지구 행성에서 일어나는 모든 현상에는 언제나 불확실한 청구서가 따라온다는 진리를 간과했던 것이다. 우리는 이 시기를 진보의 시대라 불렀다. 현재의 기후변화는 그 청구서의 기한이 도래한 것과 다름없다. 우리는 지금 새로운 시대로 진입하는 새로운 여정의 출발선을 지나는 중이다. 회복력 시대가 우리 앞에 놓여 있다. 이 새로운 세상의 현실에 어떻게 적응하는가에 따라 생물종으로서 인류의 운명이 결정될 것이다. 우리는 생물권적 의식에 빠른 속도로 접근하고 있다. 바라건대, 너무 늦지 않게 도달할 수 있다는 희망을 품을 필요가 있다. 그것이 바로 내가 믿는 그린 뉴딜이다.

감사의 말

먼저 책의 집필에 빛나는 공헌을 한 동료 대니얼 크리스텐슨(Daniel Christensen)과 클라우디아 살바도르(Claudia Salvador)에게 심심한 감사의 말을 전하고 싶다. 그들의 연구·조사 기술과 작은 것도 놓치는 않는 세심함, 문장 구사력이 책의 곳곳에 배어 있다. 그들이 종종 야간과 주말 시간도 가리지 않고 과업에 헌신해 준 덕분에 이 프로젝트를 일정에 맞춰 진행할 수 있었음을 밝힌다. 아울러 유럽연합(EU)이 수행하는 그린 뉴딜 방식의 전환을 다루는 부분에 대해 조언을 아끼지 않은 친구이자 동료 안젤로 콘솔리(Angelo Consoli)에게도 깊은 감사를 표한다.

또한 프로젝트를 신속하게 받아들이고 개념 정립에서 최종 인쇄본에 이르는 여정을 함께하며 책에 생명을 불어넣은 편집자 팀 바틀릿(Tim Bartlett)에게 진정으로 고마움을 표한다. 팀의 신중한 제안과 능숙한 편집은 문장의 주름을 펴고 격을 높여 주었다. 아울러 출판 과정에 언제나 필수적으로 따르는 광고 문안 편집을 탁월하게 수행해 준 인디아 쿠퍼(India Cooper)에게도 고마움을 전한다. 연구·조사에 도움을 준 단테 칼파얀(Dante Calfayan)과 레이철 듀브스(Rachel Dubbs), 캐서린 조시(Katherine Jossi), 존 마리노(John Marino), 가빈 말로(Gavin Marlowe), 모하마드 마스리(Mohammad Masri)에게도 감사드린다.

나의 에이전트인 메그 톰슨(Meg Thompson)도 빼놓을 수 없다. 그녀의 열정과 현명한 조언은 과정 전반에 걸쳐 우리 모두가 임무에 집중하도록 도왔다. 세계 각각의 출판사를 프로젝트에 참여시키는 데 기여한 해외 판권 에이전트 샌디 호지먼(Sandy Hodgman)에게도 감사드린다.

마지막으로, 이 책을 쓸 것을 제안한 아내 캐럴 그룬왈드(Carol Grunewald)에게 깊은 고마움을 전한다. 책에 나오는 많은 주제들은 지난 30년 동안 우리가 나눈 수많은 대화에서 출발했다. 아내와 나의 대화는 우리가 살고 있는 세계에 대한 공통의 이해와, 이 지구를 공유하는 인류와 동료 생명체의 미래에 대한 희망을 형성하는 데 초석이 되었다.

주석

서문

1 Intergovernmental Panel on Climate Change, "Summary for Policymakers," in *Global Warming of 1.5°C: An IPCC Special Report* (Geneva: World Meteorological Organization, 2018), 6.

2 Edward O. Wilson, "The 8 Million Species We Don't Know," *New York Times*, March 3, 2018, https://www.nytimes.com/2018/03/03/opinion/sunday/species-conservation-extinction.html (accessed February 4, 2019).

3 Gerta Keller, et al., "Volcanism, Impacts and Mass Extinctions (Long Version)," *Geoscientist Online*, November 2012, https://www.geolsoc.org.uk/Geoscientist/Archive/November-2012/Volcanism-impacts-and-mass-extinctions-2 (accessed March 12, 2019).

4 Intergovernmental Panel on Climate Change, "Summary for Policymakers," 14.

5 Ryan Grim and Briahna Gray, "Alexandria Ocasio-Cortez Joins Environmental Activists in Protest at Democratic Leader Nancy Pelosi's Office," *The Intercept*, November 13, 2018, https://theintercept.com/2018/11/13/

alexandria-ocasio-cortez-sunrise-activists-nancy-pelosi/ (accessed February 1, 2019).

6 Sunrise Movement, "Green New Deal," updated March 26, 2019, https://www.sunrisemovement.org/gnd (accessed April 5, 2019).

7 Anthony Leiserowitz et al., *Climate Change in the American Mind: December 2018*, Yale University and George Mason University (New Haven, CT: Yale University Program on Climate Change Communication, 2018), 3.

8 Kevin E. Trenberth, "Changes in Precipitation with Climate Change," *Climate Research* 47 (March 2011): 123, doi: 10.3354/cr00953.

9 Kim Cohen et al., "The ICS International Chronostratigraphic Chart," *Episodes* 36, no. 3 (2013): 200–201.

10 Abel Gustafson et al., "The Green New Deal Has Strong Bipartisan Support," Yale Program on Climate Change Communication, December 14, 2018, http://climatecommunication.yale.edu/publications/the-green-new-deal-has-strong-bipartisan-support/ (accessed February 7, 2019).

11 Aengus Collins, *The Global Risks Report 2019* (Geneva: World Economic Forum, 2019), 6.

12 Gillian Tett, "Davos Climate Obsessions Contain Clues for Policymaking," *Financial Times*, January 17, 2019, https://www.ft.com/content/369920f2-19b4-11e9-b93e-f4351a53f1c3 (accessed January 28, 2019).

13 Leslie Hook, "Four Former Fed Chairs Call for US Carbon Tax," *Financial Times*, January 16, 2019, https://www.ft.com/content/e9fd0472-19de-11e9-9e64-d150b3105d21 (accessed January 28, 2019).

14 "Economists' Statement on Carbon Dividends," *Wall Street Journal*, January 16, 2019, https://www.wsj.com/articles/economists-statement-on-carbon-dividends-11547682910?mod=searchresults&page=1&pos=1 (accessed February 5, 2019).

15 Damian Carrington, "School Climate Strikes: 1.4 Million People Took Part, Say Campaigners," *The Guardian*, March 19, 2019, https://www.theguardian.com/environment/2019/mar/19/school-climate-strikes

-more-than-1-million-took-part-say-campaigners-greta-thunberg (accessed March 20, 2019).

16 *Lazard's Levelized Cost of Energy Analysis — Version 12.0*, 2018, https://www.lazard.com/media/450784/lazards-levelized-cost-of-energy-version-120-vfinal.pdf (accessed March 12, 2019); Naureen S. Malik, "Wind and Solar Costs Keep Falling, Squeezing Nuke, Coal Plants," Bloomberg *Quint*, November 8, 2018, https://www.bloombergquint.com/technology/wind-and-solar-costs-keep-falling-squeezing-nuke-coal-plants (accessed March 12, 2019).

17 "Cost of electricity by source," Wikipedia, https://en.wikipedia.org/wiki/Cost_of_electricity_by_source#Levelized_cost_of_electricity (accessed April 5, 2019).

18 *Lazard's Levelized Cost of Energy Analysis — Version 12.0*, 2018, https://www.lazard.com/media/450784/lazards-levelized-cost-of-energy-version-120-vfinal.pdf (accessed March 12, 2019).

19 Carbon Tracker Initiative, "Fossil Fuels Will Peak in the 2020s as Renewables Supply All Growth in Energy Demand," news release, September 11, 2018, https://www.carbontracker.org/fossil-fuels-will-peak-in-the-2020s-as-renewables-supply-all-growth-in-energy-demand/ (accessed February 5, 2019).

20 Jason Channell et al., *Energy Darwinism II: Why a Low Carbon Future Doesn't Have to Cost the Earth*, report (Citi, 2015), 8.

21 Carbon Tracker Initiative, "Fossil Fuels Will Peak in the 2020s."

22 Candace Dunn and Tim Hess, "The United States Is Now the Largest Global Crude Oil Producer," US Energy Information Administration, September 12, 2018, https://www.eia.gov/todayinenergy/detail.php?id=37053 (accessed February 5, 2019).

23 Willis Towers Watson, Thinking Ahead Institute, *Global Pension Assets Study 2018*, https://www.thinkingaheadinstitute.org/en/Library/Public/Research-and-Ideas/2018/02/Global-Pension-Asset-Survey-2018 (ac-

cessed April 5, 2019), 9.

24 "1,000+ Divestment Commitments," Fossil Free, https://gofossilfree.org/divestment/commitments/ (accessed March 15, 2019).

1장

1 Brian Merchant, "With a Trillion Sensors, the Internet of Things Would be the 'Biggest Business in the History of Electronics,'" *Motherboard*, October 29, 2013, https://motherboard.vice.com/en_us/article/8qx4gz/the-internet-of-things-could-be-the-biggest-business-in-the-history-of-electronics (accessed February 6, 2019).

2 "Wikipedia.org Traffic Statistics," Alexa, https://www.alexa.com/siteinfo/wikipedia.org (accessed February 6, 2019).

3 Robert U. Ayres and Benjamin Warr, *The Economic Growth Engine: How Energy and Work Drive Material Prosperity* (Northampton, MA: Edward Elgar Publishing, 2009), 334–37; John A. "Skip" Laitner, "Linking Energy Efficiency to Economic Productivity: Recommendations for Improving the Robustness of the U.S. Economy," *WIREs Energy and Environment* 4 (May/June 2015): 235.

4 John A. "Skip" Laitner et al., *The Long-Term Energy Efficiency Potential: What the Evidence Suggests* (Washington, DC: American Council for an Energy-Efficient Economy, 2012), 65.

5 Global Covenant of Mayors for Climate & Energy, "About the Global Covenant of Mayors for Climate & Energy," https://www.globalcovenantofmayors.org/about/ (accessed February 9, 2019).

6 David E. Nye, *Electrifying America: Social Meanings of a New Technology, 1880–1940* (Cambridge, MA: MIT Press, 1991), 239–321.

7 Xavier Sala-i-Martin, chief adviser, and Klaus Schwab, ed., *The Global Competitiveness Report 2017–2018* (Geneva: World Economic Forum, 2017),

329.

8 Jonathan Woetzel et al., *Bridging Global Infrastructure Gaps: Has the World Made Progress?* McKinsey Global Institute report, 2017, 5.

9 Sala-i-Martin and Schwab, *The Global Competitiveness Report 2017–2018*, 303.

10 The White House, "Remarks by the President at a Campaign Event in Roanoke, Virginia," July 13, 2012, https://obamawhitehouse.archives.gov/the-press-office/2012/07/13/remarks-president-campaign-event-roanoke-virginia (accessed February 27, 2019), emphasis added.

11 Sterling Beard, "Republicans Take Dig at Obama with 'We Built It' Convention Theme," *The Hill*, August 21, 2012, https://thehill.com/blogs/blog-briefing-room/news/244633-republicans-take-dig-at-obama-with-qwe -built-itq-convention-theme (accessed May 10, 2019).

12 Joan Claybrook, "Reagan Ballooned 'Big Government,'" *New York Times*, November 1, 1984, https://www.nytimes.com/1984/11/01/opinion/reagan-ballooned-big-government.html (accessed February 8, 2019).

13 Frank Newport, "Trump Family Leave, Infrastructure Proposals Widely Popular," Gallup, April 7, 2017, https://news.gallup.com/poll/207905/trump-family-leave-infrastructure-proposals-widely-popular.aspx (accessed February 4, 2019).

14 American Society of Civil Engineers, *The 2017 Infrastructure Report Card: A Comprehensive Assessment of America's Infrastructure*, https://www.infrastructurereportcard.org/wp-content/uploads/2017/01/2017-Infrastructure-Report-Card.pdf (accessed March 12, 2019), 5–7.

15 American Society of Civil Engineers, *Failure to Act: Closing the Infrastructure Investment Gap for America's Economic Future*, 2016, https://www.infrastructurereportcard.org/wp-content/uploads/2016/05/ASCE-Failure-to-Act-Report-for-Web-5.23.16.pdf (accessed March 12, 2019), 4–6.

16 American Society of Civil Engineers, *The 2017 Infrastructure Report Card*,

7–8.

17 Werling and Horst, *Catching Up*, 9.

18 Woetzel et al., *Bridging Global Infrastructure Gaps*, 2.

19 "First Telegraph Messages from the Capitol," US Senate, https://www.senate.gov/artandhistory/history/minute/First_Telegraph_Messages_from_the_Capitol.htm (accessed February 7, 2019).

20 Lee Ann Potter and Wynell Schamel, "The Homestead Act of 1862," *Social Education* 61, no. 6 (October 1997): 359–64.

21 Richard Walker and Gray Brechin, "The Living New Deal: The Unsung Benefits of the New Deal for the United States and California," UC Berkeley Institute for Research on Labor and Employment working paper 220-10, August 2010, 14.

22 Work Projects Administration, *Final Report on the WPA Program, 1935-43* (Washington, DC: USGPO, 1947).

23 Patrick Kline and Enrico Moretti, "Local Economic Development, Agglomeration Economies, and the Big Push: 100 Years of Evidence from the Tennessee Valley Authority," *The Quarterly Journal of Economics* 129, no. 1 (February 2014): 276.

24 Erica Interrante and Bingxin Yu, *Contributions and Crossroads: Our National Road System's Impact on the U.S. Economy and Way of Life (1916-2016)* (Washington, DC: US Department of Transportation, Federal Highway Administration, 2017), 20.

25 "Servicemen's Readjustment Act (1944)," US National Archives and Records Administration, http://www.ourdocuments.gov/doc.php?doc=76 (accessed February 27, 2019).

26 "GDP (Current US$)," World Bank, https://data.worldbank.org/indicator/NY.GDP.MKTP.CD (accessed February 26, 2019); "Fortune Global 500 List 2018: See Who Made It," *Fortune*, May 21, 2018, http://fortune.com/global500/ (accessed February 14, 2019); "Labor Force, Total," World Bank, https://data.worldbank.org/indicator/sl.tlf.totl.in (accessed February 15,

2019).

27 World Bank Group, *Piecing Together the Poverty Puzzle* (Washington, DC: World Bank, 2018), 7.

28 Deborah Hardoon, *An Economy for the 99%*, Oxfam International Briefing Paper, January 2017, https://www-cdn.oxfam.org/s3fs-public/file_attachments/bp-economy-for-99-percent-160117-en.pdf (accessed March 12, 2019), 1.

29 "Company Info," Facebook Newsroom, https://newsroom.fb.com/company-info/ (accessed February 12, 2019).

30 Benny Evangelista, "Alphabet, Toronto Partner to Create Tech-Infused Neighborhood," *San Francisco Chronicle*, October 18, 2017, http://www.govtech.com/news/Alphabet-Toronto-Partner-to-Create-Tech-Infused-Neighborhood.html (accessed February 22, 2019).

31 North Carolina State University, "Mayday 23: World Population Becomes More Urban than Rural," *Science Daily,* May 25, 2007, https://www.sciencedaily.com/releases/2007/05/070525000642.htm (accessed March 12, 2019).

32 Jim Balsillie, "Sidewalk Toronto Has Only One Beneficiary, and It Is Not Toronto," *Globe and Mail*, October 5, 2018, https://www.theglobeandmail.com/opinion/article-sidewalk-toronto-is-not-a-smart-city/ (accessed February 14, 2019).

33 Ibid.

34 Ibid.

35 Vipal Monga and Jacquie McNish, "Local Resistance Builds to Google's 'Smart City' in Toronto," *The Wall Street Journal*, August 1, 2018, https://www.wsj.com/articles/local-resistance-builds-to-googles-smart-city-in-toronto-1533135550 (accessed February 2, 2019).

36 Ibid.; Ava Kofman, "Google's 'Smart City of Surveillance' Faces New Resistance in Toronto," *The Intercept*, November 13, 2018, https://theintercept.com/2018/11/13/google-quayside-toronto-smart-city/ (accessed February 2, 2019).

37 Jennings Brown, "Privacy Expert Resigns from Alphabet-Backed Smart City Project over Surveillance Concerns," *Gizmodo*, October 23, 2018, https://gizmodo.com/privacy-expert-resigns-from-alphabet-backed-smart-city-1829934748 (accessed February 14, 2019).

38 "Les Hauts-de-France envoient du rev3," Région Hauts-de-France, October 18, 2018, http://www.hautsdefrance.fr/les-hauts-de-france-envoient-du-rev3/ (accessed February 14, 2019).

2장

1 "2020 Climate & Energy Package," European Commission, https://ec.europa.eu/clima/policies/strategies/2020_en(accessed February 20, 2019).

2 "About the Group," Green New Deal Group, https://www.greennewdealgroup.org/?page_id=2 (accessed February 9, 2019).

3 New Economics Foundation, *A Green New Deal: Joined-Up Policies to Solve the Triple Crunch of the Credit Crisis, Climate Change and High Oil Prices*, July 20, 2008, https://neweconomics.org/2008/07/green-new-deal (accessed March 12, 2019).

4 Katy Nicholson, ed., *Toward a Transatlantic Green New Deal: Tackling the Climate and Economic Crises*, prepared by the Worldwatch Institute for the Heinrich Böll Foundation (Brussels: Heinrich-Böll-Stiftung, 2009), 6 (quoted).

5 "Countdown to Copenhagen: Germany's Responsibility for Climate Justice," Oxfam Deutschland, November 2009, https://www.oxfam.de/system/files/20091111_Programm.pdf (accessed February 7, 2019).

6 Philipp Schepelmann et al.,*A Green New Deal for Europe: Towards Green Modernisation in the Face of Crisis*, ed. Jacki Davis and Geoff Meade, vol. 1 (Brussels: Green European Foundation, 2009).

7 Edward B. Barbier, *Rethinking the Economic Recovery: A Global Green New*

Deal, report prepared for the United Nations Environment Programme, April 2009, https://www.cbd.int/development/doc/UNEP-global-green-new-deal.pdf (accessed March 12, 2019).

8 Ibid., 16.

9 Enric Ruiz-Geli and Jeremy Rifkin, *A Green New Deal: From Geopolitics to Biosphere Politics*, bilingual ed. (Barcelona, Basel, and New York: Actar, 2011).

10 New Deal 4 Europe, "Petition to the European Parliament," http://www.newdeal4europe.eu/en/petition (accessed February 5, 2019).

11 Jill Stein and Ajamu Baraka campaign, "The Green New Deal," 2016, https://d3n8a8pro7vhmx.cloudfront.net/jillstein/pages/27056/attachments/original/1478104990/green-new-deal.pdf?1478104990 (accessed March 12, 2019).

12 Greg Carlock and Emily Mangan, *A Green New Deal: A Progressive Vision for Environmental Sustainability and Economic Stability*, Data for Progress, September 2018, http://filesforprogress.org/pdfs/Green_New_Deal.pdf (accessed March 12, 2019).

13 "Draft Text for Proposed Addendum to House Rules for 116th Congress of the United States," November 2018, https://docs.google.com/document/d/1jxUzp9SZ6-VB-4wSm8sselVMsqWZrSrYpYC9slHKLzo/edit#heading=h.z7x8pz4dydey (accessed January 3, 2019).

14 Jason Channell et al., *Energy Darwinism II: Why a Low Carbon Future Doesn't Have to Cost the Earth*, Citi GPS report, 2015, https://cusdi.org/wp-content/uploads/2016/02/ENERGY-DARWINISM-II-Why-a-Low-Carbon-Future-Doesn%E2%80%99t-Have-to-Cost-the-Earth.-Citi-GPSI.pdf (accessed March 24, 2019), 8.

15 Pilita Clark, "Mark Carney Warns Investors Face 'Huge' Climate Change Losses," *Financial Times*, September 29, 2015, https://www.ft.com/content/622de3da-66e6-11e5-97d0-1456a776a4f5 (accessed January 8, 2019)

16 Mario Pickavet et al., "Worldwide Energy Needs for ICT: The Rise of

Power-Aware Networking," paper presented at the 2008 International Conference on Advanced Networks and Telecommunication Systems, 2, doi:10.1109/ants.2008.4937762; Lotfi Belkhir and Ahmed Elmeligi, "Assessing ICT Global Emissions Footprint: Trends to 2040 & Recommendations," *Journal of Cleaner Production* 177 (January 2, 2018): 448, doi:10.1016/j.jclepro.2017.12.239.

17 Belkhir and Elmeligi, "Assessing ICT Global Emissions Footprint," 458.

18 Ibid., 458–59.

19 Apple, "Apple Now Globally Powered by 100 Percent Renewable Energy," news release, April 9, 2018, https://www.apple.com/newsroom/2018/04/apple-now-globally-powered-by-100-percent-renewable-energy/ (accessed January 15, 2019).

20 Urs Hölzle, "100% Renewable Is Just the Beginning," Google news release, December 12, 2016, https://sustainability.google/projects/announcement-100/ (accessed February 7, 2019).

21 Facebook, "2017 Year in Review: Data Centers," news release, December 11, 2017, https://code.fb.com/data-center-engineering/2017-year-in-review-data-centers/ (accessed February 7, 2019).

22 "Companies," RE100, http://there100.org/companies (accessed February 22, 2019).

23 "The AT&T Issue Brief on Energy Management," August 2018, https://about.att.com/ecms/dam/csr/issuebriefs/IssueBriefs2018/environment/energy-management.pdf (accessed February 22, 2019); "Intel Climate Change Policy Statement," December 2017, https://www.intel.com/content/www/us/en/corporate-responsibility/environment-climate-change-policy.html (accessed February 22, 2019); Cisco, "CSR Environmental Sustainability," https://www.cisco.com/c/en/us/about/csr/impact/environmental-sustainability.html (accessed February 22, 2019).

24 Steven Levy, "The Brief History of the ENIAC Computer: A Look Back at the Room-Size Government Computer That Began the Digital Era,"

Smithsonian Magazine, November 2013, https://www.smithsonianmag.com/history/the-brief-history-of-the-eniac-computer-3889120/ (accessed March 12, 2019).

25 Simon Kemp, *Digital in 2018: Essential Insights Into the Internet, Social Media, Mobile, and Ecommerce Use Around the World*, Hootsuite and We Are Social Global Digital Report, 3.

26 Peter Diamandis, "Solar Energy Revolution: A Massive Opportunity," *Forbes*, September 2, 2014, https://www.forbes.com/sites/peterdiamandis/2014/09/02/solar-energy-revolution-a-massive-opportunity/#7f88662d6c90 (accessed March 12, 2019); Solarponics, *The Complete Homeowners' Guide To Going Solar*, 2016, https://solarponics.com/wp-content/uploads/2017/02/chgtgs.pdf (accessed March 24, 2019), 1.

27 LeAnne Graves, "Record Low Bids Submitted for Abu Dhabi's 350MW Solar Plant in Sweihan," *The National*, September 19, 2016, https://www.thenational.ae/business/record-low-bids-submitted-for-abu-dhabi-s-350mw-solar-plant-in-sweihan-1.213135 (accessed March 3, 2019).

28 IRENA, *Renewable Power Generation Costs in 2018*, International Renewable Energy Agency (Abu Dhabi, 2019): 18.

29 *Lazard's Levelized Cost of Energy Analysis — Version 12.0*, 2018, https://www.lazard.com/media/450784/lazards-levelized-cost-of-energy-version-120-vfinal.pdf (accessed March 12, 2019).

30 Ramez Namm, "Smaller, Cheaper, Faster: Does Moore's Law Apply to Solar Cells?" *Scientific American* Guest Blog, March 16, 2011, https://blogs.scientificamerican.com/guest-blog/smaller-cheaper-faster-does-moores-law-apply-to-solar-cells/ (accessed March 24, 2019).

31 Cristina L. Archer and Mark Z. Jacobson, "Evaluation of Global Wind Power," *Journal of Geophysical Research* 110 (2005): 1, doi:10.1029/2004JD005462.

32 Mark A. Jacobson et al. "100% Clean and Renewable Wind, Water, and Sunlight All-Sector Energy Roadmaps for 139 Countries of the World,"

Joule 1 (September 6, 2017): 35.

33 Richard J. Campbell, *The Smart Grid: Status and Outlook*, Congressional Research Service, April 10, 2018, https://fas.org/sgp/crs/misc/R45156.pdf, 8.

34 Electric Power Research Institute, *Estimating the Costs and Benefits of the Smart Grid: A Preliminary Estimate of the Investment Requirements and the Resultant Benefits of a Fully Functioning Smart Grid*, March 2011, https://www.smartgrid.gov/filis/Estimating_Costs_Benefits_Smart_Grid_Preliminary_Estimate_In_201103.pdf (accessed March 24, 2019), 1-2.

35 Electric Power Research Institute, *Estimating the Costs and Benefits of the Smart Grid*, 4; Electric Power Research Institute, *The Power to Reduce CO_2 Emissions: The Full Portfolio*, October 2009, https://www.smartgrid.gov/files/The_Power_to_Reduce_CO2_Emission_Full_Portfolio_Technical_R_200912.pdf (accessed March 23, 2019), 2-1.

36 Pieter Gagnon et al., *Rooftop Solar Photovoltaic Technical Potential in the United States: A Detailed Assessment*, National Renewable Energy Laboratory, January 2016, vii-viii.

37 Jürgen Weiss, J. Michael Hagerty, and María Castañer, *The Coming Electrification of the North American Economy: Why We Need a Robust Transmission Grid*, report Brattle Group, 2019, 2.

38 Kerstine Appunn, Felix Bieler, and Julian Wettengel, "Germany's Energy Consumption and Power Mix in Charts," *Clean Energy Wire*, February 6, 2019; Rob Smith, "This Is How People in Europe Are Helping Lead the Energy Charge," World Economic Forum, April 25, 2018, https://www.weforum.org/agenda/2018/04/how-europe-s-energy-citizens-are-leading-the-way-to-100-renewable-power/ (accessed March 5, 2019).

39 Edith Bayer, *Report on the German Power System, Version 1.2*, ed. Mara Marthe Kleine, commissioned by Agora Energiewende, 2015, 9.

40 Appunn, Bieler, and Wettengel, "Germany's Energy Consumption and Power Mix in Charts."

41 Melissa Eddy, "Germany Lays Out a Path to Quit Coal by 2038," *New York Times*, January 26, 2019, https://www.nytimes.com/2019/01/26/world/europe/germany-quit-coal-2038.html (accessed March 4, 2019).

42 Sharan Burrow, "Climate: Towards a Just Transition, with No Stranded Workers and No Stranded Communities," OECD Insights, May 23, 2017, http://oecdinsights.org/2017/05/23/climate-towards-a-just-transition-with-no-stranded-workers-and-no-stranded-communities/ (accessed March 27, 2019).

43 Ibid.

44 Energie Baden-Württemberg, "International Committee of Experts Presents Road-map for Climate Protection," news release, September 21, 2006, https://www.enbw.com/company/press/press-releases/press-release-details_9683.html (accessed February 7, 2019).

45 BW, *Integrated Annual Report 2017*, https://www.enbw.com/enbw_com/downloadcenter/annual-reports/enbw-integrated-annual-report-2017.pdf (accessed May 14, 2019), 3.

46 E.ON, "Separation of E.ON Business Operations Completed on January 1: Uniper Launched on Schedule," news release, January 1, 2016, https://www.eon.com/en/about-us/media/press-releases/2016/2016-01-04-separation-of-eon-business-operations-completed-on-january-1-uniper-launched-on-schedule.html (accessed February 7, 2019).

47 Vattenfall, "Fossil-free Living Within a Generation," in German, https://fossilfreedom.vattenfall.com/de/ (accessed February 28, 2019); RWE, "Comprehensive Approach to Energy Transition Needed," news release, April 9, 2018, http://www.rwe.com/web/cms/en/3007818/press-releases/amer/ (accessed February 28, 2019).

48 International Renewable Energy Agency, *A New World: The Geopolitics of the Energy Transformation*, 2019, https://www.irena.org/publications/2019/Jan/A-New-World-The-Geopolitics-of-the-Energy-Transformation (accessed March 24, 2019), 28.

49 Jeremy Rifkin, *The Third Industrial Revolution: How Lateral Power Is Transforming Energy, the Economy, and the World* (New York: Palgrave Macmillan, 2011); Paul Panckhurst and Peter Hirschberg, eds., "China's New Leaders Burnish Image by Revealing Personal Details," *Bloomberg News*, December 24, 2012, https://www.bloomberg.com/news/articles/2012-12-24/china-s-new-leaders-burnish-image-by-revealing-personal-details (accessed March 13, 2019).

50 Liu Zhenya, "Smart Grid Hosting and Promoting the Third Industrial Revolution," in Chinese, *Science and Technology Daily*, December 5, 2013, http://h.wokeji.com/pl/kjjy/201312/t20131205_598738.shtml (accessed February 7, 2019).

51 The White House, "U.S.–China Joint Announcement on Climate Change," news release, November 11, 2014, https://obamawhitehouse.archives.gov/the-press-office/2014/11/11/us-china-joint-announcement-climate-change (accessed February 1, 2019).

52 Seb Henbest et al., *New Energy Outlook 2018: BNEF's Annual Long-Term Economic Analysis of the World's Power Sector out to 2050*, BloombergNEF, 2018, https://bnef.turtl.co/story/neo2018?teaser=true (accessed January 16, 2019).

53 Li Hejun, *China's New Energy Revolution: How the World Super Power Is Fostering Economic Development and Sustainable Growth Through Thin Film Solar Technology* (New York: McGraw Hill Education, 2015), x–16.

54 Hanergy Holding Group Limited, "Hanergy and the Climate Group Host Forum on 'The Third Industrial Revolution & China' with Dr. Jeremy Rifkin," news release, Cision PR Newswire, September 9, 2013, https://www.prnewswire.com/news-releases/hanergy-and-the-climate-group-host-forum-on-the-third-industrial-revolution--china-with-dr-jeremy-rifkin-222930411.html (accessed March 23, 2019).

55 Hanergy and APO Group–Africa Newsroom, "Running Without Charging: Hanergy Offers New Solar-Powered Express Delivery Cars to

China's Top Delivery Companies," news release, December 2018, https://www.africa-newsroom.com/press/running-without-charging-hanergy-offers-new-solarpowered-express-delivery-cars-to-chinas-top-delivery-companies?lang=en (accessed March 5, 2019).

56 "Hanergy's Alta Devices Leads the Industry, Setting New Efficiency Record for Its Solar Cell," PV Europe, November 15, 2018, https://www.pveurope.eu/Company-News/Hanergy-s-Alta-Devices-Leads-the-Industry-Setting-New-Efficiency-Record-for-Its-Solar-Cell (accessed March 5, 2019).

57 Michael Renner et al., *Renewable Energy and Jobs: Annual Review 2018*, International Renewable Energy Agency, https://www.irena.org/-/media/Files/IRENA/Agency/Publication/2018/May/IRENA_RE_Jobs_Annual_Review_2018.pdf (accessed March 13, 2019), 15.

58 CPS Energy, "Who We Are," https://www.cpsenergy.com/en/about-us/who-we-are.html (accessed February 22, 2019).

59 Greg Harman, "Jeremy Rifkin on San Antonio, the European Union, and the Lessons Learned in Our Push for a Planetary-Scale Power Shift," *San Antonio Current*, September 27, 2011, https://www.sacurrent.com/sanantonio/jeremy-rifkin-on-san-antonio-the-european-union-and-the-lessons-learned-in-our-push-for-a-planetary-scale-power-shift/Content?oid=2242809 (accessed March 24, 2019).

60 Business Wire, "RC Accepts Application for Two New Nuclear Units in Texas," news release, November 30, 2007, https://www.businesswire.com/news/home/20071130005184/en/NRC-Accepts-Application-Nuclear-Units-Texas (accessed March 14, 2019).

61 "NRG, CPS Energy Meet with Toshiba on Nuclear Cost," Reuters, November 12, 2009, https://www.reuters.com/article/utilities-nuclear-nrg/nrg-cps-energy-meet-with-toshiba-on-nuclear-cost-idUSN1250181920091112 (accessed March 23, 2019).

62 Lazard, "Lazard's Levelized Cost of Energy Analysis -Version 12.0".

63 Gavin Bade, "Southern Increases Vogtle Nuke Price Tag by $1.1 Billion," *Utility Dive*, August 8, 2018, https://www.utilitydive.com/news/southern-increases-vogtle-nuke-pricetag-by-11-billion/529682/ (accessed May 8, 2019); Grace Dobush, "The Last Nuclear Power Plant Under Construction in the U.S. Lives to See Another Day," *Fortune*, September 27, 2018, http://fortune.com/2018/09/27/vogtle-nuclear-power-plant-construction-deal/ (accessed March 28, 2019).

64 Rye Druzin, "Texas Wind Generation Keeps Growing, State Remains at No. 1," *Houston Chronicle*, August 23, 2018, https://www.houstonchronicle.com/business/energy/article/Texas-wind-generation-keeps-growing-state-13178629.php (accessed March 24, 2019).

65 Mark Reagan, "CPS Energy Sets One-Day Record for Wind Energy Powering San Antonio," *San Antonio Current*, May 31, 2016, https://www.sacurrent.com/the-daily/archives/2016/03/31/cps-energy-sets-one-day-record-for-wind-energy-powering-san-antonio (accessed March 24, 2019).

66 Gavin Bade, "Chicago's REV: How ComEd Is Reinventing Itself as a Smart Energy Platform," *Utility Dive*, March 31, 2016, https://www.utilitydive.com/news/chicagos-rev-how-comed-is-reinventing-itself-as-a-smart-energy-platform/416623/ (accessed February 7, 2019).

67 Ibid.

68 Ben Caldecott et al., *Stranded Assets and Renewables: How the Energy Transition Affects the Value of Energy Reserves, Buildings and Capital Stock*, International Renewable Energy Agency, 2017, 5.

69 Ibid., 6.

70 Ibid., 7.

3장

1 Isabella Burch and Jock Gilchrist, *Survey of Global Activity to Phase Out*

Internal Combustion Engine Vehicles, ed. Ann Hancock and Gemma Waaland, Center for Climate Change, September 2018 revision, https://climateprotection.org/wp-content/uploads/2018/10/Survey-on-Global-Activities-to-Phase-Out-ICE-Vehicles-FINAL-Oct-3-2018.pdf (accessed March 24, 2019), 2.

2 Alex Longley, "BofA Sees Oil Demand Peaking by 2030 as Electric Vehicles Boom," Bloomberg, January 22, 2018, https://www.bloomberg.com/news/articles/2018-01-22/bofa-sees-oil-demand-peaking-by-2030-as-electric-vehicles-boom (accessed March 24, 2019). *Batteries Update: Oil Demand Could Peak by 2030*, Fitch Ratings, 2018, http://cdn.roxhillmedia.com/production/email/attachment/660001_670000/Fitch_Oil%20Demand%20Could%20Peak%20by%202030.pdf (accessed March 24, 2019), 2.

3 Eric Garcetti, *L.A.'s Green New Deal: Sustainable City pLAn*, 2019, http://plan.lamayor.org/sites/default/files/pLAn_2019_final.pdf (accessed May 9, 2019), 11

4 Ron Bousso and Karolin Schaps, "Shell Sees Oil Demand Peaking by Late 2020s as Electric Car Sales Grow," Reuters, July 27, 2017, https://www.reuters.com/article/us-oil-demand-shell/shell-sees-oil-demand-peaking-by-late-2020s-as-electric-car-sales-grow-idUSKBN1AC1MG (accessed March 24, 2019).

5 James Osborne, "Peak Oil Demand, a Theory with Many Doubters," *Houston Chronicle*, March 9, 2018, https://www.chron.com/business/energy/article/Peak-oil-demand-a-theory-with-many-doubters-12729734.php (accessed March 24, 2019).

6 "Daimler Trucks Is Connecting Its Trucks with the Internet" Daimler Global Media Site, March 2016, https://media.daimler.com/marsMediaSite/en/instance/ko/Daimler-Trucks-is-connecting-its-trucks-with-the-internet.xhtml?oid=9920445 (accessed February 7, 2019).

7 Ibid.

8 Steven Montgomery, "The Future of Transportation Is Driverless, Shared and Networked," Ford Social, https://social.ford.com/en_US/story/ford-community/move-freely/the-future-of-transportation-is-driverless-shared-and-networked.html (accessed March 23, 2019).

9 Barbora Bondorová and Greg Archer, *Does Sharing Cars Really Reduce Car Use?* Transport & Environment, 2017, https://www.transportenvironment.org/sites/te/files/publications/Does-sharing-cars-really-reduce-car-use-June%202017.pdf (accessed March 23, 2019), 1.

10 Lawrence D. Burns, "Sustainable Mobility: A Vision of Our Transport Future," *Nature* 497 (2013): 182, doi:10.1038/497181a.

11 Navigant Research, *Transportation Forecast: Light Duty Vehicles*, 2017, https://www.navigantresearch.com/reports/transportation-forecast-light-duty-vehicles (accessed March 24, 2019).

12 Burns, "Sustainable Mobility," 182.

13 Gunnela Hahn et al., *Framing Stranded Asset Risks in an Age of Disruption*, Stockholm Environment Institute, February 14, 2018, https://www.sei.org/publications/framing-stranded-assets-age-disruption/ (accessed March 24, 2019), 31.

14 Colin McKerracher, *Electric Vehicles Outlook 2018*, BloombergNEF, https://about.bnef.com/electric-vehicle-outlook/ (accessed January 16, 2019).

15 Ibid.

16 Ibid.

17 Ibid.; Hahn et al., *Framing Stranded Asset Risks in an Age of Disruption*, 12.

18 Henbest et al., *New Energy Outlook 2018*.

19 Wood Mackenzie, *The Rise and Fall of Black Gold*, 2018, https://www.qualenergia.it/wp-content/uploads/2017/10/Thought_Leadership___Peak_Oil_Demand_LowRes.pdf (accessed March 23, 2019), 4.

20 James Arbib and Tony Seba, *Rethinking Transportation 2020–2030: The Disruption of Transportation and the Collapse of the Internal-Combustion Vehi-*

cle and Oil Industries, a RethinkX Sector Disruption Report, May 2017, https://static1.squarespace.com/static/585c3439be65942f022bbf9b/t/591a2e4be6f2e1c13df930c5/1494888038959/RethinkX+Report_051517.pdf (accessed March 23, 2019), 7.

21 Ibid., 7.

22 Ibid.

23 INRIX, "Los Angeles Tops INRIX Global Congestion Ranking," news release, 2017, http://inrix.com/press-releases/scorecard-2017/ (accessed March 23, 2019).

24 Arbib and Seba, *Rethinking Transportation 2020–2030*, 8.

25 Ibid., 15, 32.

26 Longley, "BofA Sees Oil Demand Peaking by 2030 as Electric Vehicles Boom"; Bousso and Schaps, "Shell Sees Oil Demand Peaking by Late 2020s."

27 Tom DiChristopher, "Big Oil Is Sowing the Seeds for a 'super-spike' in Crude Prices Above $150, Bernstein Warns," CNBC, July 6, 2018, https://www.cnbc.com/2018/07/06/big-oil-sowing-the-seeds-for-crude-prices-above-150-bernstein-warns.html (accessed May 10, 2019).

28 Ibid.

29 Assembly Bill No. 3232, Chapter 373 (Cal. 2018), https://leginfo.legislature.ca.gov/faces/billTextClient.xhtml?bill_id=201720180AB3232 (accessed March 23, 2019).

30 "Zero Net Energy," California Public Utilities Commission, http://www.cpuc.ca.gov/zne/ (accessed February 8, 2019).

31 Yolande Barnes, Paul Tostevin, and Vladimir Tikhnenko, *Around the World in Dollars and Cents*, Savills World Research, 2016, http://pdf.savills.asia/selected-international-research/1601-around-the-world-in-dollars-and-cents-2016-en.pdf (accessed March 23, 2019), 5.

32 Mike Betts et al., *Global Construction 2030: A Global Forecast for the Construction Industry to 2030*, Global Construction Perspectives and Oxford

Economics, 2015, https://www.globalconstruction2030.com/ (accessed March 23, 2019), 6.

33 Heidi Garrett-Peltier, *Employment Estimates for Energy Efficiency Retrofits of Commercial Buildings*, University of Massachusetts Political Economy Research Institute, 2011, https://www.peri.umass.edu/publication/item/426-employment-estimates-for-energy-efficiency-retrofits-of-commercial-buildings (accessed March 24, 2019), 2.

34 "Questions and Answers: Energy Efficiency Tips for Buildings and Heating," Federal Ministry for the Environment, Nature Conservation and Nuclear Safety (Germany), https://www.bmu.de/en/topics/climate-energy/energy-efficiency/buildings/questions-and-answers-energy-efficiency-tips-for-buildings-and-heating/ (accessed February 1, 2019); John Calvert and Kaylin Woods, "Climate Change, Construction and Labour in Europe: A Study of the Contribution of Building Workers and Their Unions to 'Greening' the Built Environment in Germany, the United Kingdom and Denmark," paper presented at the Work in a Warming World (W3) Researchers' Workshop "Greening Work in a Chilly Climate," Toronto, November 2011, http://warming.apps01.yorku.ca/wp-content/uploads/WP_2011-04_Calvert_Climate-Change-Construction-Labour-in-Europe.pdf (accessed March 23, 2019), 15.

35 *The Internet of Things Business Index: A Quiet Revolution Gathers Pace*, Economist Intelligence Unit, 2013, http://fliphtml5.com/atss/gzeh/basic (accessed May 9, 2019), 10.

36 Jeremy Rifkin, *The Zero Marginal Cost Society: The Internet of Things, the Collaborative Commons, and the Eclipse of Capitalism* (New York: Palgrave Macmillan, 2014).

37 Haier, "Haier Group Announces Phase 2.0 of Its Cornerstone 'Rendanheyi' Business Model," Cision PR Newswire, September 21, 2015, https://www.prnewswire.com/news-releases/haier-group-announces-phase-20-of-its-cornerstone-rendanheyi-business-model-300146135.html (accessed

March 5, 2019).

38 Jim Stengel, "Wisdom from the Oracle of Qingdao," *Forbes*, November 13, 2012, https://www.forbes.com/sites/jimstengel/2012/11/13/wisdom-from-the-oracle-of-qingdao/#3439fecd624f (accessed March 5, 2019); Haier, "Zhang Ruimin: Nine Years' Exploration of Haier's Business Models for the Internet Age," February 25, 2015, http://www.haier.net/en/about_haier/news/201502/t20150225_262109.shtml (accessed March 5, 2019).

39 Garrett-Peltier, *Employment Estimates for Energy Efficiency Retrofits of Commercial Buildings*, 2.

40 Kevin Muldoon-Smith and Paul Greenhalgh, "Understanding Climate-related Stranded Assets in the Global Real Estate Sector," in *Stranded Assets and the Environment: Risk, Resilience and Opportunity*, ed. Ben Caldecott (London: Routledge, 2018), 154; Kevin Muldoon-Smith and Paul Greenhalgh, "Suspect Foundations: Developing an Understanding of Climate-Related Stranded Assets in the Global Real Estate Sector," *Energy Research & Social Science* 54 (August 2019): 62.

41 M. J. Kelly, *Britain's Building Stock — A Carbon Challenge* (London: DCLG, 2008).

42 Ben Caldecott, "Introduction: Stranded Assets and the Environment," in Caldecott, *Stranded Assets and the Environment*, 6.

43 "More than 250 US Mayors Aim at 100% Renewable Energy by 2035," United Nations, June 28, 2017, https://unfccc.int/news/more-than-250-us-mayors-aim-at-100-renewable-energy-by-2035 (accessed March 24, 2019).

44 Muldoon-Smith and Greenhalgh, "Understanding Climate-related Stranded Assets in the Global Real Estate Sector," 157.

45 Ibid., 158.

46 Ibid., 159.

47 Lara Ettenson, "U.S. Clean Energy Jobs Surpass Fossil Fuel Employment," NRDC, February 1, 2017, https://www.nrdc.org/experts/lara-ettenson/

us-clean-energy-jobs-surpass-fossil-fuel-employment (accessed February 25, 2019); US Department of Energy, *2017 U.S. Energy and Employment Report*, https://www.energy.gov/downloads/2017-us-energy-and-employment-report (accessed March 24, 2019).

48 Ettenson, "U.S. Clean Energy Jobs Surpass Fossil Fuel Employment."

49 Brookings Institution, *Advancing Inclusion Through Clean Energy Jobs*, April 2019, https://www.brookings.edu/wp-content/uploads/2019/04/2019.04_metro_Clean-Energy-Jobs_Report_Muro-Tomer-Shivaran-Kane.pdf#page=14.

50 Ibid.

51 "Mayor Bowser Opens the DC Infrastructure Academy," press release, March 12, 2018, https://dc.gov/release/mayor-bowser-opens-dc-infrastructure-academy.

52 Fabio Monforti-Ferrario et al., *Energy Use in the EU Food Sector: State of Play and Opportunities for Improvement*, ed. Fabio Monforti-Ferrario and Irene Pinedo Pascua, European Commission Joint Research Centre, 2015, http://publications.jrc.ec.europa.eu/repository/bitstream/JRC96121/ldna27247enn.pdf (accessed March 23, 2019), 7.

53 Pierre J. Gerber et al., *Tackling Climate Change Through Livestock: A Global Assessment of Emissions and Mitigation Opportunities* (Rome: Food and Agriculture Organization of the United Nations, 2013), xii.

54 Food and Agricultural Organization of the United Nations, *Livestock and Landscapes*, 2012, http://www.fao.org/3/ar591e/ar591e.pdf (accessed March 23, 2019), 1.

55 Timothy P. Robinson et al., "Mapping the Global Distribution of Livestock," *PLoS ONE* 9, no. 5 (2014): 1, doi:10.1371/journal.pone.0096084; Susan Solomon et al., *AR4 Climate Change 2007: The Physical Science Basis*, Intergovernmental Panel on Climate Change, https://www.ipcc.ch/report/ar4/wg1/ (accessed March 24, 2019), 33.

56 H. Steinfeld et al., *Livestock's Long Shadow* (Rome: FAO, 2006), xxi

57 Emily S. Cassidy et al., "Redefining Agricultural Yields: From Tonnes to People Nourished per Hectare," *Environmental Research Letters* 8, no. 3 (2013): 4, doi:10.1088/1748-9326/8/3/034015.

58 Janet Ranganathan et al., "Shifting Diets for a Sustainable Food Future," World Resources Institute Working Paper, 2016, https://www.wri.org/sites/default/files/Shifting_Diets_for_a_Sustainable_Food_Future_0.pdf (accessed March 23, 2019), 21.

59 Alyssa Newcomb, "From Taco Bell to Carl's Jr., Grab-and-Go Vegetarian Options Are on the Rise," NBC News, February 6, 2019, https://www.nbcnews.com/business/consumer/taco-bell-mcdonald-s-vegetarian-options-are-rise-n966986 (accessed March 6, 2019); Danielle Wiener-Bronner, "Burger King Plans to Roll Out Impossible Whopper Across the United States," CNN, April 29, 2019, https://www.cnn.com/2019/04/29/business/burger-king-impossible-rollout/index.html (accessed May 9, 2019).

60 Monforti-Ferrario et al., *Energy Use in the EU Food Sector*, 7.

61 Helga Willer and Julia Lernoud, eds., *The World of Organic Agriculture: Statistics and Emerging Trends 2018*, FiBL and IFOAM–Organics International, https://shop.fibl.org/CHde/mwdownloads/download/link/id/1093/?ref=1 (accessed March 24, 2019).

62 Organic Trade Association, "Maturing U.S. Organic Sector Sees Steady Growth of 6.4 Percent in 2017," news release, May 18, 2018, https://ota.com/news/press-releases/20236 (accessed February 14, 2019).

63 Karlee Weinmann, "Thanks to Co-op, Small Iowa Town Goes Big on Solar," Institute for Local Self-Reliance, February 3, 2017, https://ilsr.org/thanks-to-co-op-small-iowa-town-goes-big-on-solar/ (accessed February 14, 2019).

64 Debbie Barker and Michael Pollan, "A Secret Weapon to Fight Climate Change: Dirt," *Washington Post*, December 04, 2015, https://www.washingtonpost.com/opinions/2015/12/04/fe22879e-990b-11e5-8917-

653b65c809eb_story.html?utm_term=.b2aa65cc4e76 (accessed March 7, 2019).

65 Jeff Stein, "Congress Just Passed an $867 Billion Farm Bill. Here's What's in It," *The Washington Post*, December 12, 2018, https://www.washingtonpost.com/business/2018/12/11/congresss-billion-farm-bill-is-out-heres-whats-it/?utm_term=.042ac7ab46fa (accessed March 6, 2019).

66 April Reese, "Public Lands Are Critical to Any Green New Deal," *Outside*, April 8, 2019, https://www.outsideonline.com/2393257/green-new-deal-public-lands-clean-energy (accessed April 8, 2019).

67 Matthew D. Merrill et. al., *Federal Lands Greenhouse Gas Emissions and Sequestration in the United States: Estimates for 2005-14*, U.S. Geological Survey, 2018, https://pubs.usgs.gov/sir/2018/5131/sir20185131.pdf (accessed May 9, 2019).

68 Ibid.

69 Ibid.

70 Marie-Jean-Antoine-Nicolas Caritat, Marquis de Condorcet, *Outlines of an Historical View of the Progress of the Human Mind* (Philadelphia: M. Carey, 1796) https://oll.libertyfund.org/titles/1669 (accessed May 11, 2019).

4장

1 J.-F. Mercure et al., "Macroeconomic Impact of Stranded Fossil Fuel Assets," *Nature Climate Change* 8, no. 7 (2018): 588–93, doi:10.1038/s41558-018-0182-1.

2 "Declaration of the European Parliament on Establishing a Green Hydrogen Economy and a Third Industrial Revolution in Europe Through a Partnership with Committed Regions and Cities, SMEs and Civil Society Organisations," 2007, https://eur-lex.europa.eu/legal-content/EN/TXT/?uri=CELEX%3A52007IP0197 (accessed March 23, 2019).

3 "Directive 2009/28/EC of the European Parliament and of the Council on the Promotion of the Use of Energy from Renewable Sources," *Official Journal of the European Union* (2009): L 140/17.

4 "Renewable Energy: Are Feed-in Tariffs Going out of Style?" *Power-Technology*, January 18, 2017, https://www.power-technology.com/features/featurerenewable-energy-are-feed-in-tariffs-going-out-of-style-5718419/ (accessed March 24, 2019).

5 David Coady et al., "How Large Are Global Fossil Fuel Subsidies?" *World Development* 91 (March 2017): 11, doi:10.1016/j.worlddev.2016.10.004.

6 Kingsmill Bond, *2020 Vision: Why You Should See the Fossil Fuel Peak Coming*, Carbon Tracker, September 2018, https://www.carbontracker.org/reports/2020-vision-why-you-should-see-the-fossil-fuel-peak-coming/ (accessed March 23, 2019), 31.

7 Kingsmill Bond, *Myths of the Energy Transition: Renewables Are Too Small to Matter*, Carbon Tracker, October 30, 2018, https://www.carbontracker.org/myths-of-the-transition-renewables-are-too-small/ (accessed March 23, 2019), 1.

8 Roger Fouquet, *Heat, Power and Light: Revolutions in Energy Services* (New York: Edward Elgar, 2008).

9 Bond, *Myths of the Energy Transition*, 3–4.

10 Bond, *2020 Vision*, 4.

11 Ibid., 5.

12 Ibid., 32.

13 Bobby Magill, "2019 Outlook: Solar, Wind Could Hit 10 Percent of U.S. Electricity," Bloomberg Environment, December 26, 2018, https://news.bloombergenvironment.com/environment-and-energy/2019-outlook-solar-wind-could-hit-10-percent-of-us-electricity (accessed March 23, 2019); Bond, *2020 Vision*, 18, 22.

14 Bond, *2020 Vision*, 31.

15 Ibid.

16 Ibid., 32.

17 Magill, "2019 Outlook."

18 Megan Mahajan, "Plunging Prices Mean Building New Renewable Energy Is Cheaper than Running Existing Coal," *Forbes*, December 3, 2018, https://www.forbes.com/sites/energyinnovation/2018/12/03/plunging-prices-mean-building-new-renewable-energy-is-cheaper-than-running-existing-coal/#3918a07731f3 (accessed March 24, 2019).

19 Justin Wilkes, Jacopo Moccia, and Mihaela Dragan, *Wind in Power: 2011 European Statistics*, European Wind Energy Association, February 2011, https://windeurope.org/about-wind/statistics/european/wind-in-power-2011/ (accessed March 23, 2019), 6.

20 T. W. Brown et al., "Response to 'Burden of Proof: A Comprehensive Review of the Feasibility of 100% Renewable-Electricity Systems," *Renewable and Sustainable Energy Reviews* 92 (2018): 834–47; Ben Elliston, Iain MacGill, and Mark Diesendorf, "Least Cost 100% Renewable Electricity Scenarios in the Australian National Electricity Market," *Energy Policy* 59 (August 2013): 270–82.

21 Kathryn Hopkins, "Fuel Prices: Iran Missile Launches Send Oil to $147 a Barrel Record," *The Guardian*, July 11, 2008, https://www.theguardian.com/business/2008/jul/12/oil.commodities (accessed March 23, 2019).

22 Gebisa Ejeta, "Revitalizing Agricultural Research for Global Food Security," *Food Security* 1, no. 4 (2018): 395, doi:10.1007/s12571-009-0045-8.

23 Jad Mouawad, "Exxon Mobil Profit Sets Record Again," *New York Times*, February 1, 2008, https://www.nytimes.com/2008/02/01/business/01cnd-exxon.html (accessed March 24, 2019).

24 Gunnela Hahn et al., *Framing Stranded Asset Risks in an Age of Disruption*, Stockholm Environment Institute, March 2018, https://f88973py3n24eoxbq1o3o0fz-wpengine.netdna-ssl.com/wp-content/uploads/2018/03/stranded-assets-age-disruption.pdf (accessed March 23, 2019), 14.

25 Ibid., 12, 15.

26 US Energy Information Administration, *Annual Energy Outlook 2019*, January 2019, https://www.eia.gov/outlooks/aeo/ (accessed March 24, 2019), 72.

27 Christopher Arcus, "Wind & Solar + Storage Prices Smash Records," CleanTechnica, January 11, 2018, https://cleantechnica.com/2018/01/11/wind-solar-storage-prices-smash-records/ (accessed March 23, 2019).

28 "Tumbling Costs for Wind, Solar, Batteries Are Squeezing Fossil Fuels," BloombertNEF, March 28, 2018, https://about.bnef.com/blog/tumbling-costs-wind-solar-batteries-squeezing-fossil-fuels/ (accessed March 23, 2019).

29 Gavin Bade, "'Eyes Wide Open': Despite Climate Risks, Utilities Bet Big on Natural Gas," *Utility Dive*, September 27, 2016, https://www.utilitydive.com/news/eyes-wide-open-despite-climate-risks-utilities-bet-big-on-natural-gas/426869/ (accessed March 24, 2019).

30 International Renewable Energy Agency, *A New World: The Geopolitics of the Energy Transition*, January 2019, https://www.irena.org/publications/2019/Jan/A-New-World-The-Geopolitics-of-the-Energy-Transformation (accessed March 23, 2019), 40.

31 Enerdata, "Natural Gas Production," *Global Energy Statistical Yearbook 2018*, https://yearbook.enerdata.net/natural-gas/world-natural-gas-production-statistics.html (accessed February 19, 2019).

32 Mark Dyson, Alexander Engel, and Jamil Farbes, *The Economics of Clean Energy Portfolios: How Renewables and Distributed Energy Resources Are Outcompeting and Can Strand Investment in Natural Gas–Fired Generation*, Rocky Mountain Institute, May 2018, https://www.rmi.org/wp-content/uploads/2018/05/RMI_Executive_Summary_Economics_of_Clean_Energy_Portfolios.pdf (accessed March 23, 2019), 6.

33 Ibid.

34 Ibid., 8–9.

35 Ibid., 10.

36 Enerdata, "Crude Oil Production," *Global Energy Statistical Yearbook 2018*, https://yearbook.enerdata.net/crude-oil/world-production-statitistics.html [sic] (accessed February 19, 2019).

37 Julie Gordon and Jessica Jaganathan, "UPDATE 5—Massive Canada LNG Project Gets Green Light as Asia Demand for Fuel Booms," CNBC, October 2, 2018, https://www.cnbc.com/2018/10/02/reuters-america-update-5-massive-canada-lng-project-gets-green-light-as-asia-demand-for-fuel-booms.html (accessed March 22, 2019).

38 "Coastal GasLink," TransCanada Operations, https://www.transcanada.com/en/operations/natural-gas/coastal-gaslink/ (accessed February 19, 2019).

39 Gordon and Jaganathan, "UPDATE 5."

40 Jurgen Weiss et al., *LNG and Renewable Power: Risk and Opportunity in a Changing World*, Brattle Group, January 15, 2016, https://brattlefiles.blob.core.windows.net/files/7222_lng_and_renewable_power_-_risk_and_opportunity_in_a_changing_world.pdf (accessed March 22, 2019), iii.

41 International Renewable Energy Agency, *A New World*, 40.

42 Weiss et al., *LNG and Renewable Power*, v.

43 Ibid., vi–viii.

44 Akshat Rathi, "The EU has spent nearly $500 million on technology to fight climate change – with little to show for it," *Quartz*, October 23, 2018, https://qz.com/1431655/the-eu-spent-e424-million-on-carbon-capture-with-little-to-show-for-it/ (accessed April 9, 2019). European Court of Auditors, *Demonstrating Carbon Capture and Storage and Innovative Renewables at Commercial Scale in the EU: Intended Progress Not Achieved in the Past Decade*, October 23, 2018, https://www.eca.europa.eu/Lists/ECADocuments/SR18_24/SR_CCS_EN.pdf (accessed May 10, 2019).

45 Vaclav Smil, "Global Energy: The Latest Infatuations," *American Scientist* 99 (May-June 2011), DOI: 10.1511/2011.90.212, 212.

46 Joe Room, "Mississippi realizes how to make a clean coal plant work: Run it on natural gas," *ThinkProgress*, June 22, 2017, https://thinkprogress.org/clean-coal-natural-gas-kemper-24e5e6db64fd/ (accessed April 5, 2019).

47 "Why aren't all commercial flights powered by sustainable fuel?" *The Economist*, March 15, 2018, https://www.economist.com/the-economist-explains/2018/03/15/why-arent-all-commercial-flights-powered-by-sustainable-fuel (accessed May 2, 2019).

48 Bioways, *D2.1 Bio-based products and applications potential*, May 31, 2017, http://www.bioways.eu/download.php?f=150&l=en&key=441a4e6a27f83a8e828b802c37adc6e1, 8–9.

49 Glenn-Marie Lange, Quentin Wodon, and Kevin Carey, eds., *The Changing Wealth of Nations 2018: Building a Sustainable Future* (Washington DC: World Bank, 2018), 103, http://hdl.handle.net/10986/29001.

50 Ibid., 14.

51 Lange, Wodon, and Carey, *The Changing Wealth of Nations*, 111.

52 Lazard, "Lazard Releases Annual Levelized Cost of Energy and Levelized Cost of Storage Analyses," news release, November 8, 2018, https://www.lazard.com/media/450781/11-18-lcoelcos-press-release-2018_final.pdf (accessed March 22, 2019).

53 Ibid.

54 Bank of England, "PRA Review Finds That 70% of Banks Recognise That Climate Change Poses Financial Risks," news release, September 26, 2018, https://www.bankofengland.co.uk/news/2018/september/transition-in-thinking-the-impact-of-climate-change-on-the-uk-banking-sector (accessed March 19, 2019).

55 Task Force on Climate-Related Financial Disclosures, *Recommendations of the Task Force on Climate-Related Financial Disclosures*, June 2017, https://www.fsb-tcfd.org/wp-content/uploads/2017/06/FINAL-TCFD-Report-062817.pdf (accessed March 24, 2019), iii.

56 Ibid., ii, citing *Economist* Intelligence Unit, *The Cost of Inaction: Recognising* *the Value at Risk from Climate Change*, 2015, 41.

57 Task Force on Climate-Related Financial Disclosures, *Recommendations*, ii, citing International Energy Agency, "Chapter 2: Energy Sector Investment to Meet Climate Goals," in *Perspectives for the Energy Transition: Investment Needs for a Low-Carbon Energy System*, OECD/IEA and IRENA, 2017, 51.

58 *Economist* Intelligence Unit, *The Cost of Inaction: Recognising the Value at Risk from Climate Change*, 2015, http://eiuperspectives.economist.com/sites/default/files/The%20cost%20of%20inaction_0.pdf (accessed April 10, 2019), 17.

59 Task Force on Climate-Related Financial Disclosures, *2018 Status Report*, September 2018, https://www.fsb-tcfd.org/wp-content/uploads/2018/09 /FINAL-2018-TCFD-Status-Report-092618.pdf (accessed April 23, 2019), 2.

60 Bloomberg Philanthropies, "TCFD Publishes First Status Report While Industry Support Continues to Grow," news release, September 26, 2019, https://www.bloomberg.org/press/releases/tcfd-publishes-first-status-report-industry-support-continues-grow/ (accessed March 24, 2019).

5장

1 Tom Harrison et al., *Not Long Now: Survey of Fund Managers' Responses to Climate-Related Risks Facing Fossil Fuel Companies*, Climate Change Collaboration and UK Sustainable Investment and Finance Association, April 2018, http://uksif.org/wp-content/uploads/2018/04/UPDATED-UKSIF-Not-Long-Now-Survey-report-2018-ilovepdf-compressed.pdf (accessed March 24, 2019), 3, 5; Felicia Jackson, "Three Risks That Are Haunting Big Oil," *Forbes*, April 26, 2018, https://www.forbes.com/sites/feliciajackson/2018/04/26/three-risks-that-are-haunting-big-oil/#335c06212739 (accessed March 29, 2019).

2 Thinking Ahead Institute, *Global Pension Assets Study 2018*, Willis Towers Watson, February 5, 2018, https://www.thinkingaheadinstitute.org/en/Library/Public/Research-and-Ideas/2018/02/Global-Pension-Asset-Survey-2018 (accessed March 23, 2019), 3, 5, 11.

3 International Trade Union Confederation, "Just Transition Centre," https://www.ituc-csi.org/just-transition-centre (accessed February 19, 2019).

4 Pension Rights Center, "How Many American Workers Participate in Workplace Retirement Plans?" January 18, 2018, http://www.pensionrights.org/publications/statistic/how-many-american-workers-participate-workplace-retirement-plans (accessed March 24, 2019).

5 *Congressional Record*, May 13, 1946, 4891–911.

6 Personal interview with William Winpisinger, July 18, 1977.

7 Nicholas Lemann, *The Promised Land: The Great Black Migration and How it Changed America* (New York: Vintage Books, 1992), 5.

8 Willis Peterson and Yoav Kislev, "The Cotton Harvester in Retrospect: Labor Displacement or Replacement?" University of Minnesota, Department of Agricultural and Applied Economics, Staff Paper P81-25, September 1991, 1–2.

9 Lemann, *The Promised Land*, 6.

10 Marcus Jones, *Black Migration in the United States: With Emphasis on Selected Central Cities* (Saratoga, CA: Century 21 Publishing, 1980), 46.

11 William Julius Wilson, *The Declining Significance of Race* (Chicago: University of Chicago Press, 1978), 93; Thomas J. Sugrue, "The Structures of Urban Poverty: The Reorganization of Space and Work in Three Periods of American History," in *The Underclass Debate: Views from History*, ed. Michael Katz (Princeton: Princeton University Press, 1993), 102.

12 UAW data submitted to *Hearings before the United States Commission on Civil Rights*, held in Detroit, December 14–15, 1960 (Washington, DC: USGPO, 1961), 63–65.

13 John Judis, "The Jobless Recovery," *New Republic*, March 15, 1993, 20.

14 Will Barnes, "The Second Industrialization of the American South," August 1, 2013, https://libcom.org/library/second-industrialization-american-south (accessed April 16, 2019).

15 Jeremy Rifkin and Randy Barber, *The North Will Rise Again: Pensions, Politics and Power in the 1980s* (Boston: Beacon Press, 1978), 7.

16 Ibid., 10–11.

17 Ibid., 13.

18 Ibid.

19 Michael Decourcy Hinds, "Public Pension Funds Tempt States in Need," *New York Times*, December 2, 1989, https://www.nytimes.com/1989/12/02/us/public-pension-funds-tempt-states-in-need.html (accessed February 28, 2019); Jeffery Kaye, "Unions Map Investment Guidelines," *Washington Post*, March 9, 1980, https://www.washingtonpost.com/archive/business/1980/03/09/unions-map-investment-guidelines/2008e77d-5e0a-42bf-99fb-6980854f0b77/?utm_term=.a04a4b604fbf (accessed April 10, 2019).

20 Owen Davis, "All Roads Lead to Wall Street," *Dissent Magazine*, October 16, 2018, https://www.dissentmagazine.org/online_articles/working-class-shareholder-labor-activism-finance (accessed February 19, 2019).

21 Richard Marens, "Waiting for the North to Rise: Revisiting Barber and Rifkin after a Generation of Union Financial Activism in the U.S.," *Journal of Business Ethics* 52, no. 1 (2004): 109.

22 Ibid.

23 Richard Marens, "Extending Frames and Breaking Windows: Labor Activists as Shareholder Advocates," *Ephemera* 7, no. 3 (2007): 457, http://www.ephemerajournal.org/sites/default/files/7-3marens.pdf (accessed March 23, 2019).

24 "1,000+ Divestment Commitments," Fossil Free, https://gofossilfree.org/divestment/commitments/ (accessed March 15, 2019).

25 ICLEI, *New York City Moves to Divest Pension Funds from Billions of*

Dollars in Fossil Fuel Reserves, 2018, http://icleiusa.org/wp-content/uploads/2018/09/NYC-Divestment-Case-Study-ICLEI-USA.pdf (accessed March 23, 2019), 9.

26 Oliver Milman, "New York City Plans to Divest $5bn from Fossil Fuels and Sue Oil Companies," *The Guardian*, January 10, 2018, https://www.theguardian.com/us-news/2018/jan/10/new-york-city-plans-to-divest-5bn-from-fossil-fuels-and-sue-oil-companies (accessed February 4, 2019).

27 City of New York, Community Development Block Grant Disaster Recovery, "Impact of Hurricane Sandy," https://www1.nyc.gov/site/cdbgdr/about/About%20Hurricane%20Sandy.page (accessed February 26, 2019).

28 Emily Cassidy, "5 Major Cities Threatened by Climate Change and Sea Level Rise," *City Fix*, October 15, 2018, https://thecityfix.com/blog/5-major-cities-threatened-climate-change-sea-level-rise-emily-cassidy/ (accessed March 23, 2019).

29 ICLEI, *New York City Moves to Divest*, 13.

30 City of New York, *One New York: The Plan for a Just and Strong City*, 2015, http://www.nyc.gov/html/onenyc/downloads/pdf/publications/OneNYC.pdf (accessed March 23, 2019), 166.

31 Bill de Blasio and Sadiq Khan, "As New York and London Mayors, We Call on All Cities to Divest from Fossil Fuels," *The Guardian*, September 10, 2018, https://www.theguardian.com/commentisfree/2018/sep/10/london-new-york-cities-divest-fossil-fuels-bill-de-blasio-sadiq-khan (accessed March 24, 2019).

32 Ibid.

33 Gail Moss, "Biggest US Pension Funds 'Must Consider Climate-Related Risks,'" *Investments & Pensions Europe*, September 3, 2018, https://www.ipe.com/news/esg/biggest-us-pension-funds-must-consider-climate-related-risks-updated/10026446.article (accessed March 23, 2019).

34 California State Legislature, "Bill Information," SB-964, Public Employees' Retirement Fund and Teachers' Retirement Fund: Investments: Climate-Related Financial Risk (2017–18), https://leginfo.legislature.ca.gov/faces/billStatusClient.xhtml?bill_id=201720180SB964 (accessed March 23, 2019).

35 Ibid.

36 California State Teachers' Retirement System, "CalSTRS at a Glance," fact sheet, January 2019, https://www.calstrs.com/sites/main/files/file-attachments/calstrsataglance.pdf (accessed February 26, 2019).

37 CalPERS, "CalPERS Board Elects Henry Jones as President, Theresa Taylor as Vice President," news release, January 22, 2019, https://www.calpers.ca.gov/page/newsroom/calpers-news/2019/board-elects-president-vice-president (accessed March 24, 2019).

38 Ivan Penn and Peter Eavis, "PG&E is Cleared in Deadly Tubbs Fire of 2017," *The New York Times*, January 24, 2019, https://www.nytimes.com/2019/01/24/business/energy-environment/pge-tubbs-fire.html (accessed March 4, 2019).

39 Rob Smith, "The World's Biggest Economies in 2018," World Economic Forum, April 18, 2018, https://www.weforum.org/agenda/2018/04/the-worlds-biggest-economies-in-2018/ (accessed March 23, 2019).

40 Patrick Collinson and Julia Kollewe, "UK Pension Funds Get Green Light to Dump Fossil Fuel Investments," *The Guardian*, June 18, 2018, https://www.theguardian.com/business/2018/jun/18/uk-pension-funds-get-green-light-to-dump-fossil-fuel-investments (accessed February 26, 2019).

41 Ibid.

42 Department for Work & Pensions, United Kingdom, *Consultation on Clarifying and Strengthening Trustees' Investment Duties: The Occupational Pension Schemes (Investment and Disclosure) (Amendment) Regulations 2018*, June 2018, https://assets.publishing.service.gov.uk/government/uploads/system/uploads/attachment_data/file/716949/consultation-clarifying-and-strengthening-trustees-investment-duties.pdf (accessed April 10, 2019), 19

43 UNISON, *Local Government Pension Funds — Divest from Carbon Campaign: A UNISON Guide*, January 2018, https://www.unison.org.uk/content/uploads/2018/01/Divest-from-carbon-campaign.pdf (accessed March 23, 2019), 2.

44 Nina Chestney, "Ireland Commits to Divesting Public Funds from Fossil Fuel Companies," Reuters, July 12, 2018, https://www.reuters.com/article/us-ireland-fossilfuels-divestment/ireland-commits-to-divesting-public-funds-from-fossil-fuel-companies-idUSKBN1K22AA (accessed February 19, 2019).

45 Richard Milne and David Sheppard, "Norway's $1tn Wealth Fund Set to Cut Oil and Gas Stocks," *Financial Times*, March 8, 2019, https://www.ft.com/content/d32142a8-418f-11e9-b896-fe36ec32aece (accessed March 8, 2019).

46 Douglas Appell, "South Korean Pension Funds Declare War on Coal," *Pensions & Investments*, October 5, 2018, https://www.pionline.com/article/20181005/ONLINE/181009888/south-korean-pension-funds-declare-war-on-coal (accessed February 19, 2019).

47 Korea Sustainability Investing Forum, "Two Korean Pension Funds Worth US$22 Billion Exit Coal Finance," 350.org, October 4, 2018, http://world.350.org/east-asia/two-korean-pension-funds-worth-us22-billion-exit-coal-finance/ (accessed February 19, 2019).

48 Peter Bosshard, *Insuring Coal No More: The 2018 Scorecard on Insurance, Coal, and Climate Change*, Unfriend Coal, December 2018, https://unfriendcoal.com/2018scorecard/ (accessed March 23, 2019), 4–6.

49 Consumer Watchdog, "Top Ten U.S. Insurance Companies' Investment in Climate Change," https://www.consumerwatchdog.org/top-ten-us-insurance-companies-investment-climate-change (accessed March 18, 2019); Aon Benfield, *Weather, Climate & Catastrophic Insight: 2017 Annual Report*, http://thoughtleadership.aonbenfield.com/Documents/20180124-ab-if-annual-report-weather-climate-2017.pdf (accessed March

23, 2019), 30.

50 Vitality Katsenelson, "Stocks Are Somewhere Between Tremendously and Enormously Overvalued," *Advisor Perspectives*, October 30, 2018, https://www.advisorperspectives.com/articles/2018/10/30/stocks-are-somewhere-between-tremendously-and-enormously-overvalued (accessed February 19, 2019).

51 Pew Charitable Trusts, "The State Pension Funding Gap: 2015," April 20, 2017, https://www.pewtrusts.org/en/research-and-analysis/issue-briefs/2017/04/the-state-pension-funding-gap-2015 (accessed February 19, 2019).

52 Tom Sanzillo, "IEEFA update: 2018 ends with energy sector in last place in the S&P 500," Institute for Energy Economics and Financial Analysis, January 2, 2019, http://ieefa.org/ieefa-update-2018-ends-with-energy-sector-in-last-place-in-the-sp-500/ (accessed April 8, 2019).

53 Alison Moodie, "New York Pension Fund Could Have Made Billions by Divesting from Fossil Fuels — Report," *The Guardian*, March 4, 2016, https://www.theguardian.com/sustainable-business/2016/mar/04/fossil-fuel-divestment-new-york-state-pension-fund-hurricane-sandy-ftse (accessed February 19, 2019).

6장

1 Morgan Stanley Institute for Sustainable Investing, *Sustainable Signals: New Data from the Individual Investor*, 2017, https://www.morganstanley.com/pub/content/dam/msdotcom/ideas/sustainable-signals/pdf/Sustainable_Signals_Whitepaper.pdf (accessed March 23, 2019), 1.

2 Forum for Sustainable and Responsible Investment, "Sustainable Investing Assets Reach $12 Trillion as Reported by the US SIF Foundation's Biennial Report on US Sustainable, Responsible and Impact Investing Trends,"

news release, October 31, 2018, https://www.ussif.org/files/US%20SIF%20Trends%20Report%202018%20Release.pdf (accessed February 19, 2019).

3 George Serafeim, *Public Sentiment and the Price of Corporate Sustainability*, Harvard Business School Working Paper 19-044, 2018, https://www.hbs.edu/faculty/Publication%20Files/19-044_a9bbfba2-55e1-4540-bda5-8411776a42ae.pdf (accessed March 4, 2019); Nadja Guenster et al., "The Economic Value of Corporate Eco-Efficiency," *European Financial Management* 17, no. 4 (September 2011): 679–704, doi:10.1111/j.1468-036X.2009.00532.x; Gordon Clark, Andreas Finer, and Michael Viehs, *From the Stockholder to the Stakeholder: How Sustainability Can Drive Financial Outperformance*, University of Oxford and Arabesque Partners, March 2015, https://arabesque.com/research/From_the_stockholder_to_the_stakeholder_web.pdf (accessed March 24, 2019).

4 Jessica Taylor, Alex Lake, and Christina Weimann, *The Carbon Scorecard*, S&P Dow Jones Indices, May 2018, https://us.spindices.com/documents/research/research-the-carbon-scorecard-may-2018.pdf (accessed March 23, 2019), 1.

5 Ibid.

6 Jonathan Woetzel et al., *Bridging Infrastructure Gaps: Has the World Made Progress?* McKinsey & Company, October 2017, https://www.mckinsey.com/industries/capital-projects-and-infrastructure/our-insights/bridging-infrastructure-gaps-has-the-world-made-progress (accessed March 24, 2019), 5; Jeffery Stupak, *Economic Impact of Infrastructure Investment*, Congressional Research Service, https://fas.org/sgp/crs/misc/R44896.pdf (accessed March 24, 2019), 1.

7 Ipsos, "Global Infrastructure Index—Public Satisfaction and Priorities 2018," 2018, https://www.ipsos.com/en/global-infrastructure-index-public-satisfaction-and-priorities-2018 (accessed February 27, 2019), 5.

8 Lydia DePillis, "Trump Unveils Infrastructure Plan," CNN, February 12,

2018, https://money.cnn.com/2018/02/11/news/economy/trump-infrastructure-plan-details/index.html (accessed February 27, 2019).

9 Ed O'Keefe and Steven Mufson, "Senate Democrats Unveil a Trump-Size Infrastructure Plan," *Washington Post*, January 24, 2017, https://www.washingtonpost.com/politics/democrats-set-to-unveil-a-trump-style-infrastructure-plan/2017/01/23/332be2dc-e1b3-11e6-a547-5fb9411d332c_story.html?utm_term=.0c4ac52f5d8c (accessed February 27, 2019).

10 "America's Splurge," *The Economist*, February 14, 2008, https://www.economist.com/briefing/2008/02/14/americas-splurge (accessed February 27, 2019).

11 "The Interstate Highway System," History (TV network), May 27, 2010, https://www.history.com/topics/us-states/interstate-highway-system (accessed February 27, 2019).

12 KEMA, *The U.S. Smart Grid Revolution: KEMA's Perspectives for Job Creation*, January 13, 2009, https://www.smartgrid.gov/files/The_US_Smart_Grid_Revolution_KEMA_Perspectives_for_Job_Cre_200907.pdf (accessed April 3, 2019), 1.

13 U.S. Department of Transportation Federal Highway Administration, "Why President Dwight D. Eisenhower Understood We Needed the Interstate System," updated July 24, 2017, https://www.fhwa.dot.gov/interstate/brainiacs/eisenhowerinterstate.cfm (accessed April 3, 2019).

14 Electric Power Research Institute, *Estimating the Costs and Benefits of the Smart Grid: A Preliminary Estimate of the Investment Requirements and the Resultant Benefits of a Fully Functioning Smart Grid*, March 2011, https://www.smartgrid.gov/files/Estimating_Costs_Benefits_Smart_Grid_Preliminary_Estimate_In_201103.pdf (accessed March 24, 2019), 1–4.

15 Terry Dinan, *Federal Support for Developing, Producing, and Using Fuels and Energy Technologies*, Congressional Budget Office, March 29, 2017, https://www.cbo.gov/system/files/115th-congress-2017-2018/reports/

52521-energytestimony.pdf (accessed April 10, 2019), 3; David Funkhouser, "How Much Do Renewables Actually Depend on Tax Breaks?" Earth Institute, Columbia University, March 16, 2018, https://blogs.ei.columbia.edu/2018/03/16/how-much-do-renewables-actually-depend-on-tax-breaks/ (accessed March 28, 2019).

16 *The Plug-In Electric Vehicle Tax Credit*, Congressional Research Service, November 6, 2018, https://fas.org/sgp/crs/misc/IF11017.pdf (accessed April 10, 2019).

17 *United States Building Energy Efficiency Retrofits: Market Sizing and Financing Models*, Rockefeller Foundation and Deutsche Bank Group, March 2012, https://web.mit.edu/cron/project/EESP-Cambridge/Articles/Finance/Rockefeller%20and%20DB%20-%20March%202012%20-%20Energy%20Efficiency%20Market%20Size%20and%20Finance%20Models.pdf (accessed April 10, 2019), 3.

18 Jürgen Weiss, J. Michael Hagerty, and María Castañer, *The Coming Electrification of the North American Economy: Why We Need a Robust Transmission Grid*, Brattle Group, March 1, 2019, https://manitobaenergycouncil.ca/information/the-coming-electrification-of-the-north-american-economy (accessed April 10, 2019).

19 Elizabeth McNichol, *It's Time for States to Invest in Infrastructure*, Center on Budget and Policy Priorities, 2017, https://www.cbpp.org/sites/default/files/atoms/files/2-23-16sfp.pdf (accessed March 23, 2019), 5.

20 Jonathan Woetzel et al., *Bridging Infrastructure Gaps*, 5.

21 Jeffery Werling and Ronald Horst, *Catching Up: Greater Focus Needed to Achieve a More Competitive Infrastructure*, report to the National Association of Manufacturers, September 2014, https://www.nam.org/Issues/Infrastructure/Surface-Infrastructure/Infrastructure-Full-Report-2014.pdf (accessed March 12, 2019), 9.

22 Jeff Stein, "Ocasio-Cortez Wants Higher Taxes on Very Rich Americans. Here's How Much Money That Could Raise," *Washington Post*, January 05,

2019, https://www.washingtonpost.com/business/2019/01/05/ocasio-cortez-wants-higher-taxes-very-rich-americans-heres-how-much-money-could-that-raise/?utm_term=.bcc9d21df1ca (accessed March 28, 2019).

23 "The World's Billionaires, 2018 Ranking," *Forbes*, https://www.forbes.com/billionaires/list/ (accessed March 5, 2019).

24 Kathleen Elkins, "Bill Gates Suggests Higher Taxes on the Rich—The Current System Is 'Not Progressive Enough,' He Says," CNBC, February 14, 2019, https://www.cnbc.com/2019/02/13/bill-gates-suggests-higher-taxes-on-those-with-great-wealth.html (accessed March 1, 2019).

25 Emmie Martin, "Warren Buffett and Bill Gates Agree That the Rich Should Pay Higher Taxes—Here's What They Suggest," CNBC, February 26, 2019, https://www.cnbc.com/2019/02/25/warren-buffett-and-bill-gates-the-rich-should-pay-higher-taxes.html (accessed March 1, 2019).

26 American Society of Civil Engineers, *The 2017 Infrastructure Report Card: A Comprehensive Assessment of America's Infrastructure*, https://www.infrastructurereportcard.org/wp-content/uploads/2017/01/2017-Infrastructure-Report-Card.pdf (accessed March 12, 2019), 7.

27 Adam B. Smith, "2017 U.S. Billion-Dollar Weather and Climate Disasters: A Historic Year in Context," NOAA, January 8, 2018, https://www.climate.gov/news-features/blogs/beyond-data/2017-us-billion-dollar-weather-and-climate-disasters-historic-year (accessed February 27, 2019).

28 Jeff Stein, "U.S. Military Budget Inches Closer to $1 Trillion Mark, as Concerns over Federal Deficit Grow," *Washington Post*, June 19, 2018, https://www.washingtonpost.com/news/wonk/wp/2018/06/19/u-s-military-budget-inches-closer-to-1-trillion-mark-as-concerns-over-federal-deficit-grow/?utm_term=.1f2b242af129 (accessed February 27, 2019).

29 Congressional Budget Office, "Weapon Systems," https://www.cbo.gov/topics/defense-and-national-security/weapon-systems (accessed February 27, 2019).

30 "U.S. Defense Spending Compared to Other Countries," Peter G. Peterson Foundation, May 7, 2018, https://www.pgpf.org/chart-archive/0053_defense-comparison (accessed March 27, 2019).

31 Dana Nuccitelli, "America Spends over $20bn per Year on Fossil Fuel Subsidies. Abolish Them," *The Guardian*, July 30, 2018, https://www.theguardian.com/environment/climate-consensus-97-per-cent/2018/jul/30/america-spends-over-20bn-per-year-on-fossil-fuel-subsidies-abolish-them (accessed May 13, 2019); Janet Redman, *Dirty Energy Dominance: Dependent on Denial*, Oil Change International, October 2017, http://priceofoil.org/content/uploads/2017/10/OCI_US-Fossil-Fuel-Subs-2015-16_Final_Oct2017.pdf (accessed May 14, 2019), 5.

32 Ingo Walter and Clive Lipshitz, "Public Pensions and Infrastructure: A Match Made in Heaven," *The Hill*, February 14, 2019, https://thehill.com/opinion/finance/430061-public-pensions-and-infrastructure-a-match-made-in-heaven (accessed March 27, 2019).

33 Green Bank Network, "Green Bank Network Impact Through July 2018," https://greenbanknetwork.org/gbn-impact/ (accessed April 19, 2019).

34 International Trade Union Confederation, *What Role for Pension Funds in Financing Climate Change Policies?* May 23, 2012, https://www.ituc-csi.org/what-role-for-pension-funds-in, 12358 (accessed April 19, 2019).

35 Devashree Saha and Mark Muro, "Green Bank Bill Nods to States," Brookings blog *The Avenue*, May 20, 2014, https://www.brookings.edu/blog/the-avenue/2014/05/20/green-bank-bill-nods-to-states/ (accessed April 19, 2019). The text of the bill is at https://www.congress.gov/bill/113th-congress/house-bill/4522/text.

36 Coalition for Green Capital, "Example Green Banks," http://coalitionforgreencapital.com/green-banks/ (accessed April 19, 2019).

37 Chijioke Onyekwelu, "Will a National Green Bank Act Win Support?" Clean Energy Finance Forum, July 18, 2017, https://www.cleanenergyfinanceforum.com/2017/07/18/will-national-green-bank-

act-win-support (accessed April 19, 2019).

38 James Murray, "Green Bank Design Summit: Developing Nations Join Forces to Explore Green Bank Plans," *BusinessGreen*, March 18, 2019, https://www.businessgreen.com/bg/news/3072689/green-bank-design-summit-developing-nations-join-forces-to-explore-green-bank-plans (accessed April 19, 2019).

39 United Nations Industrial Development Organization (UNIDO), published November 29, 2011, YouTube video, https://www.youtube.com/watch?feature=player_embedded&v=wJYuMTKG8bc (accessed May 6, 2019).

40 PwC and GIAA, *Global Infrastructure Investment: The Role of Private Capital in the Delivery of Essential Assets and Services*, 2017, https://www.pwc.com/gx/en/industries/assets/pwc-giia-global-infrastructure-investment-2017-web.pdf (accessed March 23, 2019), 5.

41 Caisse de dépôt et placement du Québec, "Construction of the Réseau express métropolitain has officially started," news release, April 12, 2018, https://www.cdpq.com/en/news/pressreleases/construction-of-the-reseau-express-metropolitain-has-officially-started (accessed May 10, 2019).

42 Ingo Walter and Clive Lipshitz, "Public Pensions and Infrastructure: A Match Made in Heaven," *The Hill*, February 14, 2019, https://thehill.com/opinion/finance/430061-public-pensions-and-infrastructure-a-match-made-in-heaven (accessed May 13, 2019).

43 Attracta Mooney, "Pension Funds Crave More Infrastructure Projects," *Financial Times*, October 21, 2016, https://www.ft.com/content/a05fe960-95ec-11e6-a1dc-bdf38d484582 (accessed February 27, 2019).

44 Ibid.

45 David Seltzer, "Potential New Federal Policy Tools to Encourage Pension Fund Investment in Public Infrastructure," lecture, National Conference on Public Employee Retirement Systems, San Francisco, September 11, 2017.

46 Maryland Energy Administration, *Guide to Energy Performance Contracting for Local Governments*, July 2014, https://energy.maryland.gov/Documents/FINALEPCAPLocalGovernmentEPCGuide071014.pdf (accessed March 22, 2019).

47 Hawaii State Energy Office, "Pros & Cons of Guaranteed Energy Savings vs. Shared Savings Performance Contracts," fact sheet, February 2013, https://energy.hawaii.gov/wp-content/uploads/2012/06/Pros-and-Cons-of-guaranteed-vs.-shared-energy-savings-2013.pdf (accessed March 23, 2019).

48 "Study: Climate Change Damages U.S. Economy, Increases Inequality," *Rutgers Today*, June 29, 2017, https://news.rutgers.edu/news/study-climate-change-damages-us-economy-increses-inequality/20170628#.XNxoVbh7l-U (accessed May 15, 2019).

49 Tom Machinchick and Benjamin Freas, *Navigant Research Leaderboard: ESCOs: Assessment of Strategy and Execution for 14 Energy Service Companies*, Navigant Research, 2017, 11.

7장

1 European Commission, *Communication from the Commission to the European Parliament, the European Council, the Council, the European Economic and Social Committee, the Committee of the Regions, and the European Investment Bank: A Clean Planet for All—A European Strategic Long-Term Vision for a Prosperous, Modern, Competitive, and Climate Neutral Economy*, November 28, 2018, 5.

2 "7th European Summit of Regions and Cities," European Committee of the Regions, https://cor.europa.eu/en/events/Pages/7th-European-Summit-of-Regions-and-Cities.aspx (accessed April 4, 2019).

3 Jeremy Rifkin, "A History of the Future—The World in 2025," lecture,

European Central Bank, Frankfurt, January 31, 2019, https://www.youtube.com/watch?v=TUVeg-x9Za4&t=1s (accessed March 24, 2019).

4 "Investing in Europe: Building a Coalition of Smart Cities & Regions," European Committee of the Regions, https://cor.europa.eu/de/events/Pages/Investing-in-Europe-building-a-coalition-of-smart-cities-regions.aspx (accessed March 1, 2019).

5 European Commission, "The Commission Calls for a Climate Neutral Europe by 2050," news release, November 28, 2018, https://ec.europa.eu/clima/news/commission-calls-climate-neutral-europe-2050_en (accessed February 27, 2019).

6 European Commission, *Communication from the Commission*, 4.

7 Ibid., 5.

8 Ibid.

9 Jeremy Rifkin, *The Empathic Civilization* (New York: Tarcher/Penguin, 2009).

10 European Commission Directorate-General for Trade, "Countries and Regions: China," last modified April 16, 2018, http://ec.europa.eu/trade/policy/countries-and-regions/countries/china/ (accessed February 27, 2019).

11 State Council of the People's Republic of China, "Chronology of China's Belt and Road Initiative," http://english.gov.cn/news/top_news/2015/04/20/content_281475092566326.htm (accessed March 1, 2019).

12 Pan Xiang-chao, "Research on Xi Jinping's Thought of Ecological Civilization and Environment Sustainable Development," *IOP Conf. Series: Earth and Environmental Science* 153, no. 5 (2018), doi:10.1088/1755-1315/153/6/062067.

13 European Commission, *Joint Communication to the European Parliament, the Council of the European Economic and Social Committee, the Committee of the Regions and the European Investment Bank: Connecting Europe and Asia — Building Blocks for an EU Strategy*, September 19, 2018.

14 "MEP Issues the Guidance on Promoting Green Belt and Road with

Three Line Ministries," Belt and Road Portal, May 8, 2017, accessed February 27, 2019, https://eng.yidaiyilu.gov.cn/qwyw/rdxw/12484.htm; Belt and Road Portal, "Guidance on Promoting Green Belt and Road," May 8, 2017, http://eng.yidaiyilu.gov.cn/zchj/qwfb/12479.htm (accessed February 27, 2019).

15 Long Yongtu, *Digital Silk Road: The Opportunities and Challenges to Develop a Digital Economy Along the Belt and Road* (Beijing: Post & Telecom Press, 2017), 1–8; Morgan Stanley, "Inside China's Plan to Create a Modern Silk Road," March 14, 2018, https://www.morganstanley.com/ideas/china-belt-and-road (accessed March 1, 2019).

16 Arman Aghahosseini et al., "Analysing the Feasibility of Powering the Americas with Renewable Energy and Inter-regional Grid Interconnections by 2030," *Renewable and Sustainable Energy Reviews* 105 (2019): 187–204, doi:10.1016/j.rser.2019.01.046.

17 Arturs Purvin et al., "Submarine Power Cable Between Europe and North America: A Techno-economic Analysis," *Journal of Cleaner Production* 186 (2018): 131–45, doi:10.1016/j.jclepro.2018.03.095.

18 Kerstine Appun, Felix Bieler, and Julian Wettengel, "Germany's Energy Consumption and Power Mix in Charts," *Clean Energy Wire*, February 6, 2019; Rob Smith, "This Is How People in Europe Are Helping Lead the Energy Charge," World Economic Forum, April 25, 2018, https://www.weforum.org/agenda/2018/04/how-europe-s-energy-citizens-are-leading-the-way-to-100-renewable-power/ (accessed March 5, 2019).

19 Edith Bayer, *Report on the German Power System, Version 1.2*, ed. Mara Marthe Kleine, commissioned by Agora Energiewende, 2015, 9.

20 "State Renewable Portfolio Standards and Goals," National Conference of State Legislatures, February 1, 2019, http://www.ncsl.org/research/energy/renewable-portfolio-standards.aspx (accessed March 27, 2019).

21 Brad Plummer, "A 'Green New Deal' is Far From Reality, but Climate Action is Picking Up in the States, *New York Times*, February 8, 2019, https://

www.nytimes.com/2019/02/08/climate/states-global-warming.html (accessed March 27, 2019).

22 Ibid.

23 Tom Machinchick and Benjamin Freas, *Navigant Research Leaderboard: ESCOs: Assessment of Strategy and Execution for 14 Energy Services Companies*, Navigant Research, 2017, 7.

24 TIR Consulting Group, "Office of Jeremy Rifkin," https://www.foet.org/about/tir-consulting-group/ (accessed February 19, 2019).

25 "'The New Abnormal': Gov. Brown Warns of 'Changed World' as Fires Ravage California," CBS Los Angeles, November 11, 2018, https://losangeles.cbslocal.com/2018/11/11/gov-brown-abnormal-fire/ (accessed February 19, 2019).

찾아보기

ㄴ

ㄷ

ㄹ

ㅁ

ㅇ

ㅊ

ㅋ

ㅌ

ㅍ

글로벌 그린 뉴딜

**2028년 화석연료 문명의 종말,
그리고 지구 생명체를 구하기 위한
대담한 경제 계획**

1판 1쇄 펴냄 2020년 1월 31일
1판 9쇄 펴냄 2022년 10월 14일

지은이 제러미 리프킨
옮긴이 안진환
발행인 박근섭·박상준
펴낸곳 (주)민음사

출판등록 1966. 5. 19. 제16-490호
주소 서울특별시 강남구 도산대로1길 62(신사동)
강남출판문화센터 5층 (우편번호 06027)
대표전화 02-515-2000 | 팩시밀리 02-515-2007
홈페이지 www.minumsa.com

ISBN 978-89-374-2035-1 (03320)